구원은 스스로에게서 온다.
거울 속에 갇힌 너를 구해낼 사람은
오직 너 자신뿐이다.

Samuel Smiles

SELP HELP

스스로를 구할 준비가 되었는가

새무얼 스마일즈의 자조론(1859)

새무얼 스마일즈 지음 | 김요한 옮김

RISE

"You only live once."

인생은 단 한 번뿐이라는 말이 현대를 지배하고 있다. 이 구호는 젊은 세대의 구심점이 되어 현재의 즐거움에만 몰두하게 만들었다. 마치 시간이 무한한 것처럼 눈앞의 쾌락을 추구하며, 내일은 잊고 오늘을 소비하는 삶이 번지고 있다.

소셜 미디어는 이 흐름을 더욱 가속화했다. 타인의 삶을 쉽게 엿보며 우리는 끊임없는 비교 속에서 자신을 잃어가고 있다. 집값은 하늘을 찌르고 물가는 계속 오르지만 그와 함께 상승하는 것은 무력감뿐이다. 많은 이들이 꿈을 포기하고 목표를 접었다. 일터에서도 받은 만큼만 일하고 손해 보지 않으려는 태도가 만연하다. 집을 사거나 결혼을 계획하는 미래는 밀려났다. 청년들은 세상과 단절하고 집 안에 갇혀버렸다. 이는 그저 개인의 선택이 아니라 시대적 흐름이다. 우리는 과도한 박탈감 속에 살아가고 있다. 인간 관계조차 비교의 대상이 되어 만족감을 찾아볼 수 없다.

그러나 19세기 중반, 새무얼 스마일즈는 스스로 움직여야만 변화를 일으킬 수 있다고 '자조론'에서 강조했다. 상황이 어떻든 자신을 돕기 위해 행동하는 자만이 무언가를 이룬다. 이것은 단순한 '노력 만능설'이 아니다. 이 우주에서 어떤 변화도 '행동' 없이는 이루어지지 않는다. 내가 원하는 삶을 만들기 위해서 그 누구도 대신 움직여주지 않는다.

이 책은 무기력한 시대를 살아가는 당신에게 '행동의 힘'을 불어넣는다. 노력한다고 해서 반드시 성공하거나 모든 것을 얻는 것은 아니지만 확실한 것은, 노력하지 않는 사람은 아무것도 얻을 수 없다. 우리에게 가장 필요한 부분을 선별해 현대적 감각으로 재구성한 이 200년 전의 이야기가, 무기력에 빠진 당신에게 희망을 향해 한 걸음 내딛을 용기를 주기를 바란다.

인생은 한 번뿐이라는 말의 의미를 다시 생각해보자. 단 한 번뿐이기에 내가 어디까지 해낼 수 있을지, 내가 무엇이 될 수 있는지 알고 싶지 않은가? 지금이 바로 그 여정을 시작할 시간이다. 당신에게 힘을 실어줄 이야기가 여기 있다.

"You only live once."

한 사람이 돈을 어떻게 버는지, 절약하는지, 쓰는지를 보면 그 사람의 지혜를 가늠할 수 있다. 돈이 인간 삶의 궁극적인 목표가 되어서는 안 되지만, 물리적 안락함과 사회적 복지를 좌우하는 중요한 수단임은 분명하다. 실제로, 사람의 가장 훌륭한 자질 중 일부는 돈을 올바르게 사용하는 것과 깊이 관련되어 있다.

중요한 것은 얼마나 많은 것을 아느냐가 아니라, 그 지식을 어떻게 활용하느냐다. 지식의 목적은 지혜를 성숙하게 하고 성품을 향상시켜 우리를 더 나은 사람, 더 행복한 사람, 더 유용한 사람으로 만드는 것이다. 우리는 단순히 다른 사람들이 어떻게 살았고 무엇을 했는지를 읽고 묵상하는 데 그쳐서는 안 되며, 우리 자신이 행동하고 성취해야 한다. 우리의 최상의 지혜는 실천으로 이어져야 하며, 우리의 최고의 생각은 행동으로 나타나야 한다.

본보기는 말없이도 가장 강력한 교사 중 하나이다. 본보기는 행동을 통해 작용하는 실천의 학교이며, 그 힘은 언제나 말보다 강력하다. 가르침은 길을 제시할 수 있지만, 함께 생활하며 습관으로 자리 잡은 조용하고 지속적인 본보기가 진정한 길을 이끈다.

사람이 비록 교육을 많이 받지 못하고, 능력이 크지 않으며, 재산이 적더라도, 그의 인격이 진실되고 가치 있다면 그는 어디에서든 영향을 미칠 것이다. 공장, 사무실, 시장, 의회 어디에서든 말이다.

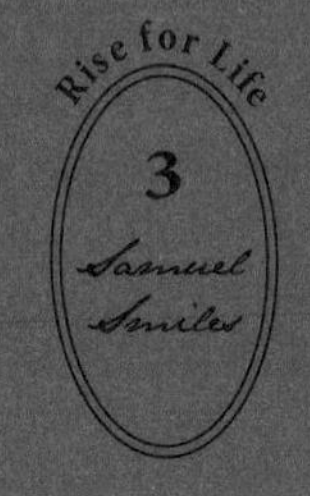

CHAPTER 1

인내와 노력을
습관으로 만들어라

운명은 대개 부지런한 사람 편에 있으며, 이는 마치 바람과 파도가 최고의 항해사 편에 있는 것과 같다. 인생의 가장 고귀한 탐구에서도 상식, 주의력, 응용력, 인내력 같은 일반적인 자질이 가장 유용하다. 천재성이 꼭 필요한 것은 아니다. 가장 위대한 사람들조차 이러한 평범한 자질을 무시하지 않았다.

부지런한 자가 부유하다. 시간이라는 자연의 자원을 지배할 수 있으니! 모래시계가 떨어질 때, 별의 씨앗을 모으듯 모래를 모으고,끊임없는 노력으로 모든 것을 얻으리라. — 윌리엄 대버넌트, 영국의 시인

앞으로 나아가라, 그러면 믿음이 생길 것이다!

— 장 르 롱 달랑베르 〈프랑스의 철학자〉

•

인생에서 가장 큰 성과는 대개 단순한 방법과 평범한 자질을 통해 이루어진다. 매일의 일상생활 속에서 우리가 겪는 걱정, 필요, 의무들이야말로 훌륭한 경험을 쌓을 수 있는 기회를 제공한다. 그 안에서 진정한 일꾼은 노력과 자기 발전을 이룰 수 있는 넓은 공간을 발견할 수 있다. 인간의 복지로 가는 길은 성실한 행동의 오래된 길을 따르며, 꾸준하고 진정으로 일하는 사람이 대개 가장 큰 성공을 거둔다.

운명은 종종 맹목적이라는 비난을 받지만, 사실 운명은 인간보다 그리 맹목적이지 않다. 현실적인 삶을 살펴보면, 운명은 대개 부지런한 사람 편에 있으며, 이는 마치 바람과 파도가 최고의 항해사 편에 있는 것과 같다. 인생의 가장 고귀한 탐구에서도 상식, 주의력, 응용력, 인내력 같은

일반적인 자질이 가장 유용하다. 천재성이 꼭 필요한 것은 아니다. 가장 위대한 사람들조차 이러한 평범한 자질을 무시하지 않았다. 오히려 그들은 천재성의 힘을 과신하지 않았으며, 세상에서 성공한 평범한 사람들만큼 현실적이고 끈기 있는 태도를 가졌다. 어떤 사람들은 천재성을 '강화된 상식'으로 정의하기도 했다. 저명한 교육자이자 대학 총장은 천재성을 '노력하는 능력'으로 표현했고, 존 포스터는 이를 '자신의 불을 지피는 능력'이라고 했다. 뷔퐁은 천재성에 대해 "그것은 인내이다"라고 말했다.

뉴턴은 분명히 최고의 지성을 가진 사람이었지만, 그의 놀라운 발견에 대해 묻자 그는 겸손하게 "그것들을 항상 생각함으로써 이루었다"고 답했다. 또 다른 경우에는 자신의 연구 방법을 이렇게 설명했다. "나는 주제를 항상 내 앞에 두고, 첫 번째 빛이 조금씩 서서히 명확해질 때까지 기다린다." 뉴턴의 위대한 명성도 결국 부지런한 응용과 인내를 통해서만 이루어졌다. 심지어 그의 휴식조차 한 주제를 내려놓고 다른 주제를 연구하는 방식이었다. 벤틀리 박사에게는 "내가 공공에 어떤 서비스를 했다면, 그것은 오직 노력과 인내심 덕분이다"라고 말했다. 또 다른 위대한 철학자인 케플러는 자신의 연구와 진보에 대해 "버질의 말처럼, '명성은 움직임에서 자라나고, 나아가면서 힘을 얻는다.' 나에게도 그러했다. 부지런한 생각이 더 깊은 사고로 이어졌고, 마침내 온 정신을 다해 그 주제에 몰두하게 되었다"고 설명했다.

순전한 노력과 인내로 이루어진 놀라운 결과들은 많은 저명한 인물들로 하여금 천재성이 특별한 재능이 아닐 수도 있다고 의심하게 만들었다. 볼테르는 천재와 평범한 사람을 나누는 선이 매우 얇다고 주장했다. 베카리아는 모든 사람이 시인이나 웅변가가 될 수 있다고 생각했고, 레이놀즈는 모든 사람이 화가나 조각가가 될 수 있다고 믿었다. 만약 이 말이 사실이라면, 카노바의 죽음 이후 그의 형제에게 "사업을 계속할 것이냐"고 물었던 영국인의 말도 그리 틀리지 않았을 것이다. 로크, 헬베티우스, 그리고 디드로는 모든 사람이 천재성을 발휘할 동등한 능력을 가지고 있으며, 같은 상황에서 같은 일을 추구하면 누구나 성취할 수 있다고 믿었다. 그러나 아무리 노동의 성과가 놀랍다고 해도, 그리고 가장 뛰어난 천재들이 항상 지칠 줄 모르는 일꾼들이었다고 해도, 선천적인 심성과 지성이 없다면, 아무리 잘 적용된 노동이라도 셰익스피어, 뉴턴, 베토벤, 또는 미켈란젤로 같은 인물을 만들어낼 수 없다는 것은 분명하다.

화학자 달턴은 자신이 '천재'라는 생각을 부정하며, 자신이 이룬 모든 것을 단순한 노력과 축적의 결과로 돌렸다. 존 헌터는 자신의 마음을 '꿀벌집'에 비유하며, "그 안에는 윙윙거리는 소리와 혼란이 가득하지만, 자연의 가장 좋은 자원에서 끊임없는 노력으로 모은 질서와 규칙, 그리고 양식이 가득하다"고 말했다. 실제로 위대한 인물들의 전기를 살펴보면, 가장 뛰어난 발명가, 예술가, 사상가, 그리고 모든 종류의 일꾼들이 그들의 성공을 상당 부분 끊임없는 노력과 응용에 빚지고 있음을 알 수 있다. 이들은 모든 것을 금으로 바꾸는 능력을 가진 사람들로, 심지어 시간을 금으로 바꾸기도 했다. 디즈레일리 시니어는 성공의 비결이 주제에 대한 숙달에 있다고 했는데, 이러한 숙달은 지속적인 응용과 학습을 통해서만 이루어진다고 보았다. 따라서 세상을 가장 많이 움직인 사람들은 흔히 말하는 천재라기보다는, 중간 정도의 능력을 지닌 사람들로서 지칠 줄 모르는 인내력을 가진 이들이었다. 타고난 재능이 빛나는 사람들보다도, 자신이 하는 일에 성실히 몰두한 사람들이 더 성공했다. 한 과부는 자신의 빛나지만 무책임한 아들에 대해 "그는 지속하는 재능이 없다"고 말했다. 인내심이 부족한 이런 변덕스러운 성격은, 삶의 경주에서 성실하고 심지어는 둔한 사람들보다 뒤처지기 마련이다. 이탈리아 속담에 "천천히 가는 사람이 오래 가고, 멀리 간다"는 말이 있다.

따라서 중요한 목표는 '노력하는 습관'을 잘 훈련하는 것이다. 그것만 잘 이루어진다면, 삶의 경주는 비교적 수월해질 것이다. 우리는 반복하고 또 반복해야 한다. 노력하면 숙달은 따라오게 마련이다. 가장 단순한 기술조차도 노력 없이는 이룰 수 없으며, 이러한 노력은 때로는 매우 어려운 일도 해낼 수 있게 한다. 로버트 필 경이 뛰어난 영국 의회의 일원이 될 수 있었던 것도 초기의 훈련과 반복 덕분이었다. 드레이턴 매너에서 어린 시절, 그의 아버지는 그를 식탁에 앉혀 즉흥적으로 연설하는 연습을 시켰고, 매주 일요일 설교를 기억나는 대로 반복하도록 훈련시켰다. 처음에는 별다른 진전이 없었지만, 꾸준한 인내를 통해 주의력 습관이 강해졌고, 결국 설교를 거의 그대로 반복할 수 있게 되었다. 이후 의회에서 그의 상대방들의 논거에 차례로 답변하는 능력 – 아마도 그가 가장 뛰어났던 예술 – 은 드레이턴 교구 교회에서 그의 아버지의 훈련 덕분에 길러진 기억력에서 비롯된 것이라 할 수 있다.

지속적인 노력은 평범한 일에서도 놀라운 결과를 가져온다. 바이올린을 연주하는 것은 단순해 보일지 모르지만, 얼마나 오랜 시간의 노력과 연습이 필요한가! 지아르디니는 한 청년이 바이올린을 배우는 데 얼마나 걸리냐고 묻자, "하루에 12시간씩 20년 동안 해야 한다"고 대답했다. "노력은 곰도 춤추게 한다"는 말이 있다. 가난한 무용수는 반짝이는 무대에 서기 전에 몇 년간의 끊임없는 노력과 훈련을 거쳐야 한다. 타글리오니는 저녁 공연을 준비하며 아버지로부터 엄격한 두 시간의 수업을 받은 후 탈진하여 쓰러졌고, 전혀 의식이 없는 상태에서 옷을 벗기고 씻기고 나서야 기운을 차릴 수 있었다. 저녁의 민첩한 동작과 도약은 이런 대가를 치르고서야 보장되었다.

하지만 가장 좋은 종류의 진보는 상대적으로 느리다. 큰 성과는 한 번에 이루어질 수 없으며, 우리는 삶에서 한 걸음씩 차근차근 나아가는 것에 만족해야 한다. 드 메스트르는 "기다릴 줄 아는 것이 성공의 큰 비결"이라고 말했다. 우리는 수확하기 전에 씨를 뿌려야 하며, 종종 오랜 기다림이 필요하다. 그 동안 우리는 희망 속에서 인내하며 기다려야 하며, 가장 기다릴 가치가 있는 열매는 가장 천천히 익는 법이다. 하지만 "시간과 인내는 뽕나무 잎을 비단으로 바꾼다"는 동양의 속담이 있다.

이처럼 인내와 꾸준한 노력은 인생의 성공을 이루는 데 필수적인 요소이다. 무엇이든 쉽게 얻으려 하기보다는, 시간을 두고 차근차근 쌓아올리는 태도가 필요하다. 성취는 하루아침에 이루어지지 않으며, 작은 노력들이 모여 큰 결실을 이룬다. 따라서 꾸준히 노력하고, 그 과정에서 인내하는 마음가짐을 가져야 한다.

결국, 큰 목표를 이루기 위해서는 하루하루를 충실히 보내는 것이 중요하다. 매일의 작은 성취들이 쌓여, 언젠가는 큰 성공을 가져다줄 것이다. 지금 당장의 결과에 연연하지 않고, 끈기 있게 목표를 향해 나아가는 사람이야말로 진정한 승리자가 될 것이다.

인내심을 가지고 기다리기 위해서는 기꺼이 일할 수 있는 마음이 필요하다. 기쁨은 훌륭한 작업 자질로, 성격에 큰 탄력성을 부여한다. 한 주교가 "성격이 기독교의 아홉 분의 일이다"라고 말했듯이, 기쁨과 성실함은 실용적인 지혜의 중요한 요소이다. 기쁨과 성실함은 성공과 행복의 원동력이자 삶에서 최고의 기쁨이 될 수 있다. 삶에서 가장 큰 기쁨은 명확하고 활기차게 일하는 것에서 비롯된다. 에너지, 자신감, 그리고 다른 모든 좋은 자질들은 주로 기쁨에서 나온다.

시드니 스미스는 요크셔의 포스톤-레-클레이에서 교구 사제로 일할 때, 자신이 적합한 환경에 있다고 느끼지 못했지만, 최선을 다하겠다는 결심으로 일을 시작했다. 그는 "나는 이 일을 좋아하고, 나 자신을 이 일에 적응시키기로 결심했다. 이는 내가 이 일을 자신에게 과분하다고 생각하며 불평을 늘어놓는 것보다 더 남자답기 때문이다"라고 말했다. 같은 맥락에서, 닥터 훅은 리즈를 떠나 새로운 일터로 가면서 "어디에 있든지, 하나님의 축복으로 내 손이 하는 일을 최선을 다해 할 것이다. 만약 내가 할 일을 찾지 못한다면, 내가 스스로 만들 것이다"라고 다짐했다.

공익을 위해 일하는 사람들은 특히 오랫동안 인내심을 가지고 일해야 하며, 종종 즉각적인 보상이나 결과를 기대할 수 없다. 그들이 뿌린 씨앗은 때로는 겨울의 눈 속에 숨겨져 있으며, 봄이 오기 전에 농부는 이미 세상을 떠날 수도 있다. 모든 공익 사업자가 로랜드 힐처럼 자신의 위대한 아이디어가 생전에 결실을 맺는 것을 볼 수 있는 것은 아니다. 애덤 스미스는 글래스고의 어두운 대학에서 오랫동안 일하며 위대한 사회적 개선의 씨앗을 뿌렸고, '국부

론'의 기초를 놓았다. 하지만 그의 작업이 실질적인 열매를 맺기까지는 70년이 걸렸으며, 그 열매들은 아직도 모두 거두어지지 않았다.

희망을 잃는 것은 그 어떤 것보다 큰 손실이다. 희망을 잃으면 사람의 성격이 완전히 변해버린다. 한 위대한 사상가는 "희망을 모두 잃었을 때, 어떻게 일하고 어떻게 행복할 수 있겠는가?"라고 말했다. 가장 기쁘고 용기 있었던, 왜냐하면 가장 희망적이었던 노동자는 선교사 캐리였다. 인도에서 그는 하루에 세 명의 서기를 지치게 할 정도로 열심히 일했으며, 스스로는 일의 변화에서만 휴식을 찾았다. 구두 수선공의 아들인 캐리는 목수의 아들인 워드와 직조공의 아들인 마샴의 지원을 받으며 일했다. 그들의 노력으로 세람포르에 웅장한 대학이 세워졌고, 16개의 번성하는 선교지들이 설립되었으며, 성경은 16개 언어로 번역되었고, 영국령 인도에서 유익한 도덕적 혁명의 씨앗이 뿌려졌다.

캐리는 자신의 비천한 출신을 부끄러워하지 않았다. 한 번은 총독의 식탁에서, 한 장교가 큰 소리로 캐리가 한때 구두 수선공이 아니었느냐고 묻자, 캐리는 즉시 "아니요, 선생님, 저는 구두를 만들지 않았습니다. 저는 구두를 고

쳤을 뿐입니다."라고 대답했다. 그의 소년 시절의 인내심을 잘 보여주는 이야기가 있다. 어느 날 나무를 오르던 중 발이 미끄러져 땅에 떨어져 다리가 부러졌다. 몇 주 동안 침대에 누워있어야 했지만, 회복되어 혼자 걸을 수 있게 되자마자, 그가 가장 먼저 한 일은 그 나무를 다시 오르는 것이었다. 캐리는 이러한 불굴의 용기가 그의 위대한 선교 작업에 필요하다는 것을 알았고, 그 일을 훌륭하게 해냈다.

철학자 영 박사는 "다른 사람이 해낸 일은 누구나 할 수 있다"고 말했다. 그는 자신이 결심한 일에서 결코 물러서지 않았다. 그가 처음 말을 탔을 때, 유명한 스포츠맨인 바클레이 씨의 손자와 함께 있었다. 앞서가던 기수가 높은 울타리를 넘자, 영 박사는 그를 따라하려 했으나 말에서 떨어졌다. 그는 말없이 다시 말에 올라 두 번째로 시도했으나, 이번에도 실패했다. 그러나 이번에는 말의 목에 매달리며 떨어지지 않았다. 세 번째 시도에서 그는 성공하여 울타리를 넘었다.

타타르족의 티무르가 거미에게서 역경 속에서의 인내를 배웠다는 이야기는 잘 알려져 있다. 이와 비슷하게, 미국의 조류학자 오듀본의 일화도 흥미롭다. 그는 "나의 원래 그림 200장이 훼손되는 사고가 일어나, 나는 거의 조류학 연구를 중단할 뻔했다. 나는 이 일을 이야기하는 이유는 열정 – 나의 인내를 달리 부를 말이 없기 때문이다 – 이 자연 보호자가 가장 낙담스러운 어려움들을 어떻게 극복할 수 있었는지를 보여주기 위해서이다"라고 말했다. 오듀본은 오하이오 강가에 위치한 켄터키의 헨더슨 마을을 떠나 필라델피아로 출발했다. 출발하기 전, 그는 그림들을 확인하고, 그것들을 나무 상자에 조심스럽게 넣어 친척에게 맡기며, 손상이 가지 않도록 주의를 당부했다. 몇 달 후 돌아왔을 때, 그는 며칠간 집에서 즐거운 시간을 보낸 후, 자신의 소중한 그림들이 담긴 상자를 열었다. 그러나 상자를 열었을 때, 그는 충격을 받았다. 노르웨이 쥐 두 마리가 그 속에 둥지를 틀고 새끼를 키우며, 그가 그린 약 천 마리의 새 그림을 갉아먹어 버린 것이다. 그는 며칠 동안 잠을 이루지 못했고, 낮은 망각의 시간처럼 지나갔다. 그러나 그는 다시 활동을 시작했고, 이전보다 더 나은 그림을 그릴 수 있다는 자신감을 가지고 다시 작업을 시작했다. 3년이 지나지 않아, 그의 포트폴리오는 다시 가득 차게 되었다.

아이작 뉴턴 경의 원고가 그의 작은 개 '다이아몬드'가 책상 위에 있던 촛불을 넘어뜨리는 바람에 소실된 이야기는 잘 알려져 있다. 이 사고로 수년간의 정교한 계산이 한 순간에 사라졌고, 뉴턴은 깊은 슬픔에 빠져 건강이 심각하게 손상되었으며, 그의 지성에도 영향을 미쳤다고 전해진다. 이와 비슷한 사건이 칼라일의 '프랑스 혁명' 첫 번째 원고에도 일어났다. 그는 이 원고를 이웃 문학가에게 빌려주었는데, 그 원고가 우연히 거실 바닥에 놓인 채 잊혀졌다. 시간이 지나고, 출판사가 원고를 요구하자 칼라일은 자신의 원고를 돌려달라고 요청했다. 그러나 집안일을 하던 하녀가 바닥에 있던 종이 묶음을 쓰레기라고 생각하고 부엌과 거실의 불을 붙이는 데 사용해버렸다. 이 소식을 들은 칼라일의 심정은 이루 말할 수 없었을 것이다. 하지만 그는 다시 마음을 다잡고 책을 처음부터 다시 쓰기 시작했다. 처음 책을 쓸 때는 즐거웠지만, 두 번째로 다시 쓰는 과정은 고통스러웠다. 이런 상황 속에서도 그는 책을 완성했고, 그 결단력은 지금도 드물게 볼 수 있는 사례로 남아 있다.

뛰어난 발명가들의 삶은 이러한 인내심의 중요성을 잘 보여준다. 조지 스티븐슨은 젊은이들에게 "내가 한 것처럼 하라 – 인내하라"라는 말을 최고의 조언으로 자주 강조했다. 그는 레인힐에서 결정적인 승리를 거두기까지 약 15년간 자신의 증기기관차를 개선하는 데 힘썼으며, 제임스 와트는 응축기관을 완성하기까지 30년간 연구에 몰두했다.

그러나 과학, 예술, 산업의 다른 모든 분야에서도 이와 같은 인내심의 사례를 쉽게 찾을 수 있다. 그중 가장 흥미로운 것 중 하나는 니네베의 석상들을 발굴하고, 그 위에 새겨진 오랫동안 잊혀진 쐐기문자, 또는 화살촉 문자라고 불리는 문자를 해독한 이야기이다. 이 문자는 마케도니아가 페르시아를 정복한 이후로 세상에서 잊혀져 왔다. 그러나 끈기와 열정으로 무장한 학자들은 이 오래된 문자를 해독하는 데 성공했다. 그 결과, 우리는 잃어버린 역사를 다시금 이해할 수 있게 되었고, 인류의 과거에 대한 새로운 통찰을 얻을 수 있었다.

이러한 이야기들은 모두 인내와 끊임없는 노력이 얼마나 중요한지를 보여준다. 무엇이든 쉽게 포기하지 않고, 끊임없이 노력하는 자세가 결국에는 성공으로 이어진다는 것을 깨닫게 한다. 인생에서 중요한 것은 당장 눈앞에 보이는 성과가 아니라, 목표를 향해 끈기 있게 나아가는 과정이다. 그렇기에 우리는 어떤 어려움이 닥쳐도 포기하지 않고 계속해서 나아가야 한다. 그 길이 아무리 험난해도, 결국에는 우리의 노력과 인내가 빛을 발하게 될 것이다.

동인도 회사의 한 견습생이 페르시아의 케르만샤에 주둔했을 때, 그는 이 지역의 오래된 기념물에 새겨진 쐐기문자를 관찰하게 되었다. 이 기념물들은 너무 오래되어 역사적인 기록조차 남아 있지 않았다. 그는 베히스툰 암벽에 새겨진 유명한 비문을 포함한 여러 비문들을 베껴 적었다. 이 암벽은 평지에서 1700피트나 솟아 있는 수직 절벽으로, 하단부에는 페르시아어, 스키타이어, 아시리아어로 된 비문들이 약 300피트에 걸쳐 새겨져 있었다.

살아남은 언어와 이미 잊혀진 언어들을 비교하며, 이 견습생은 쐐기문자를 어느 정도 이해하게 되었고, 심지어 알파벳을 만들어냈다. 이 견습생은 훗날 헨리 롤린슨 경으로 불리게 되었고, 자신의 베낀 비문들을 영국으로 보내 검토를 받았다. 당시 대학 교수들은 쐐기문자에 대해 전혀 알지 못했지만, 동인도 회사에서 일하던 소박한 직원 노리스라는 사람이 이 분야를 연구하고 있었다. 노리스는 롤린슨이 베낀 비문을 받자마자, 그가 복잡한 비문을 정확하게 베끼지 못했다고 지적했다. 롤린슨은 암벽 근처에 있었기에 자신의 복사본을 원본과 비교했고, 노리스의 지적이 옳았음을 확인할 수 있었다. 이로 인해 쐐기문자에 대한 이해는 크게 발전하게 되었다.

그러나 이 연구를 발전시키기 위해서는 새로운 자료를 제공할 세 번째 연구자가 필요했다. 이 연구자는 런던의 변호사 사무실에서 일하던 아르티클 클럭 출신의 오스틴 레이어드였다. 견습생, 동인도 회사의 클럭, 그리고 변호사 사무실의 클럭이 잊혀진 언어와 바빌론의 묻힌 역사를 발견하게 될 것이라고는 상상하기 어려웠을 것이다. 그러나 바로 이들이 그러한 업적을 이루어냈다.

레이어드는 스물두 살의 청년으로 동방을 여행하던 중, 유프라테스 강 너머의 지역을 탐험하고자 하는 열망에 사로잡혔다. 그는 단 한 명의 동료와 함께 여행을 떠났고, 자신의 무기에 의지하며, 기쁨, 공손함, 기사도 정신을 바탕으로 부족들 사이를 무사히 통과했다. 그는 적은 자원을 가지고도 끊임없는 노력과 인내, 확고한 의지, 그리고 무엇보다도 발견과 연구에 대한 열정으로 역사적 보물들을 발굴하고 세상에 공개하는 데 성공했다. 레이어드가 발굴한 저부조의 길이는 무려 2마일에 달했으며, 이 귀중한 유물들은 영국 박물관에 보관되었다. 약 3천 년 전에 발생한 성경 속 사건들을 증명해주며, 거의 새로운 계시처럼 세상에 등장했다.

레이어드는 자신의 책 '니네베의 기념물'에서 이 놀라운 발굴 이야기를 직접 이야기하며, 개인의 열정과 끈질긴 노력이 얼마나 중요한지를 보여주었다.

콩트 드 뷔퐁의 생애는 "천재는 인내다"라는 그의 말처럼 인내의 힘을 잘 보여주는 사례이다. 젊은 시절 뷔퐁은 평범한 재능을 가진 사람으로 여겨졌다. 그의 사고 과정은 느렸고, 습득한 지식을 재생산하는 데도 더뎠으며, 타고난 게으름까지 있었다. 그는 좋은 재산을 물려받아 안락함과 사치스러운 생활을 누릴 수 있었지만, 일찍부터 공부와 자기 계발에 헌신하기로 결심했다. 그는 아침에 늦잠을 자는 습관이 많은 시간을 낭비하고 있다는 것을 깨닫고 이를 고치기로 마음먹었다.

뷔퐁은 이 습관을 고치기 위해 오랜 시간 싸웠지만 실패하자, 하인인 조셉에게 매일 아침 6시 전에 자신을 깨워 달라고 부탁하며 보상을 약속했다. 처음에는 조셉이 깨우면 뷔퐁은 일어나기를 거부하고 몸이 아프다고 하거나 화를 내기도 했다. 하지만 결국 조셉은 뷔퐁의 간청과 위협에도 불구하고 그를 깨우기 시작했다. 어느 날 아침, 뷔퐁이 특히 일어나지 않으려 하자 조셉은 얼음물 한 대야를 침대에 부어버렸다. 이 일로 뷔퐁은 결국 늦잠 자는 습관을 극복하게 되었다. 그는 조셉 덕분에 자신의 자연사 저서 중 몇 권을 쓸 수 있었다고 말하곤 했다.

뷔퐁은 40년 동안 매일 아침 9시부터 오후 2시까지, 그리고 저녁 5시부터 9시까지 자신의 책상에서 작업했다. 그의 성실함은 지속적이고 규칙적이었으며, 그의 연구는 그의 삶의 매력이었다. 뷔퐁은 자신의 글을 다듬고 또 다듬어, 그의 문체는 거의 완벽에 가까웠다고 평가받았다. 그는 '자연의 시대'라는 책을 11번이나 다시 쓰며, 50년 동안 이 책을 숙고했다.

뷔퐁은 철저한 계획을 세워 모든 일을 질서 있게 처리했다. 그는 "질서 없는 천재는 그 힘의 4분의 3을 잃는다"고 말하곤 했다. 그의 위대한 작가로서의 성공은 주로 그의 성실한 노력과 부지런한 습관 덕분이었다. 그는 첫 번째 저작을 쓸 때 완전히 지쳤지만, 스스로 돌아가 세심하게 검토하고 고치는 과정을 반복했다. 결국 그는 이 길고 정교한 수정 과정에서 피로 대신 기쁨을 발견하게 되었다.

월터 스콧 경의 생애도 인내의 중요성을 잘 보여준다. 그의 뛰어난 작업 능력은 오랜 시간 변호사 사무실에서 복사 서기로 일하며 길러졌다. 그는 일상적인 단조로운 업무를 수행하며, 저녁 시간에는 독서와 연구에 몰두했다. 스콧은 자신이 사무실에서 길러낸 차분하고 꾸준한 성실함 덕분에 문학적 성과를 이룰 수 있었다고 여겼다.

그는 복사 서기로서 일정한 수의 단어를 포함한 페이지

당 3펜스를 받았으며, 때로는 추가 작업을 통해 24시간 동안 120페이지를 복사하여 30실링을 벌기도 했다. 이 돈으로는 평소에는 감당할 수 없었던 책 한 권을 구입할 수 있었다.

스콧은 이후 에든버러 법원에서 서기로 일하면서 아침 식사 전에 문학적 작업을 하고, 낮에는 법정에서 다양한 문서와 기록을 검토했다. 그는 매년 절반 이상의 시간을 직업적 의무를 성실히 수행하는 데 할애했다. 그는 문학을 생계수단이 아닌 일종의 '지팡이'로 삼겠다고 결심하며, 문학적 수익이 아무리 유용하더라도 그것이 자신의 일상적인 지출에 필수적이지 않도록 했다.

스콧은 새벽 5시에 일어나 직접 불을 피우고 천천히 면도하고 옷을 입었다. 그리고 6시에 책상에 앉아 작업을 시작했으며, 아침 식사를 위해 가족들이 모일 때쯤이면 그날의 작업을 마칠 수 있었다고 말했다. 그의 성실함과 방대한 지식에도 불구하고, 스콧은 항상 자신의 능력에 대해 겸손함을 유지했다. 그는 "내 경력의 모든 순간마다, 나는 나 자신의 무지로 인해 좌절감을 느꼈다"고 말했다.

이러한 태도야말로 진정한 지혜와 겸손의 예라고 할 수 있다. 사람이 실제로 많이 알게 될수록, 오히려 자만하지 않게 된다. 예를 들어, 트리니티 칼리지의 한 학생이 교수에게 "교육을 마쳤다"며 작별 인사를 하러 갔을 때, 교수는 "그렇습니까? 저는 이제 막 시작하려고 합니다"라고 대답하며 그를 타일렀다. 여러 가지를 피상적으로 조금씩 아는 사람은 자신의 재능을 자랑할 수 있겠지만, 진정으로 현명한 사람은 "내가 아는 것은 아무것도 모른다는 것뿐"임을 깨닫는다. 뉴턴도 자신이 그저 바닷가에서 조개껍데기를 줍는 동안, 진리의 대양은 아직도 탐험되지 않은 채 남아 있다고 고백했다.

이차적인 문학가들의 삶도 인내의 중요성을 잘 보여준다. 예를 들어, 고(故) 존 브리튼은 '잉글랜드와 웨일즈의 아름다움' 등 여러 귀중한 건축학적 작품을 저술한 인물로, 윌트셔의 킹스턴에서 아주 비참한 오두막에서 태어났다. 그의 아버지는 빵집과 맥주 제조업을 했지만, 사업에 실패해 파산했고, 정신적으로 어려움을 겪게 되었다. 브리튼은 거의 교육을 받지 못했고, 어려운 환경 속에서 자랐지만, 불행히도 타락하지 않았다. 어린 나이에 그는 클러큰웰의 한 주점에서 삼촌 밑에서 일하게 되었고, 5년 넘게 와인을 병에 담고, 마개를 하고, 보관하는 일을 했다. 건강이 나빠지자 삼촌은 그를 세상에 내보냈고, 그는 5년간의 노동 대가로 겨우 두 기니를 손에 쥔 채 세상으로 나왔다. 이후 7년 동안 그는 많은 고난과 역경을 겪었다.

브리튼은 자서전에서 "주당 18펜스를 주고 지내는 가난하고 초라한 방에서 공부에 몰두했고, 겨울 저녁에는 난로를 피울 수 없었기 때문에 침대에서 독서하곤 했다"고 말했다. 그는 도보로 배스로 이동해 셀러맨으로 일할 기회를 얻었지만, 얼마 지나지 않아 다시 런던으로 돌아왔고, 거의 무일푼에 신발도, 셔츠도 없는 상태였다. 그러나 그는 런던의 한 주점에서 셀러맨으로 일자리를 구했고, 아침 7시부터 밤 11시까지 지하 셀러에서 일하는 것이 그의 임무였다. 어둠 속에서의 고된 노동으로 건강이 악화되자, 주당 15실링을 받고 변호사 사무실에서 일하게 되었다. 그동안 그는 자신의 여가 시간에 글쓰는 기술을 부지런히 연마했다. 이 직장에서 그는 주로 서점의 책장 사이를 돌아다니며, 살 수 없는 책을 훔쳐 읽으며 다양한 지식을 쌓았다.

이후 그는 주당 20실링을 받는 직장으로 옮겨가면서도 여전히 독서와 공부를 계속했다. 28세가 되자 그는 책을 쓸 수 있게 되었고, '피사로의 모험'이라는 제목으로 출판했다. 이후 그의 삶의 55년 동안 그는 문학적 작업에 몰두했다. 그의 출판된 저서 수는 87권에 이르며, 그중 가장 중요한 작품은 14권으로 이루어진 '잉글랜드 대성당의 고대 유물'로, 이는 존 브리튼의 끊임없는 노고를 기념하는 최고의 업적이다.

로버트 런던도 비슷한 성격을 지닌 인물로, 놀라운 작업 능력을 가진 사람이었다. 그는 에든버러 근처의 농부의 아들로 태어나 일찍부터 노동에 익숙해졌다. 그의 아버지는 아들의 경치 스케치와 계획을 그리는 솜씨를 보고 그를 조경사로 키우기로 했다. 견습 기간 동안 그는 매주 두 번씩 밤새 공부했으며, 낮에는 다른 노동자들보다 더 열심히 일했다. 밤 공부를 통해 그는 프랑스어를 배웠고, 18세가 되기 전에 아벨라르의 생애를 백과사전에 번역했다.

그는 인생에서 진보를 이루기 위해 매우 열정적이었다. 20세가 되었을 때, 그는 영국에서 정원사로 일하면서 자신의 노트에 "나는 이제 20세이고, 내 인생의 삼분의 일이 지나갔을지도 모른다. 그런데도 나는 내 동료 인간에게 어떤 유익한 일을 했는가?"라고 적었다. 이는 20세의 젊은이로서는 매우 드문 반성이었다. 그는 프랑스어에 이어 독일어도 배워 빠르게 그 언어를 터득했다. 스코틀랜드 농업의 개선을 도입하기 위해 큰 농장을 임대해 상당한 수입을 올렸다. 전쟁이 끝나고 대륙이 개방되자, 그는 다른 나라의 정원과 농업 체계를 조사하기 위해 두 번이나 여행을 떠났고, 그 결과를 백과사전에 실었다. 이 백과사전은 그가 수집한 방대한 자료로 유명하며, 그의 노력과 노동은 높이 평가받았다.

사무엘 드루의 삶도 우리가 앞서 언급한 사례들에 못지않게 놀라운 이야기를 담고 있다. 그의 아버지는 콘월의 세인트 오스텔 교구에서 열심히 일하는 노동자였다. 비록 가난했지만, 아버지는 두 아들을 동네의 일주일에 한 페니짜리 학교에 보냈다. 형 제이베즈는 학문에 큰 흥미를 느끼고 학업에 큰 진전을 보였지만, 동생 사무엘은 장난꾸러기로, 무단결석을 일삼았다. 여덟 살쯤 되었을 때, 사무엘은 수동 노동에 투입되어 하루에 1.5펜스를 벌며 주석 광산에서 일했다. 열 살이 되자 그는 구두 수선공의 도제로 들어갔고, 그곳에서 매우 힘든 시기를 보냈다. 그는 자신이 "쟁기 아래에 깔린 두꺼비처럼 살았다"고 표현하곤 했다. 그는 자주 도망쳐 해적이 되거나 비슷한 일을 하려고 생각했고, 나이가 들수록 무모함이 커져만 갔다.

사과 과수원을 털 때는 항상 앞장섰고, 나이가 들면서는 밀렵이나 밀수 같은 일에 더더욱 열중했다. 열일곱 살이 되었을 때, 그는 도제 기간이 끝나기도 전에 도망쳐 군함에 입대하려 했으나, 밤에 건초밭에서 잠을 자면서 마음을 가라앉히고 다시 구두 수선공의 일로 돌아왔다.

그 후 드루는 구두 수선공으로 일하기 위해 플리머스 근처로 이주했고, 카우샌드에서 지내면서 막대기 싸움 대회에서 우승하기도 했다. 그곳에서 그는 밀수 사건에 휘말려 목숨을 잃을 뻔했는데, 이는 모험심과 이득을 추구하는 마음에서 비롯된 일이었다. 그의 정규 임금은 주당 8실링에 불과했다.

어느 날 밤, 크래프트홀 마을 전역에 밀수선이 해안에 도착해 화물을 내리려 한다는 소식이 전해졌고, 마을 남성들 – 대부분이 밀수업자 – 이 해안으로 몰려갔다. 일부는 바위 위에서 신호를 보내고 도착한 물건들을 처리하는 역할을 했고, 다른 사람들은 보트를 타고 나갔으며, 드루도 그 그룹에 속했다. 밤은 매우 어두웠고, 화물의 일부만 하역되었을 때 바람이 불기 시작하고 파도가 거세졌다. 하지만 보트에 탄 사람들은 계속해서 화물을 나르기로 결정했고, 밀수선이 더 멀리 바다로 나아갈 때까지 여러 번 왕복했다.

드루가 탄 보트의 한 남자가 바람에 모자를 잃어버려 그것을 찾으려다 보트가 뒤집혔다. 세 명의 남자는 즉시 익사했고, 나머지 사람들은 한동안 보트에 매달려 있었지만, 보트가 바다 쪽으로 떠내려가자 수영을 시작했다. 그들은 해안에서 2마일 떨어진 곳에 있었고, 밤은 여전히 어두웠다. 드루는 약 3시간 동안 물속에 있다가 해안 근처의 바위에 도착했고, 그곳에서 추위에 떨며 아침까지 기다리다가 거의 죽음에 이른 상태에서 구조되었다. 밀수선에서 막 하역된 브랜디 한 통이 있었고, 도끼로 통을 깨고 살아남은 사람들에게 한 사발씩 나누어주었다. 드루는 깊은 눈을 뚫고 2마일을 걸어 자신의 숙소로 돌아갈 수 있었다. 이 경험은 그의 삶에 큰 전환점을 가져왔다.

그 후 드루는 위험하고 불법적인 일에서 벗어나, 구두 수선공으로서의 삶에 더 집중하게 되었다. 그는 자서전에서 자신의 어리석고 무모했던 젊은 시절을 반성하며, 지식을 향한 갈망이 생겨났다. 그는 책을 읽고 공부하는 데 점점 더 많은 시간을 투자하기 시작했다. 구두 수선 작업을 하면서도 그는 틈틈이 책을 읽었고, 주로 철학과 종교에 관심을 두었다.

드루는 자기가 가진 지식이 부족하다는 것을 느끼고, 독학으로 신학과 철학을 공부했다. 그는 글을 쓰기 시작했고, 결국에는 사상가이자 저술가로 인정받게 되었다. 그의 철학적 저작들은 높은 평가를 받았고, 그의 글들은 논리적이고 깊이 있는 내용으로 사람들에게 큰 영향을 미쳤다.

드루는 그의 삶을 돌아보며, 자신이 겪었던 모든 어려움과 시련이 오늘의 자신을 만들어준 것이라고 회고했다. 그는 교육받지 못한 상태에서 출발했지만, 끊임없는 노력과 자기계발로 학자로서의 성공을 이루어냈다. 그의 이야기는 인내와 끈기가 어떻게 사람의 인생을 변화시킬 수 있는지를 보여주는 좋은 사례이다.

이와 같은 사례들은 모두 인내와 노력의 힘을 증명해준다. 비록 힘든 상황과 어려운 환경 속에서도, 끊임없는 노력과 자기 발전을 통해 원하는 목표를 이룰 수 있다는 것을 보여준다. 이러한 이야기들은 우리에게 결코 포기하지 말고 끝까지 노력하는 자세의 중요성을 일깨워준다.

사무엘 드루의 삶의 시작은 매우 불행해 보였지만, 그는 젊은 시절의 무모함을 극복하고 복음의 사역자이자 훌륭한 작가로서 두각을 나타내게 되었다. 다행히도, 그의 에너지는 보다 긍정적인 방향으로 전환되었고, 이전의 악행에서 발휘했던 능력을 이제는 사회에 유익한 일에 쏟아붓게 되었다. 그의 아버지는 드루를 다시 세인트 오스텔로 데려와 구두 수선공으로 일할 수 있도록 도와주었다. 아마도 그가 최근에 죽음의 위기를 겪은 경험이 젊은 드루를 진지하게 만들었을 것이다.

드루는 얼마 지나지 않아 웨슬리언 감리교회의 목사인 아담 클라크 박사의 설교에 깊은 감명을 받았다. 또한 형의 죽음도 그에게 큰 영향을 미쳤고, 그 이후로 그는 완전히 다른 사람이 되었다. 드루는 다시 교육을 시작했는데, 그동안 읽고 쓰는 법을 거의 잊어버렸기 때문이다. 몇 년간의 연습 후에도 그의 글씨는 여전히 엉망이었고, 친구는 그의 글씨를 “잉크에 담근 거미가 종이 위를 기어가는 흔적”에 비유할 정도였다.

드루는 당시를 회상하며 “더 많이 읽을수록 내가 얼마나 무지한지를 더 느꼈고, 무지를 깨달을수록 그 무지를 극복하려는 내 에너지는 더욱 강해졌다. 이제는 모든 여가 시간을 독서에 할애했다. 육체 노동으로 생계를 유지해야 했기 때문에 독서할 시간이 많지 않았고, 이를 극복하기 위해 식사할 때마다 책을 앞에 두고 다섯에서 여섯 페이지를 읽었다”고 말했다. 존 로크의 ‘인간 이해력에 관한 에세이’를 읽으면서 그의 정신은 처음으로 형이상학적 사고로 전환되었다. 그는 “이 책은 나를 무지에서 깨어나게 했고, 내가 갖고 있던 천박한 시각을 버리게 했다”고 고백했다.

드루는 몇 실링의 자본으로 자신의 사업을 시작했다. 성실한 성격 덕분에 이웃의 방앗간 주인이 돈을 빌려주겠다고 제안했고, 드루는 이를 받아들여 열심히 일한 끝에 1년 만에 그 빚을 모두 갚았다. 그는 "아무에게도 빚을 지지 않겠다"는 결심을 하고, 많은 어려움 속에서도 이를 지키기 위해 노력했다. 종종 빚을 지지 않기 위해 저녁을 굶고 잠자리에 들기도 했다. 그의 목표는 근면과 절약을 통해 경제적 독립을 이루는 것이었으며, 점차 이 목표를 달성해 나갔다.

끊임없는 노동 속에서도 드루는 자신의 지식을 넓히기 위해 노력하며 천문학, 역사, 형이상학을 공부했다. 특히 형이상학을 공부한 이유는 그 분야에 참고할 책이 적었기 때문이었다. 그는 "이 길이 가시밭길처럼 보였지만, 그럼에도 불구하고 들어가기로 결심했고, 실제로 그렇게 했다"고 말했다.

구두 수선과 형이상학 연구 외에도 드루는 지역 설교자이자 소그룹 지도자가 되었다. 그는 정치에도 열정적으로 관심을 가졌고, 그의 가게는 마을 정치인들이 자주 찾는 장소가 되었다. 그들이 찾아오지 않으면, 드루가 직접 찾아가 공공 문제에 대해 토론했다. 그러나 이러한 정치 활동은 그의 시간을 많이 빼앗았고, 그는 낮에 잃어버린 시간을 보충하기 위해 자정까지 일해야 하는 경우가 많았다.

드루의 정치적 열정은 마을에서 화제가 되었다. 어느 날 밤, 드루가 구두 밑창을 두드리며 바쁘게 일하고 있을 때, 한 소년이 가게에서 불빛이 새어 나오는 것을 보고 열쇠 구멍에 입을 대고 "구두 수선공! 구두 수선공! 밤에는 일하고 낮에는 돌아다니네!"라고 외쳤다. 드루가 나중에 친구에게 이 이야기를 들려주자, 친구는 "그 소년을 쫓아가서 혼내주지 않았나?"라고 물었다. 드루는 "아니, 아니," 라며 대답했다. "내 귀에 총을 쏜 것보다 더 놀라고 당황했어. 나는 그 자리에서 일을 멈추고 '맞아, 맞아! 하지만 다시는 그런 말을 듣지 않겠어'라고 스스로 다짐했지. 그 외침은 마치 하나님의 목소리처럼 들렸고, 내 평생 중요한 교훈이 되었다. 그때부터 오늘 할 일을 내일로 미루지 말고, 일해야 할 때 게으름 피우지 말아야 한다는 것을 배웠다" 고 말했다.

그 순간부터 드루는 정치를 접고, 자신의 일에 매진하며 여가 시간에 독서와 공부를 계속했다. 하지만 그는 이 학문적 열정이 본업을 방해하지 않도록 주의했다. 드루는 결혼을 했고, 한때는 미국으로 이민을 갈 생각도 했지만,

결국 그곳에 머물며 계속 일했다. 그의 문학적 취향은 처음에 시를 쓰는 방향으로 흘러갔고, 남겨진 몇몇 단편들에서 볼 수 있듯이, 그의 영혼의 비물질성과 불멸성에 대한 사색은 이러한 시적 명상에서 비롯된 것으로 보인다.

드루의 공부방은 부엌이었고, 아내의 풀무가 그의 책상 역할을 했다. 그는 아이들의 울음소리와 재우는 소리 속에서 글을 썼다. 이 시기에 토머스 페인의 '이성의 시대'가 출판되어 많은 관심을 끌자, 드루는 그 논증을 반박하는 팸플릿을 작성해 출판했다. 그는 이후에 "나를 작가로 만든 것은 '이성의 시대'였다"고 말하곤 했다. 곧이어 그의 이름으로 여러 팸플릿이 연달아 출판되었고, 몇 년 후, 여전히 구두 수선 일을 하면서도 그는 '인간 영혼의 비물질성과 불멸성에 대한 에세이'를 집필하고 출판했다. 그는 이 책을 20파운드에 팔았는데, 당시로서는 큰돈이었다. 이 책은 여러 판을 거듭해 출판되었고, 여전히 귀중하게 여겨지고 있다.

드루는 많은 젊은 작가들처럼 성공에 자만하지 않았다. 오히려 그가 이미 유명 작가로 알려진 후에도, 그는 여전히 자신의 집 앞 거리를 쓸고, 겨울철에는 석탄을 나르는 일에 제자들을 도왔다. 그는 한동안 문학을 생계 수단으로 생각하지 않았고, 우선은 정직한 생계를 보장하는 것이 그의 첫 번째 관심사였다. 문학적 성공은 그에게 일종의 "복권" 같은 것이었고, 그의 표현대로라면, 그는 남는 시간에만 그 복권에 투자했다. 그러나 결국 그는 완전히 문학에 전념하게 되었으며, 특히 웨슬리언 교단과 관련된 활동에 집중했다. 그는 이 교단의 잡지 중 하나를 편집하고, 여러 교단 출판물의 출간을 감독했다. 또한 '에클렉틱 리뷰'에 글을 기고하고, 자신의 고향인 콘월의 귀중한 역사를 집필하여 출판하는 등 다양한 작품을 남겼다.

생애 말기에 드루는 자신에 대해 이렇게 말했다. "나는 사회에서 가장 낮은 지위에서 출발했지만, 평생 동안 정직한 노동, 절약, 그리고 도덕적 품성을 높이 평가하며 내 가족을 존경받는 위치로 끌어올리기 위해 노력해왔다. 신의 섭리는 나의 노력에 미소를 지었고, 나의 바람을 성공으로 이끌어주었다."

조셉 흄은 매우 다른 경력을 쌓았지만, 똑같이 끈기 있는 정신으로 일했다. 그는 특별히 뛰어난 재능을 가진 사람은 아니었지만, 엄청난 근면성과 확고한 목적의식을 가지고 있었다. 그의 인생 좌우명은 "인내"였으며, 그는 이 좌우명에 충실하게 살았다.

어릴 때 아버지를 잃은 흄은 어머니가 몬트로즈에서 작은 가게를 열어 가족을 부양하며 자식들을 성실하게 키우기 위해 힘들게 일하는 모습을 보고 자랐다. 어머니는 조셉을 외과의사 견습생으로 보내며 의학 교육을 받도록 했다. 흄은 자격증을 취득한 후, 배의 외과의사로 여러 차례 인도로 항해를 떠났고, 그 후 동인도 회사에서 견습병사로 자리를 얻었다. 흄은 누구보다 열심히 일했고, 절제된 생활을 하며 상사들로부터 신뢰를 얻어 점차 높은 직책으로 승진하게 되었다. 1803년, 그는 마라타 전쟁 중 파월 장군이 이끄는 군대에 배속되었고, 통역관이 사망하자 현지 언어를 이미 숙달한 흄이 그 자리에 임명되었다. 이후 그는 의료 부서의 수장이 되었고, 급여 담당관, 우편 관리관 등 여러 직무를 추가로 맡아 성공적으로 수행했다. 그는 또한 병참 보급을 계약하여 군대에 유익을 주고 자신에게도 이익을 얻었다.

약 10년간의 끊임없는 노력 끝에 흄은 상당한 재산을 모아 영국으로 돌아왔다. 그는 가장 먼저 가난한 가족들을 위한 지원을 마련하는 일을 했다. 그러나 흄은 자신의 노고의 열매를 게으르게 누리며 살 사람이 아니었다. 일과 활동은 그의 편안함과 행복에 필수적인 요소였다. 그는 자신의 나라와 국민의 실태를 충분히 이해하기 위해, 당시 제조업으로 유명한 모든 도시를 방문했다. 이후 그는 외국의 상황을 파악하기 위해 해외로 여행을 떠났다.

영국으로 돌아온 후, 그는 1812년에 의회에 입성하여 약 34년간 짧은 중단을 제외하고는 계속 의회 의원으로 활동했다. 그의 첫 번째 기록된 연설은 공교육 문제에 관한 것이었으며, 그의 긴 공직 생활 내내 그는 국민의 지위를 향상시키고 개선할 수 있는 모든 문제들 – 범죄 개혁, 저축은행, 자유 무역, 경제성과 절약, 확대된 대표권 등의 조치들 – 에 열정적으로 관심을 기울였다. 흄이 맡은 주제는 무엇이든 그는 전심전력으로 일했다. 그는 뛰어난 연설가는 아니었지만, 그의 말은 정직하고 단순하며 정확한 것으로 인정받았다.

흄은 샤프츠베리의 말대로, 조롱이 진실의 시험대라면 이 시험을 잘 견뎌낸 사람이다. 그는 그보다 더 많이 조롱받은 사람이 없었지만, 항상 변함없이 자신의 자리를 지켰다. 그는 종종 표결에서 패배했지만, 그가 행사한 영향력은 여전히 느껴졌고, 많은 중요한 재정 개선이 그의 노력 덕분에 이루어졌다. 그가 직접적으로 반대한 투표에서조차도 결과적으로 그의 주장이 반영되곤 했다.

그가 처리한 엄청난 양의 일은 경이로울 정도였다. 흄은 아침 6시에 일어나 편지를 쓰고 의회에서 사용할 자료를 정리했다. 아침 식사 후에는 사업 관련 사람들을 만났는데, 어떤 날은 아침에만 스무 명이나 되는 사람들을 만나기도 했다. 의회는 거의 흄 없이 열리는 일이 없었고, 토론이 새벽 두세 시까지 계속되더라도 그의 이름은 투표 목록에서 빠지는 일이 거의 없었다.

요약하자면, 흄은 그렇게 긴 기간 동안 수많은 행정부에 맞서 주마다, 해마다 수많은 일을 해내며, 수차례 패배하고 조롱당하면서도 자신의 자리를 지켰다. 그는 인간의 인내력과 끈기를 보여주는 훌륭한 사례로서, 성질을 잃지 않고 에너지와 희망을 잃지 않으며, 마침내 그가 추진했던 대부분의 조치들이 환영받으며 채택되는 것을 보게 되었다. 이는 전기에서 보여줄 수 있는 가장 놀라운 인간 인내력의 사례 중 하나로 간주되어야 한다.

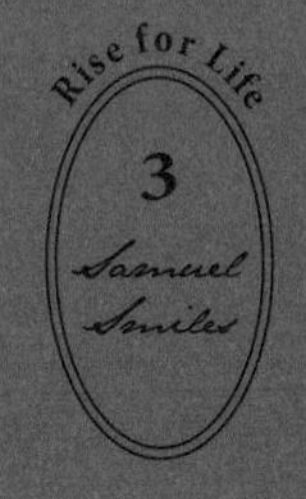

CHAPTER 2

운명을 개척해
신분을 바꾼 사람들

어떤 계층도 결코 영원하지 않다. 권력자들은 몰락하고, 낮은 자들이 높아진다. 새로운 가문이 옛 가문의 자리를 대신하고, 그 옛 가문은 평범한 사람들 속으로 사라진다.

운명을 두려워하는 자는 자격이 부족하거나 용기가 부족한 것이다. 모든 것을 걸고 얻거나 잃을 용기가 없는 자는 아무것도 얻을 수 없다.

— 몽트로즈 후작 〈스코틀랜드의 장군〉

그가 권세 있는 자들을 그 자리에서 내려오게 하고, 낮은 자들을 높이셨다.

— 누가복음 〈신약성경〉

●

우리는 이미 근면과 노력으로 평범한 사람에서 높은 지위로 올라선 몇몇 저명한 인물들을 언급한 바 있다. 심지어 영국의 귀족들도 이러한 사례를 통해 많은 교훈을 줄 수 있다. 영국 귀족들이 그 지위를 잘 유지할 수 있었던 이유 중 하나는, 다른 나라의 귀족들과 달리 영국 귀족들은 주기적으로 국가의 산업적 역량, 즉 '영국의 심장과 두뇌'를 흡수해 왔기 때문이다. 마치 신화 속 안타이오스가 땅에 닿을 때마다 힘을 얻는 것처럼, 영국 귀족들은 가장 오래된 '노동 계층'과 섞이면서 새롭게 활력을 얻어왔다.

모든 사람의 혈통은 멀리서부터 이어져 온다. 비록 어떤 사람들은 할아버지 이상의 혈통을 추적할 수 없다고 해도, 모든 사람은 자신이 인류의 원조에서 시작된 혈통을 가지고 있다고 자부할 수 있다. 체스터필드 경이 "애덤 드 스탠호프 - 이브 드 스탠호프"라고 농담한 것처럼 말이다. 어떤 계층도 결코 영원하지 않다. 권력자들은 몰락하고, 낮은 자들이 높아진다. 새로운 가문이 옛 가문의 자리를 대신하고, 그 옛 가문은 평범한 사람들 속으로 사라진다.

버크의 '가문들의 변천사'는 가문의 흥망성쇠를 생생하게 보여주며, 부유하고 귀족적인 가문들이 겪는 불행이 가난한 사람들에게 닥치는 것보다 더 크다는 사실을 드러낸다. 이 책은 마그나 카르타를 지키기 위해 선택된 25명의 남작 중 현재 영국 상원에 남아 있는 직계 후손이 한 명도 없다는 사실을 지적한다. 내전과 반란으로 인해 많은 옛 귀족들이 몰락하고 그들의 가족이 흩어졌다. 그러나 그 후손들은 살아남아 일반 사람들 속에 섞여 살아가고 있다. 풀러는 그의 '위인전'에서 "보훈, 모티머, 플랜태저넷이라는 성을 가진 이들 중 일부는 평범한 사람들 속에 숨어 있다"라고 썼다.

버크는 켄트 백작의 직계 후손 중 두 명이 푸줏간 주인과 통행료 징수원으로 발견되었고, 클라랜스 공작의 딸 마거릿 플랜태저넷의 증손자는 슈롭셔의 뉴포트에서 구두장이로 전락했으며, 에드워드 3세의 아들 글로스터 공작의 직계 후손 중 한 명은 세인트 조지, 하노버 스퀘어 교회의 묘지기가 되었다고 전한다. 시몬 드 몽포르, 영국의 최고 남작의 직계 후손은 툴리 스트리트의 안장 제작자로 알려져 있다. "자랑스러운 퍼시" 가문의 후손 중 한 명은 더블린에서 트렁크 제작자로 일했으며, 몇 년 전에는 퍼스 백작직을 주장하는 사람이 노섬벌랜드 탄광의 노동자로 나타났다. 에든버러 근처에서 크로퍼드 백작위를 주장하는 잡부도 있었으며, 그를 향해 "존, 크로퍼드 경, 라임 좀 더 가져와라"라는 외침이 울려 퍼지곤 했다.

올리버 크롬웰의 증손자 중 한 명은 스노우 힐에서 식료품 상인으로 일했고, 다른 후손들은 극심한 가난 속에서 죽음을 맞았다. 자랑스러운 이름과 타이틀을 가진 많은 남작들은 가족 나무에서 모든 잎을 먹어치운 뒤 나무늘보처럼 사라졌고, 다른 이들은 불운에 휘말려 가난과 무명 속에 사라졌다. 이것이 바로 신분과 운명의 변덕이다.

영국 귀족의 대부분은 비교적 현대적인 배경을 가지고 있지만, 이는 타이틀 측면에서 그렇다. 그들은 명예로운 산업에서 많은 부분을 흡수해 왔기 때문에 귀족으로서의 가치가 떨어지지 않는다. 옛날에는 런던의 부와 상업이 활기차고 진취적인 사람들에 의해 운영되었고, 이는 귀족 지위를 얻는 데 있어 중요한 원천이 되었다. 예를 들어, 콘월리스 백작 가문은 체프사이드 상인이었던 토마스 콘월리스가 세웠고, 에식스 백작 가문은 직물상이었던 윌리엄 카펠이, 크레이븐 백작 가문은 상인이었던 윌리엄 크레이븐이 세웠다. 현대 워릭 백작 가문은 "왕의 창조자"의 후손이 아니라 양모상인이었던 윌리엄 그레빌의 후손이며, 현대 노섬벌랜드 공작 가문은 퍼시가 아니라 런던의 약사였던 휴 스미스슨의 후손이다.

다트머스, 래드너, 듀시, 그리고 폼프렛 가문들은 각각 모피상, 비단 제조업자, 상인 재단사, 그리고 칼레 상인들에 의해 세워졌다. 탱커빌, 도머, 그리고 코번트리의 귀족 지위는 각각 직물상인들에 의해 세워졌다. 로미니 백작과 더들리 경, 워드 경의 조상들은 금세공인과 보석상이었으며, 다크레스 경은 찰스 1세 시대의 은행가였고, 오버스톤 경은 빅토리아 여왕 시대의 은행가였다.

리즈 공작 가문의 창시자인 에드워드 오스본은 런던 다리의 부유한 직물상이었던 윌리엄 휴잇의 견습생이었다. 그는 용감하게 템스강에 뛰어들어 휴잇의 외동딸을 구한 후, 그녀와 결혼했다. 무역으로 세운 귀족 가문 중에는 피츠윌리엄, 리, 페트레, 쿠퍼, 던리, 힐, 그리고 캐링턴 가문이 있다. 폴리와 노만비 가문을 세운 조상들은 주목할 만한 인물들이었고, 그들의 삶의 이야기는 강한 성격의 예로서 보존할 가치가 있다.

리처드 폴리 가문의 창시자였던 그의 아버지는 찰스 1세 시대에 스토어브리지 근처에 살던 작은 농부였다. 당시 그곳은 중부 지방의 철강 산업의 중심지였고, 리처드는 못 제조업의 한 가지 작업을 배우며 자랐다. 그는 매일 철막대를 나누는 번거롭고 시간 소모적인 작업 과정을 지켜보며 못 제조업자들이 겪는 큰 노동과 시간 손실을 목격했다. 당시 스토어브리지의 못 제조업자들은 스웨덴에서 수입된 못들로 인해 시장을 잃어가고 있었다. 스웨덴에서는 철막대를 분할하는 기계와 장비 덕분에 저렴하게 못을 생산할 수 있었다.

리처드 폴리는 새로운 공정을 마스터하기로 결심한 후, 스토어브리지 지역에서 갑자기 사라졌다. 몇 년 동안 아무도 그가 어디에 있는지 알지 못했고, 그의 가족조차도 그의 계획을 몰랐다. 그는 실패할 경우를 대비해 아무에게도 알리지 않았기 때문이다. 돈도 거의 없는 그는 헐까지 가는 방법을 찾아 스웨덴 항구로 가는 배에 승선했다. 그가 가진 유일한 물건은 바이올린이었다. 스웨덴에 도착한 후,

그는 바이올린을 연주하며 구걸을 하면서 단네모라 광산 근처의 우프살라로 갔다. 폴리는 뛰어난 음악가이자 매력적인 성격 덕분에 철강 노동자들과 친해졌다. 그는 작업장에서 모든 부분을 관찰하며 철강 분할 기계의 작동 원리를 익히려고 했다. 일정 기간 이 목적을 위해 머문 후, 폴리는 갑자기 그곳을 떠났고, 아무도 그가 어디로 갔는지 알지 못했다.

리처드 폴리는 스웨덴에서 배운 기술을 바탕으로 영국으로 돌아왔고, 습득한 지식을 활용해 스토어브리지 지역에 철강 분할 기계를 도입했다. 이 새로운 기술 덕분에 영국의 못 제조업자들은 스웨덴산 못들과의 경쟁에서 우위를 점할 수 있었고, 스토어브리지의 철강 산업은 다시 번창하게 되었다. 폴리의 노력과 혁신 덕분에 그의 가문은 번영을 이뤘고, 결국 그의 후손들은 귀족의 반열에 오르게 되었다.

이와 같은 사례들은 귀족 신분이 결코 고정된 것이 아님을 보여준다. 산업과 노력, 그리고 혁신을 통해 평범한 가문이 귀족으로 성장할 수 있음을 증명한다. 영국의 귀족 가문들이 이렇게 다양한 출신 배경을 가지고 있다는 사실은, 그들이 단지 혈통만으로가 아니라 능력과 업적으로도 존경받을 수 있는 이유를 설명해준다.

또한, 이러한 이야기들은 지금의 젊은 세대들에게도 큰 영감을 준다. 사회적 배경이나 출신이 성공의 절대적인 기준이 아니라는 것, 누구든지 자신의 노력과 끈기로 삶을 바꾸고 높은 지위에 이를 수 있다는 교훈을 전달해준다. 결국, 리처드 폴리와 같은 인물들의 이야기는 단순한 성공담을 넘어, 인내와 혁신의 중요성을 강조하는 예시로서, 귀족 계층의 역사 속에서 귀감이 되고 있다.

영국으로 돌아온 리처드 폴리는 자신의 성과를 스토어브리지의 나이트 씨와 다른 사람들에게 알렸고, 그들은 폴리를 신뢰해 자금을 지원하여 새로운 공정을 이용한 철 분할 공장과 기계를 세우기 시작했다. 그러나 작업이 시작되었을 때, 큰 실망과 당혹감 속에서 기계가 제대로 작동하지 않는다는 사실을 알게 되었다. 특히 철봉을 분할하는 데 전혀 도움이 되지 않았다. 이 실패로 인해 폴리는 다시 사라졌다. 사람들은 그가 실패에 대한 부끄러움과 실망감 때문에 영원히 떠난 것이라고 생각했다.

그러나 폴리는 실패를 받아들이지 않고 철 분할의 비밀을 반드시 알아내겠다는 결심을 굳혔다. 다시 스웨덴으로 떠난 폴리는 이번에도 바이올린을 들고 철강 공장에 도착했다. 광부들은 그를 반갑게 맞이했고, 이번에는 그를 철분할 공장에 머물도록 했다. 광부들은 그가 음악 외에 다른 분야에서 특별한 지능이 없어 보였기 때문에, 그가 다른 목적을 가지고 있다는 의심을 하지 않았다. 덕분에 폴리는 자신의 인생 목표를 달성할 수 있었다.

폴리는 이번에 공장을 더욱 꼼꼼히 살펴보며 이전 실패의 원인을 금방 알아냈다. 그는 가능한 한 기계의 도면이나 트레이싱을 만들어 구조를 머리에 새긴 후, 광부들과 작별하고 스웨덴 항구로 가서 영국으로 돌아오는 배에 올랐다. 결심이 확고한 폴리는 결국 성공을 거두었다. 놀란 친구들 사이로 돌아온 그는 이제 완전한 계획을 세웠고, 결과는 매우 성공적이었다. 그의 기술과 노력 덕분에 폴리는 곧 큰 재산을 쌓았고, 동시에 넓은 지역의 사업을 회복시켰다. 그는 생애 동안 사업을 이어가며, 지역 사회의 자선 활동을 돕고 격려했다. 스토어브리지에 학교를 설립하고 기부했으며, 그의 아들 토마스는 키더민스터의 큰 은인으로 "럼프 의회" 시절 우스터셔 주의 고등 보안관으로 활약했다. 그는 올드 스윈포드에서 어린이들에게 무료 교육을 제공하는 병원을 설립하고 기부했다.

초기의 폴리 가문은 모두 청교도였으며, 리처드 백스터

는 폴리 가문의 여러 구성원과 친밀하게 지냈다. 백스터는 그의 '삶과 시대'에서 그들을 자주 언급했다. 토마스 폴리가 고등 보안관으로 임명되었을 때, 백스터에게 설교를 부탁했고, 백스터는 그의 '삶'에서 토마스를 "그가 상대한 모든 사람이 그의 성실함과 정직함을 칭찬했으며, 그에 대해 의문을 제기한 사람은 아무도 없었다"고 말했다. 이 가문은 찰스 2세 시대에 귀족으로 승격되었다.

멀그레이브 또는 노먼비 가문을 세운 윌리엄 핍스도 리처드 폴리만큼이나 놀라운 인물이었다. 그의 아버지는 총기 제작자로, 메인에 정착한 강인한 영국인이었다. 당시 이곳은 영국 식민지의 일부였다. 1651년에 태어난 윌리엄은 26명의 자녀 중 한 명으로 자랐고, 그의 가족은 오직 강한 마음과 튼튼한 팔만이 유산이었다. 윌리엄은 어릴 때부터 양치기의 조용한 삶에 만족하지 못했고, 대담하고 모험적인 성격을 가지고 있었다. 그는 선원이 되어 세계를 돌아다니고 싶어 했지만, 적합한 배를 찾지 못해 배 만드는 목수에게 견습생으로 들어가 철저히 배웠다. 여가 시간에는 읽고 쓰는 법을 배웠다. 견습을 마친 후 보스턴으로 이사한 그는 자산이 있는 과부와 결혼했고, 이후 작은 조선소를 열어 배를 만들고, 그 배로 목재 무역을 하며 약 10년간 성실히 일했다.

어느 날, 윌리엄 핍스가 보스턴의 구불구불한 거리를 지나가던 중, 선원들이 바하마 해역에서 발생한 난파 사고에 대해 이야기하는 것을 우연히 듣게 되었다. 그 난파된 배는 스페인 배로, 많은 금화를 실은 것으로 추정되었다. 핍스의 모험심이 즉시 불타올랐고, 그는 지체 없이 유능한 선원들을 모아 바하마로 출항했다.

난파선은 해안 가까이에 있었기 때문에 쉽게 찾을 수 있었고, 많은 화물을 회수하는 데 성공했지만, 돈은 거의 찾지 못했다. 결과적으로 그는 비용을 겨우 충당할 수 있었을 뿐이다. 하지만 이 작은 성공은 그의 도전 정신을 더욱 자극했다. 그러던 중, 그는 포트 데 라 플라타 근처에서 반세기 전에 난파된, 훨씬 더 많은 보물을 실은 배에 대해 듣게 되었고, 그 난파선을 인양하거나 최소한 보물을 건져 올리기로 결심했다.

그러나 이 거대한 프로젝트를 수행할 자금이 없었던 핍스는 영국으로 항해를 떠나 필요한 지원을 얻고자 했다. 그의 바하마 난파선 인양 성공은 이미 그의 명성을 널리 알리게 했다. 핍스는 직접 영국 정부에 지원을 요청했고, 그의 열정적인 설득 덕분에 관료들의 무관심을 극복할 수 있었다. 결국 찰스 2세는 그에게 18문의 대포와 95명의 승무원을 갖춘 "로즈 알제" 호를 제공하며, 그를 함장으로 임명했다.

핍스는 스페인 배를 찾아 보물을 인양하기 위해 출항했다. 히스파니올라 해안에 무사히 도착했지만, 난파선을 찾는 일은 매우 어려웠다. 난파 사고는 50년 이상 지난 일이었고, 핍스는 그저 전해지는 소문에 의존해야 했다. 그는 광활한 해안을 탐색하며, 바다 속 어딘가에 가라앉아 있을 배를 찾기 위해 작업을 시작했다. 그러나 선원들은 몇 주 동안 해초, 자갈, 암석 조각만 건져 올리며 지루한 작업에 불만을 품기 시작했다. 결국 그들은 이 임무가 헛수고라고 여기고, 공공연히 반란을 일으켰다.

어느 날, 선원들이 갑판에 몰려들어 항해를 포기하라고 요구했다. 하지만 핍스는 이에 겁먹지 않았다. 그는 반란 주동자들을 체포하고 나머지 선원들을 원래 임무로 돌려보냈다. 배를 가볍게 하기 위해 작은 섬 근처에 정박시키고 대부분의 물자를 상륙시켰다. 그러나 선원들 사이의 불만은 계속 커졌고, 일부는 핍스를 바다에 던져버리고 배를 장악해 해적 활동을 벌이려는 음모를 꾸몄다. 다행히도, 이 계획을 알게 된 선박 목수가 핍스에게 이 사실을 알렸다.

핍스는 충성스러운 선원들을 모아, 배의 포를 육지 쪽으로 겨누고 배와 연결된 다리를 들어 올리도록 명령했다. 반란을 일으킨 선원들이 다가오자, 핍스는 그들에게 물자를 건드리면 발포하겠다고 경고했고, 이에 그들은 물러났다. 이후 핍스는 포의 보호 아래 물자를 다시 배로 옮겼다. 황량한 섬에 남겨질까 두려워한 반란 주동자들은 무기를 버리고 복귀를 간청했고, 핍스는 이를 허락하며, 향후 문제를 방지하기 위한 조치를 취했다. 이후 반란에 가담한 선원들을 상륙시키고, 새로운 선원을 모집한 뒤 탐사를 재개할 수 있었다. 그러나 결국 배를 수리하기 위해 영국으로 돌아가야 했고, 난파선이 침몰한 지점에 대한 더 구체적인 정보를 얻으면서 계획이 성공할 것이라는 확신을 갖게 되었다.

런던으로 돌아온 핍스는 해군 본부에 향해 결과를 보고했으나, 성과를 내지 못했기 때문에 왕의 배를 다시 맡을 수는 없었다. 제임스 2세가 왕위에 오른 후, 정부는 어려움을 겪고 있었고, 핍스와 그의 프로젝트는 그들에게 큰 관심을 끌지 못했다. 그러나 핍스는 포기하지 않고 공모를 통해 자금을 모으려 했다. 처음에는 비웃음을 샀지만, 그의 끈기 있는 열정은 결국 결실을 맺었다. 4년 동안 끈질기게 자신의 프로젝트를 알리며 가난하게 지내던 중, 알버말 공작과 몽크 장군의 아들이 주도적으로 투자하여 20개 주식으로 구성된 회사가 설립되었고, 필요한 자금이 마련되었다.

리처드 폴리처럼, 윌리엄 핍스도 두 번째 시도에서 첫 번째보다 더 나은 결과를 얻었다. 그의 배는 사고 없이 포트 데 라 플라타에 도착했고, 그곳은 난파가 일어난 것으로 추정되는 암초 근처였다. 핍스는 8~10개의 노를 젓는 튼튼한 배를 만드는 것을 첫 번째 목표로 삼았고, 직접 도끼를 사용해 그 배를 제작했다. 또한 그는 바다 밑바닥을 탐사하기 위해 오늘날 잠수종으로 알려진 기계를 제작했다고 전해진다. 당시에 그러한 기계에 대한 언급이 있었지만, 핍스는 책을 잘 알지 못했기 때문에 이 기계를 자신만의 방식으로 재발명했다고 볼 수 있다. 그는 또한 진주를 찾거나 해저 작업에 뛰어난 인디언 잠수부들을 고용했다.

탐사선과 보트가 암초로 이동한 후, 사람들은 작업을 시작했지만 몇 주 동안 잠수종과 다양한 방법을 사용해도 성공의 기미는 보이지 않았다. 그러나 핍스는 거의 희망을 잃지 않고 버텼다. 마침내 어느 날, 한 선원이 배 옆에서 맑은 물을 내려다보며 암초 틈에서 자라는 특이한 해초를 발견했다. 그는 한 인디언 잠수부에게 그 해초를 가져오도록 요청했고, 그가 해초를 가져오자, 그곳에 여러 개의 배 대포가 놓여 있다는 것을 알게 되었다. 처음에는 믿기 어려웠지만, 추가 조사를 통해 사실임이 확인되었다. 탐사가 진행되면서 잠수부가 은괴를 품에 안고 올라왔다. 핍스는 그걸 보자마자 "하나님께 감사드립니다! 우리 모두 부자가 되었습니다."라고 외쳤다.

이제 잠수종과 잠수부들은 의욕적으로 작업을 시작했고, 며칠 만에 약 30만 파운드 상당의 보물을 건져 올렸다. 핍스는 이 보물을 가지고 영국으로 항해했다. 그가 도착하자, 일부에서는 핍스가 처음 왕에게 보고할 때 정확한 정보를 제공하지 않았으므로 배와 화물을 압수해야 한다는 주장이 나왔다. 그러나 왕은 핍스를 정직한 사람으로 믿었고, 그가 돌아온 가치가 두 배였더라도 핍스와 그의 동료들이 모든 보물을 나누도록 허락했다. 핍스의 몫은 약 2만 파운드였고, 왕은 그의 열정과 정직함을 인정해 기사 작위를 수여했다. 이후 핍스는 뉴잉글랜드의 고등 보안관으로 임명되었으며, 재임 기간 동안 프랑스에 대항해 포트 로열과 퀘벡을 공격하는 등 모국과 식민지를 위해 용맹하게 싸웠다. 그는 매사추세츠의 총독직도 맡았으며, 1695년에 런던에서 사망했다.

윌리엄 핍스는 경력의 후반부 동안 자신의 낮은 출신을 부끄러워하지 않았다. 오히려 평범한 배 목수에서 기사 작위와 주지사 자리까지 오른 것을 자랑스럽게 여겼다. 공무로 인해 고민에 빠질 때면, 종종 도끼를 다시 들고 일하는 것이 더 쉬울 것이라고 말하곤 했다. 핍스는 정직, 애국심, 용기를 남겼으며, 이는 노먼비 가문의 가장 고귀한 유산 중 하나로 여겨진다.

윌리엄 페티, 랜스다운 가문의 창시자 역시 그 시대에 에너지와 공공의 유용성으로 이름을 떨친 인물이었다. 그는 1623년 햄프셔의 롬지에서 겸손한 처지의 옷감 상인의 아들로 태어났다. 어린 시절 그는 고향의 문법 학교에서 꽤 괜찮은 교육을 받았고, 이후 노르망디의 캉 대학에서 공부하며 스스로를 발전시키기로 결심했다. 그곳에서 그는 소량의 상품을 팔아 자립하며 생활했다. 영국으로 돌아온 후, 한 해군 대위에게 수습생으로 등록했으나, 시력이 좋지 않아 어려움을 겪었다. 결국 그는 해군을 떠나 의학을 공부하기 시작했다. 파리에서 해부학을 배우며, 홉스의 광학 논문을 위한 다이어그램을 그리기도 했다. 그 당시 그는 가난해져서 몇 주 동안 호두만 먹으며 지냈지만, 다시 작은 무역을 시작해 돈을 벌었고, 결국 영국으로 돌아올 때는 돈을 모을 수 있었다.

페티는 기계적 재주가 뛰어나, 편지 복사기를 발명하기도 했다. 그는 예술과 과학에 관한 글을 쓰기 시작했고, 화학과 의학을 성공적으로 실천해 곧 명성을 얻었다. 과학자들과 교류하며 과학을 추구하기 위한 학회를 결성하는 프로젝트가 논의되었고, 초기 로열 소사이어티의 회의는 그의 숙소에서 열리기 시작했다. 옥스퍼드에서 그는 해부학 교수의 대리 역할을 맡기도 했는데, 그 교수는 해부를 매우 꺼렸다. 1652년, 페티의 부지런함은 아일랜드 군대의 의사로 임명되는 결과를 가져왔고, 그곳에서 그는 여러 부총독의 의무를 맡았다.

페티는 창의적인 발명가이자 산업의 조직자였다. 그는 정치 산술, 양모 제조, 해군 철학, 염색 기술 등에 관한 논문을 발표했다. 또한 철강 공장을 설립하고, 납 광산을 개척했으며, 정어리 어업과 목재 무역도 시작했다. 이 모든 일을 하면서도 그는 로열 소사이어티의 토론에 참여하며 많은 기여를 했다. 그는 아들들에게 상당한 재산을 남겼으며, 그의 장남은 셸번 남작으로 서임되었다. 그의 유언장은 인생의 주요 사건들과 재산의 점진적인 증식을 상세히 기록한 문서로, 그의 성격을 잘 보여준다. 그는 빈곤에 대한 자신의 견해를 "거지나 자발적으로 가난해진 자들에게는 아무것도 주지 않는다. 하나님에 의해 불구가 된 자들은 공공에서 책임져야 하며, 직업이나 재산을 물려받지 못한 자들은 친척에게 의지해야 한다"라고 표현했다. 그럼에도 불구하고 그는 자신이 사는 마을의 가장 궁핍한 사람들에게 20파운드를 기부하겠다고 유언에 남겼다. 그는 롬지의 노르만 교회에 묻혔으며, 그곳 남쪽 합창단에는 "여기 윌리엄 페티 경이 잠들다"라는 글귀가 새겨진 소박한 묘비가 여전히 남아 있다.

오늘날 발명과 무역으로 귀족 작위를 얻은 또 다른 가문은 벨퍼의 스트럿 가문이다. 이 가문이 사실상 귀족으로 인정받게 된 것은 제디디아 스트럿이 1758년에 골지 스타킹을 만드는 기계를 발명하면서였다. 이 발명으로 그는 막대한 재산을 모을 수 있었고, 이후 그의 후손들은 그 재산을 크게 늘렸으며, 이를 사회적으로 훌륭하게 사용했다. 제디디아의 아버지는 농부이자 맥주 제조업자였지만, 자녀들의 교육에는 크게 신경 쓰지 않았다. 그럼에도 자녀들은 모두 성공했다.

제디디아는 둘째 아들이었으며, 어린 시절 아버지의 농

장에서 일을 도왔다. 그는 일찍부터 기계에 관심을 보였고, 당시의 조악한 농기구를 개선하는 여러 방법을 고안해냈다. 삼촌이 사망하자 그는 가족이 오랫동안 임대하던 블랙월의 농장을 물려받았고, 곧바로 더비의 양말업자의 딸인 미스 월렛과 결혼했다. 아내의 형제로부터 여러 번 실패한 골지 스타킹 제조 시도를 들었고, 자신이 성공해내겠다고 결심했다. 그는 양말 틀을 구해 그 구조와 작동 방식을 익힌 후, 새로운 조합을 도입해 골지 패턴을 만들어낼 수 있게 되었다. 그는 이 개선된 기계에 대해 특허를 취득한 후, 더비로 이주해 골지 스타킹 제조를 대규모로 시작했으며, 이는 대단히 성공적이었다.

이후 그는 아크라이트와 협력하게 되었고, 아크라이트의 발명이 가치 있다고 확신한 후 그의 특허를 확보해 더비셔의 크랜포드에 대규모 면공장을 설립하는 자금을 마련했다. 아크라이트와의 파트너십이 만료된 후, 스트럿 가문은 벨퍼 근처의 밀포드에 광대한 면공장을 세웠으며, 이는 현재 가문의 명성을 상징하는 곳이 되었다.

창시자의 아들들도 아버지처럼 기계적 능력으로 두각을 나타냈다. 예를 들어, 맏아들 윌리엄 스트럿은 자동 기계를 발명했는데, 당시의 기계 기술이 이를 제조할 만큼 발전하지 못해 성공하지 못했다. 윌리엄의 아들 에드워드는 일찍이 차량 서스펜션 휠 원리를 발견한 기계적 천재로, 그 원리를 적용한 손수레와 두 대의 수레를 만들어 농장에서 사용했다. 또한 스트럿 가문은 자신들의 산업과 기술로 얻은 부를 사회적으로 훌륭하게 사용한 것으로도 잘 알려져 있다. 그들은 고용인들의 도덕적, 사회적 상태를 개선하기 위해 노력했으며, 각종 선행에 관대하게 기부해왔다. 조지프 스트럿이 더비 시민들에게 영원히 기증한 아름다운 공원, 아보리텀은 그 많은 예 중 하나다. 그는 이 귀중한 선물을 전달하며 "내 인생 동안 태양이 나에게 밝게 비쳤으니, 나를 도와준 이들 중에 내 재산의 일부를 사용해 그들의 복지를 증진시키지 않는다면 이는 배은망덕한 일일 것입니다"라고 연설했다.

산업과 에너지가 그 시대와 오늘날에도 귀족 작위를 얻은 많은 용감한 사람들에게서 발견된 것처럼, 법률 분야에서의 노력도 역시 귀족 작위를 획득하는 데 중요한 역할을 해왔다. 영국에서는 70개 이상의 귀족 작위, 두 개의 공작 작위가 성공한 법률가들로부터 나왔다. 맨스필드와 어스킨은 귀족 가문 출신이었지만, 어스킨은 "내 가족 외에는 귀족을 알지 못한다는 것을 하나님께 감사드립니다"라고 말하곤 했다. 대부분의 귀족은 변호사, 상인, 성직자, 그리고 중산층 가정 출신이었다. 하워드와 캐번디시 가문의 첫 귀족은 판사였으며, 에일즈퍼드, 엘렌버러, 길드포드, 샤프츠베리, 하드위크, 카디건, 클라렌던, 캠든, 엘즈미어, 로슬린과 같은 작위들도 주로 법률가들로부터 나왔다. 더 가까운 시대에는 텐터든, 엘든, 브루엄, 덴맨, 트루로, 린허스트, 세인트레너즈, 크랜워스, 캠벨, 그리고 첼름스퍼드 같은 이름들이 있다.

로드 린허스트의 아버지는 초상화 화가였고, 세인트레너즈의 아버지는 벌링턴 스트리트의 향수 및 이발소 주인이었다. 젊은 에드워드 서든은 원래 케번디시 스퀘어의 헨리에타 스트리트에 있는 법률 문서 전달자로 일했다. 이곳에서 그는 법률에 대한 첫 인식을 얻었고, 이후 아일랜드의 대법관으로까지 성장하게 되었다. 로드 텐터든의 출신은 특히 겸손했으며, 그는 이를 부끄러워하지 않았다. 왜냐하면 높은 지위에 오를 수 있었던 것은 오로지 자신의 노력, 학습, 그리고 끈기 덕분이라는 것을 알고 있었기 때문이다.

텐터든에 관한 일화 중 하나로, 그는 어느 날 아들 찰스를 데리고 캔터베리 대성당 서쪽에 있는 작은 오두막으로 갔다. 그리고 그는 아들에게 이렇게 말했다. "찰스, 이 작은 가게를 봐라. 내가 너를 여기로 데려온 이유는 바로 이걸 보여주기 위해서다. 너의 할아버지는 이곳에서 한 푼에 면도를 했었다. 이것이 내 인생에서 가장 자랑스러운 기억이다." 텐터든은 소년 시절 대성당에서 성가대를 했으며, 그의 인생을 바꿨던 실망스러운 경험도 성가대에서의 일이었다. 텐터든과 리차즈 판사가 함께 순회 법정을 돌고 있을 때, 리차즈는 성가대원의 목소리를 칭찬했고, 이에 텐터든은 "아! 저 사람은 내가 유일하게 부러워한 사람입니다! 내가 이 도시에서 학교를 다녔을 때, 우리 둘 다 성가대 자리를 놓고 경쟁했는데, 그가 그 자리를 얻었지요."라고 말했다.

켄욘 경과 엘렌버러 경처럼 대법관 자리까지 오른 또 다른 인물들도 그들의 강인한 성격과 결단력으로 유명하다. 로드 캠벨은 영국의 법무대신이자 잉글랜드 대법관으로, 피프셔의 교구 목사의 아들로 태어났다. 그는 언론사 기자로 오랜 시간 동안 일하며 법률을 공부했다. 그의 초기 경력에서는 순회 재판을 다니며, 비용을 절약하기 위해 걸어서 마을을 옮겨 다녔다고 한다. 하지만 그는 한 걸음 한 걸음씩 천천히 그러나 확실하게 나아갔고, 결국 법조계에서 영예와 성공을 거머쥐게 되었다. 이는 다른 모든 직업에서도 마찬가지로, 성실하게 노력한 결과이다.

이와 비슷한 사례로, 찬사를 받을 만한 에너지와 성실함으로 명예와 성공을 이룬 다른 로드 챈슬러들도 있었다. 고(故) 엘돈 경의 삶은 특히 주목할 만하다. 그는 뉴캐슬에서 석탄 운송업자의 아들로 태어났으며, 학교에서는 사고뭉치였고, 과수원에서 과일을 훔치는 등 여러 장난을 치며 많은 벌을 받았다. 그의 아버지는 처음에 그를 식료품점 견습생으로 보내려 했고, 나중에는 자신의 석탄 운송업을 물려줄 계획이었다. 그러나 그의 형 윌리엄(후에 로드 스토웰 경)이 옥스퍼드에서 장학금을 받으며 아버지에게 "잭을 내게 보내세요. 내가 더 나은 길을 열어줄 수 있습니다."라고 편지를 쓰면서 상황이 달라졌다. 그렇게 존은 옥스퍼드로 보내졌고, 형의 영향력과 자신의 노력 덕분에 장학금을 얻게 되었다.

그러나 방학 중 집에 있을 때 사랑에 빠져, 친구들이 생각하기에 인생을 망칠 결혼을 하게 되었다. 그는 집도 없고, 아직 한 푼도 벌지 못한 상태에서 결혼을 강행했고, 그로 인해 장학금을 잃었으며, 원래 예정된 성직자의 길도 막히게 되었다. 그래서 그는 법률 공부에 전념하기로 결심했다. 친구에게 "나는 경솔하게 결혼했지만, 내가 사랑하는 여자를 위해 열심히 일하겠다는 결심을 했다"고 썼다.

존 스콧은 런던으로 올라와 커시터 레인에 작은 집을 얻고 법률 공부에 매진했다. 그는 매일 아침 4시에 일어나 밤늦게까지 공부했으며, 깨어있기 위해 머리에 젖은 수건을 두르기도 했다. 너무 가난해서 특별 조력자의 도움을 받을 수 없었던 그는 3권의 방대한 법률 선례집을 직접 필사했다. 오랜 시간이 지난 후 로드 챈슬러가 된 그는 커시터 레인을 지나가던 어느 날, 비서에게 "여기가 내가 처음으로 자리 잡은 곳이야. 여섯 펜스를 들고 와서 저녁으로 먹을 잉어를 사곤 했던 기억이 나."라고 말했다.

마침내 변호사로서 일을 시작했지만, 그는 한동안 고객이 없었다. 첫해 수입은 고작 9실링이었다. 4년 동안 런던 법원과 북부 순회를 열심히 다녔지만, 그다지 좋은 성과를 거두지 못했다. 심지어 고향에서도 주로 빈곤층의 사건만 맡을 수 있었다. 그의 형 윌리엄은 "잭은 사업이 매우 부진해. 정말 많이 부진해!"라고 집에 편지를 보냈다. 그러나 그는 결국 식료품점 주인이나 석탄 운송업자, 혹은 지방 성직자가 되는 길을 피하게 되었다.

결국, 존 스콧은 그동안 힘들게 습득한 방대한 법률 지식을 발휘할 기회를 얻게 되었다. 한 사건에서 변호를 맡았을 때, 의뢰인과 의뢰인의 변호사 모두 그의 법적 주장을 반대했다. 그러나 그는 이를 강하게 주장했고, 비록 당시에 롤스 법원에서는 그의 주장을 받아들이지 않았지만, 하원에서 소송이 제기되었을 때, 썰로우 경은 스콧이 주장한 바로 그 법적 근거로 결정을 뒤집었다. 그날, 하원을 떠나던 중 한 변호사가 그의 어깨를 두드리며 "젊은이, 이제 네 먹고살 길이 생겼어."라고 말했다. 그 예언은 사실로 드러났다. 맨스필드 경은 사업이 전혀 없다가도 연 수입 3,000파운드를 벌기 시작할 때가 온다고 했는데, 스콧도 같은 이야기를 할 수 있었다. 그의 경력은 그렇게 빠르게 발전해, 1783년에는 불과 서른두 살의 나이에 왕실 법률 고문이 되었고, 북부 순회의 수장이 되었으며, 웨블리 보로의 국회의원으로 선출되었다.

그가 훗날 성공의 기반을 마련한 것은 경력 초기의 지치지 않는 노력 덕분이었다. 그는 끈기, 지식, 그리고 능력을 통해 자신의 실력을 입증했다. 이후 왕실 법률고문과 법무장관을 역임하며 꾸준히 출세했고, 결국 영국 왕실이 내릴 수 있는 가장 높은 직책인 대법관에 올랐다. 그는 이 직책을 25년 동안 맡았다.

헨리 비커스테스는 웨스트모얼랜드의 커크비 론즈데일에서 외과의사의 아들로 태어났다. 그는 처음에 의학을 공부하기 위해 에든버러에서 교육을 받았고, 그곳에서 의학에 대한 깊은 열정을 가지고 열심히 공부했다. 이후 고향으로 돌아와 아버지의 의료 실무에 적극적으로 참여했지만, 그는 의사로서의 직업에 큰 흥미를 느끼지 못했고 시골 마을의 생활에 점점 불만을 가지게 되었다. 그럼에도 불구하고 그는 자기 계발에 꾸준히 힘썼고, 생리학의 고급 분야에 대한 연구를 이어갔다.

자신의 뜻에 따라, 그의 아버지는 그를 캠브리지로 보내기로 동의했으며, 그곳에서 대도시에서 의사로 활동하기 위해 의학 학위를 취득할 계획이었다. 그러나 공부에 지나치게 몰두한 나머지 건강이 악화되었고, 건강을 회복하기 위해 옥스퍼드 경의 여행 의사직을 수락하게 되었다. 해외에서 그는 이탈리아어를 익히고 이탈리아 문학에 큰 애정을 가지게 되었지만, 의학에 대한 관심은 여전히 없었다. 오히려 의학을 완전히 포기하기로 결심했지만, 캠브리지로 돌아와 학위를 취득했다. 그는 그 해의 최고 학위를 받은 것으로 보아, 공부에 매우 열심히 임했음을 알 수 있다.

군에 입대하려던 희망이 좌절된 후, 그는 법률에 관심

을 돌려 이너 템플의 학생이 되었다. 법률 공부에도 의학 공부 때와 마찬가지로 열심히 매진했다. 그는 아버지에게 보낸 편지에서 “모두가 나에게 ‘끝까지 버티면 성공할 것이다’라고 말한다. 나는 어떻게 그게 가능한지 잘 모르지만, 최대한 믿어보려고 노력하며 최선을 다하고 있다”고 적었다.

28세에 변호사 자격을 얻었지만, 아직 인생에서 이룬 것은 거의 없었다. 경제적으로 어려워 친구들의 지원에 의존해 생활했고, 몇 년 동안 공부하며 기다렸지만 여전히 일이 들어오지 않았다. 그는 여가, 옷, 심지어 생필품까지 아껴가며 힘겨운 삶을 이어갔다. 집에 보낸 편지에서 “기회를 잡아 안정된 직업을 찾기 전까지는 어떻게 버텨야 할지 모르겠다”고 고백했다. 세 번이나 기다렸지만 성공하지 못하자, 그는 더 이상 친구들에게 짐이 되지 않기 위해 캠브리지로 돌아가기를 원한다고 편지를 보냈다. 그러나 친구들은 그에게 또 한 번의 작은 지원금을 보내주었고, 그는 포기하지 않고 계속 나아갔다.

점차 일이 들어오기 시작했다. 작은 사건에서 실력을 입증한 후, 점점 더 중요한 사건을 맡게 되었다. 그는 기회를 놓치지 않았고, 성장할 수 있는 모든 기회를 잡았다. 그의 꾸준한 노력은 결국 결실을 맺었고, 몇 년이 지나자 그는 더 이상 집안의 지원 없이도 자립할 수 있었으며, 빚을 갚고도 남을 만큼의 여유를 가질 수 있었다.

어려움이 사라진 후, 헨리 비커스테스의 경력은 명예와 높은 수입, 그리고 큰 명성을 얻는 길로 이어졌다. 그는 롤즈 법원의 수장이자 랭데일 남작으로 귀족원에 앉으며 경력을 마무리했다. 그의 삶은 인내, 끈기, 그리고 성실한 노력이 개인의 성격을 어떻게 고양시키고, 그의 노고를 완벽한 성공으로 보답받을 수 있는지 보여주는 또 하나의 예시라 할 수 있다.

이와 같이, 성실한 노력을 통해 자신의 직업에서 최고 위치에 오른 몇몇 저명한 인물들은, 보통의 자질을 꾸준한 노력과 근면함으로 놀라운 힘으로 발전시킨 결과를 얻었다.

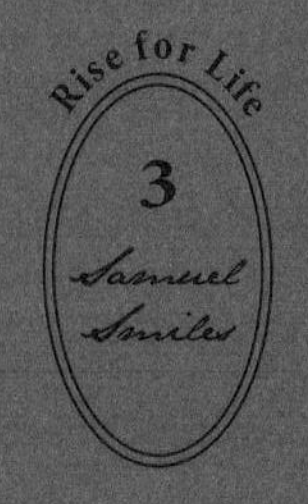

CHAPTER 3

용기와 의지,
그리고 행동

용기와 결단력은 인간의 성격을 이루는 중심적인 힘이며, 이를 통해 우리는 원하는 것을 이루거나 원하는 사람이 될 수 있는 것이다. 이러한 의지는 개인의 삶뿐만 아니라 사회 전체에 걸쳐 큰 영향을 미친다. 개개인의 에너지가 국가의 힘을 결정하며, 그 국가의 운명도 마찬가지로 결정된다. 결국, 강한 의지를 가진 사람들은 불가능을 가능으로 만들 수 있는 힘을 가지고 있으며, 이는 인간이 갖는 가장 위대한 자산 중 하나다.

용감한 자에게는 불가능이 없다. — 자크 쾨르

세상은 용감한 자의 것. — 독일 속담

그가 시작한 모든 일에서 그는 온 마음을 다해 그것을 이루었고, 번성했다.
— 역대하 31장 21절 〈구약성경〉

•

옛날 북유럽 사람들의 유명한 연설 중 하나가 독일인들의 특성을 잘 보여준다. "나는 우상도, 악마도 믿지 않는다. 나는 내 몸과 영혼의 힘에만 의지한다."라는 말은 북유럽 신화에 나오는 신들이 망치를 들고 있다는 사실과 함께, 오늘날까지도 북유럽인들의 독립심을 잘 나타낸다. 사람의 성격은 작은 일에서도 드러나며, 망치를 다루는 방식만으로도 그 사람의 에너지를 어느 정도 짐작할 수 있다.

한 프랑스인이 친구가 정착하려는 지역의 사람들에 대해 이렇게 말한 적이 있다. "그곳에서 땅을 사는 것은 조심해야 해. 나는 그 지역 사람들을 잘 아는데, 그곳에서 파리로 오는 수의학 학교 학생들은 모루 위에서 망치질을 세게 하지 않더라고. 그들은 에너지가 부족해. 그곳에 투자한 자본에서 만족스러운 수익을 얻지 못할 거야." 이 말은 국가의 힘이 결국 개개인의 에너지에 달려 있으며, 그들이 경작하는 땅의 가치까지도 영향을 미친다는 사실을 잘 보여준다. 프랑스 속담에도 "사람의 가치만큼 그 사람의 땅도 가치가 있다"고 했다.

에너지를 키우는 것은 매우 중요하다. 가치 있는 목표를 향한 결단력은 모든 진정한 성격의 위대함의 기초가 된다. 에너지는 지루한 일이나 어려운 세부 사항을 뚫고 나아가게 하며, 삶의 모든 위치에서 그를 앞으로 나아가게 한다. 에너지는 천재성보다 더 많은 것을 이루며, 실망과 위험을 반으로 줄인다. 성공을 보장하기 위해서는 뛰어난 재능보다는 목적이 중요하다. 즉, 성취할 수 있는 능력뿐만 아니라, 힘차고 꾸준히 노력할 의지가 필요하다.

따라서 의지의 에너지는 사람의 성격의 중심적인 힘, 즉 그 사람 자체라고 정의할 수 있다. 그것은 그의 모든 행동에 추진력을 주고, 그의 모든 노력에 영혼을 불어넣는다. 진정한 희망은 여기에 기초하며, 희망은 삶에 진정한 향기를 준다. 배틀 애비에 있는 부서진 투구에 새겨진 "희망은 나의 힘이다"라는 문장은 모든 사람의 삶의 모토가 될 수 있다. 성경에서도 "마음이 약한 자에게 화가 있다"고 말한다. 사실, 강한 마음을 가진 것만큼 큰 축복은 없다. 사람이 자신의 노력에서 실패하더라도, 최선을 다했다는 자부심을 느낄 수 있을 것이다. 낮은 삶에서 고통을 인내로 극복하고, 자신의 정직성을 지키며, 발이 피투성이가 되고 팔다리에 힘이 빠지더라도 용기로 걸어가는 사람을 보는 것만큼 위로가 되고 아름다운 것은 없다.

단순한 바람이나 소망은 젊은 마음에 일종의 질병을 가져오지만, 그것이 즉시 행동으로 실현되지 않으면 아무 소용이 없다. 많은 사람들이 그저 "블뤼허가 오기를 기다릴" 것이 아니라, 그 사이에 웰링턴처럼 계속해서 노력하고 인내해야 한다. 좋은 목적이 한 번 세워지면, 그것은 주저하지 않고 신속하게 실행되어야 한다. 대부분의 삶의 상황에서, 단조롭고 힘든 일은 가장 유익하고 건전한 훈련으로서 기꺼이 받아들여져야 한다. "삶에서는 정신적이든 육체적이든 노동 없이는 아무것도 열매를 맺지 않는다. 계속해서 노력하고 또 노력하는 것이 바로 삶이다. 이 점에서 내 삶은 충실히 살아왔다. 하지만 아무것도 내 용기를 꺾지 못했다. 강한 영혼과 고귀한 목표가 있다면, 도덕적으로 말해서, 사람은 하고자 하는 것을 이룰 수 있다."라고 아리 셰퍼는 말했다.

휴 밀러는 그가 제대로 교육받은 유일한 학교는 "노동과 고난이라는 엄격하지만 고귀한 교사들이 있는 전 세계 학교였다"고 말했다. 자신이 해야 할 일을 망설이거나 사소한 핑계로 일을 피하는 사람은 결국 실패의 길로 들어서게 된다. 어떤 일이든 피할 수 없는 일로 받아들여야 하며, 그렇게 되면 곧 기꺼이 즐거운 마음으로 그 일을 수행하게 될 것이다. 스웨덴의 찰스 9세는 어릴 때부터 의지의 힘을 굳게 믿었다. 그는 어려운 일을 하고 있는 어린 아들의 머리에 손을 얹고 외쳤다. "그는 반드시 해낼 것이다! 그는 반드시 해낼 것이다!"라는 의지의 표현이 바로 그 예이다. 습관이 들면 그 습관은 시간이 지나면서 다른 모든 습관들처럼 쉬워진다. 따라서 비교적 평범한 능력을 가진 사람들도 하나의 일에 전념하고 꾸준히 노력하면 많은 것을 성취할 수 있다. 포웰 벅스턴은 평범한 방법과 비범한 노력에 자신감을 가졌고, "네 손이 하는 모든 일을 힘을 다해 하라"는 성경의 권고를 실천하며 자신의 인생에서 성공을 이룬 것을 자랑스럽게 여겼다.

진정한 가치가 있는 것은 무엇이든 용기 있는 노력 없이는 성취될 수 없다. 사람은 의지의 적극적인 노력, 즉 우리가 '노력'이라고 부르는 어려움과의 싸움을 통해 주로 성장한다. 이렇게 해서 불가능해 보이는 결과가 얼마나 자주 가능해지는지 놀라울 정도다. 강렬한 기대 자체가 가능성을 현실로 바꾸며, 우리의 바람은 우리가 수행할 수 있는 일들의 전조일 때가 많다. 반대로, 소심하고 주저하는 사람들에게는 모든 것이 불가능해 보인다. 왜냐하면 그들이 그렇게 생각하기 때문이다. 한 젊은 프랑스 장교가 자신의 방을 돌아다니며 "나는 프랑스 원수가 되고, 위대한 장군이 될 것이다"라고 외치곤 했다는 이야기가 있다. 그의 열렬한 바람은 그의 성공의 전조였고, 그 젊은 장교는 결국 뛰어난 지휘관이 되었으며, 프랑스 원수로서 생을 마감했다.

'오리지널'의 저자 워커 씨는 의지의 힘을 굳게 믿었다. 그는 "한 번은 내가 건강해지기로 결심했는데, 정말로 건강해졌다"고 말했다. 이 방법이 한 번쯤은 효과가 있을 수 있고, 많은 처방보다 더 안전할 수 있지만, 항상 성공하는 것은 아니다. 정신이 몸에 미치는 영향이 크다는 것은 사실이지만, 이 힘은 신체가 완전히 무너지기 전까지 무리하게 사용할 수 있다. 예를 들어, 모로코 지도자 물레이 몰루크는 불치병에 시달리며 거의 기진맥진한 상태에서, 그의 군대와 포르투갈인들 사이에 전투가 벌어졌다. 이때 그는 들것에서 일어나 군대를 재편성하고 그들을 승리로 이끌었지만, 전투가 끝나자마자 지쳐 쓰러져 숨을 거두었다는 이야기도 있다.

사람이 의지의 힘과 목적의 힘으로 무엇이든 할 수 있게 만드는 것은 바로 의지다. 한 성인이 말하기를, "당신이 바라는 것이 바로 당신이다. 우리의 의지가 신성과 결합되면, 우리가 진지하고 진정한 의도로 바라는 것은 무엇이든 될 수 있는 힘이 있다. 누구든지 순종적이고, 인내심이 있으며, 겸손하고, 관대해지기를 간절히 바라는 사람은, 결국 그가 바라는 대로 될 것이다."라고 했다. 한 목수에 관한 이야기가 있다. 그가 어느 날 법정에서 수리 중인 판사의 벤치를 평소보다 신중하게 다듬는 것을 보고, 왜 그러는지 물어보았다. 그러자 그는 "나중에 내가 앉게 될 때 편안하게 만들고 싶기 때문"이라고 대답했다. 놀랍게도 그 사람은 실제로 그 벤치에 판사로 앉게 되었다.

논리학자들이 의지의 자유에 대해 어떤 이론을 내놓든, 각 개인은 자신이 선과 악 중에서 선택할 자유가 있다는 것을 실제로 느낀다. 우리는 물 위에 떠 있는 짚처럼 그냥 내맡겨진 것이 아니라, 강한 수영선수처럼 독립적으로 자신만의 길을 개척하고, 파도를 헤쳐 나가며 자신의 경로를 크게 결정할 수 있다는 것을 느끼고 안다. 우리의 의지에는 절대적인 제약이 없으며, 행동에 있어서 우리는 마치 주문에 걸린 것처럼 묶여 있지 않다. 만약 우리가 그렇게 느낀다면, 모든 탁월함에 대한 갈망은 사라질 것이다. 삶의 모든 일과 행동, 가정의 규칙, 사회적 협정, 그리고 공공 기관들은 모두 우리의 의지가 자유롭다는 확신에 기초해 진행된다. 그렇지 않다면 책임이라는 것이 어디에 있을 것이며, 가르침, 충고, 설교, 꾸짖음, 그리고 교정의 이점은 무엇이겠는가? 사람들이 법을 따를지 말지는 개개인이 결정한다고 믿지 않는다면 법은 무슨 소용이 있겠는가? 우리 삶의 매 순간, 양심은 우리의 의지가 자유롭다고 선언하고 있다. 그것은 오로지 우리 자신에게만 속한 것이며, 우리가 그것을 올바르게 이끌지, 잘못된 방향으로 이끌지는 전적으로 우리에게 달려 있다. 우리의 습관이나 유혹이 우리의 주인이 되는 것이 아니라, 우리가 그것을 다스리는 것이다. 심지어 우리가 양보할 때에도, 양심은 우리가 저항할 수 있었다고 말한다. 우리가 그것들을 극복하기로 결심했다면, 우리가 실제로 실행할 수 있는 결단력보다 더 강력한 결심이 필요하지 않았을 것이라고 알려준다.

의지의 자유는 단순한 이론이 아니라, 우리 삶의 매 순간에 실질적인 경험으로 증명되는 진리다. 우리에게는 선택의 자유가 있으며, 우리는 그 선택의 결과를 받아들인다. 이와 같은 결단력과 용기는, 설령 길이 험난하더라도, 사람을 목표에 이르게 하며, 어려움을 극복하고 결국 성공을 거두게 한다.

따라서 용기와 결단력은 인간의 성격을 이루는 중심적인 힘이며, 이를 통해 우리는 원하는 것을 이루거나 원하는 사람이 될 수 있는 것이다. 이러한 의지는 개인의 삶뿐만 아니라 사회 전체에 걸쳐 큰 영향을 미친다. 개개인의 에너지가 국가의 힘을 결정하며, 그 국가의 운명도 마찬가지로 결정된다. 결국, 강한 의지를 가진 사람들은 불가능을 가능으로 만들 수 있는 힘을 가지고 있으며, 이는 인간이 갖는 가장 위대한 자산 중 하나다.

"지금은 네가 결정을 내려야 할 나이야." 라메네가 한 젊은이에게 말했다. "조금만 늦어지면, 네가 스스로 만든 함정에 빠져버릴 거야. 그때는 빠져나갈 힘조차 없을 거야. 우리 안에서 가장 쉽게 형성되는 것이 바로 의지야. 그러니 강하고 결단력 있게 의지를 키워라. 너의 삶을 제대로 방향 지어야 해. 마른 잎사귀처럼 바람에 휘둘리지 않도록 말이야."

벅스턴은 젊은이가 강한 결심을 하고 그것을 지키기만 한다면, 거의 모든 것을 이룰 수 있다고 확신했다. 그는 아들에게 보낸 편지에서 이렇게 말했다. "지금은 네가 인생에서 어느 길을 갈지 결정해야 할 시기야. 이제 네가 원칙과 결단력, 그리고 정신적 강인함을 보여줘야 할 때다. 그렇지 않으면 게으름에 빠져 산만하고 무기력한 젊은이로 남게 될 거야. 그리고 한 번 그렇게 되면 다시 일어나기 쉽지 않을 거다. 나는 젊은이가 마음먹기에 따라 많은 것을 이룰 수 있다고 믿어. 내 경우에도 그랬다. 내 행복과 성공은 네 나이 때 내가 결심을 바꾼 결과였어. 네가 진지하게 부지런해지기로 결심한다면, 그 결심이 얼마나 현명했는지 평생 동안 기뻐하게 될 거야."

의지는 방향에 상관없이 꾸준함, 확고함, 인내심일 뿐이다. 따라서 모든 것은 올바른 방향과 동기에 달려 있다. 만약 의지가 감각적 즐거움에만 집중된다면, 그것은 악마와도 같아지고 지성은 타락한 노예가 될 뿐이다. 그러나 선을 향해 나아가는 강한 의지는 왕과 같으며, 지성은 인간의 최고 선을 위한 도구가 된다.

"뜻이 있는 곳에 길이 있다"는 말은 오래된 격언이지만 여전히 진실이다. 무언가를 하기로 결심한 사람은 그 결심만으로도 종종 장애물을 넘고 목표를 이룬다. 할 수 있다고 믿는 것은 그것을 가능하게 만드는 첫걸음이며, 이루겠다고 결심하는 것은 종종 성취의 시작이 된다. 진지한 결심에는 마치 전지전능한 힘이 깃든 것 같은 느낌이 들 때도 있다.

수보로프의 강점은 그의 강한 의지에서 나왔으며, 그는 대부분의 결단력 있는 사람들처럼 이를 체계적으로 강조했다. 그는 실패한 사람들에게 "너는 반만 결심했어"라고 말하곤 했다. 리슐리외와 나폴레옹처럼, 수보로프는 "불가능"이라는 단어를 사전에서 없애고 싶어 했다. "모르겠다," "할 수 없다," "불가능하다"라는 말은 그가 가장 싫어하는 단어들이었다. 그는 "배워라! 해라! 시도해라!"라고 외쳤다. 그의 전기 작가는 그가 모든 사람의 마음속에 있는 능력을 최대한 끌어내어 활용함으로써 무엇을 이룰 수 있는지를 보여주는 놀라운 예라고 평가했다.

나폴레옹이 즐겨 사용하던 격언 중 하나는 "가장 참된 지혜는 결단력 있는 결심이다"였다. 그의 삶은 강력하고 무자비한 의지가 얼마나 많은 것을 성취할 수 있는지를 생생하게 보여주었다. 나폴레옹은 온몸과 마음을 자신의 일에 집중시켰고, 그 앞에 있던 왕들과 그들의 나라는 하나둘씩 무너져갔다. 그가 이끄는 군대 앞에 알프스 산맥이 가로막혔다는 소식을 들었을 때, 그는 "알프스는 없다"라고 말하며 심플론 고개를 건설해 거의 접근할 수 없던 지역을 통과했다. 나폴레옹은 "불가능"이라는 단어를 바보들의 사전에서나 찾을 수 있는 것이라고 여겼다. 그는 끊임없이 노력하는 사람이었으며, 때로는 네 명의 비서를 동시에 지치게 할 정도로 열정적이었다. 나폴레옹은 누구도, 심지어 자신도 아끼지 않았다. 그의 영향력은 다른 사람들에게도 새로운 생명을 불어넣었고, "나는 진흙으로 내 장군들을 만들었다"라고 자랑스레 말했다.

그러나 그의 모든 노력은 결국 헛수고였다. 나폴레옹의 극단적인 이기심은 결국 그 자신의 파멸을 초래했고, 프랑스를 혼란에 빠뜨렸다. 그의 삶은 아무리 강력한 에너지가 있어도 그것이 선의로 사용되지 않는다면 그 결과가 비참할 수밖에 없다는 교훈을 남겼다. 지식이나 재능이 도덕성을 동반하지 않으면, 그것은 단지 악의 화신일 뿐이다.

우리의 웰링턴은 나폴레옹보다 훨씬 위대한 인물이었다. 그는 결단력과 확고함, 끈기에서 나폴레옹에 뒤지지 않았지만, 더 많은 자기희생과 양심, 그리고 진정한 애국심을 지녔다. 나폴레옹의 목표는 "영광"이었지만, 웰링턴의 좌우명은 넬슨의 것처럼 "의무"였다. 나폴레옹의 전투 보고서에서 "영광"이라는 단어는 거의 등장하지 않았지만, "의무"라는 단어는 자주 나타났다. 그리고 그 단어는 결코 화려하게 사용되지 않았다.

웰링턴은 가장 큰 어려움에도 결코 당황하거나 겁먹지 않았고, 극복해야 할 장애물이 커질수록 그의 에너지는 더욱 강해졌다. 스페인에서 웰링턴은 장군으로서의 재능뿐만 아니라 정치가로서의 통찰력도 보여주었다. 비록 그의 성격은 매우 예민했지만, 그는 높은 책임감 덕분에 이를 억제할 수 있었고, 그를 따르는 사람들에게는 그의 인내심이 끝이 없는 것처럼 보였다. 그의 위대한 성격은 야망이나 탐욕, 그 어떤 저열한 열망에도 흐려지지 않았다.

웰링턴은 강한 개성을 지녔음에도 다방면에서 뛰어난 재능을 발휘했다. 그는 나폴레옹에 뒤지지 않는 군사 전략가였고, 클라이브처럼 신속하고 강력하며 대담했으며, 크롬웰처럼 지혜로운 정치인이자 워싱턴처럼 순수하고 고결한 사람이었다. 위대한 웰링턴은 힘든 전쟁, 뛰어난 조합, 지칠 줄 모르는 인내, 그리고 아마도 더 위대한 용기로 쌓아 올린 명성을 남겼다.

에너지는 보통 신속함과 결단력으로 나타난다. 탐험가

레디아드는 아프리카 협회로부터 아프리카로 떠날 준비가 언제 될 수 있느냐는 질문을 받았을 때, "내일 아침"이라고 즉시 대답했다. 블뤼허는 신속함 덕분에 프러시아 군대에서 "마샬 포워드"라는 별명을 얻었다. 존 저비스(나중에 세인트 빈센트 백작)가 배에 합류할 준비가 언제 될 수 있느냐는 질문에 "즉시"라고 답했다. 인도 군대의 지휘관으로 임명된 콜린 캠벨 경도 언제 출발할 수 있느냐는 질문에 "내일"이라고 대답했다. 이러한 신속한 결정은 그가 이후에 거둔 성공의 예고편이었다.

빠른 결단력과 적의 실수를 즉각적으로 활용하는 신속한 행동은 종종 전투에서 승리를 가져온다. 나폴레옹은 "아르콜라 전투에서 나는 25명의 기병으로 승리했다"라고 말했다. "나는 무기력한 순간을 포착해 모든 기병에게 나팔을 불게 했고, 이 작은 병력으로 하루를 얻었다. 두 군대는 서로 맞서서 상대를 위협하려 한다. 공포의 순간이 찾아오면, 그 순간을 이용해야 한다." 나폴레옹은 또 "모든 잃어버린 순간은 불행의 기회를 제공한다"라고 말하며, 오스트리아인들이 시간의 가치를 몰랐기 때문에 그들을 무너뜨릴 수 있었다고 선언했다.

지난 세기 동안 인도는 영국의 에너지가 빛나는 무대가

되었다. 클라이브에서 해블록과 클라이드에 이르기까지, 인도에서 입법과 전쟁에 있어 눈부신 업적을 남긴 수많은 인물들이 있었다. 웰슬리, 메트칼프, 아웃람, 에드워즈, 그리고 로렌스 형제들이 그들이다. 또 다른 위대한 인물로는 워런 헤이스팅스가 있다. 그는 불굴의 의지와 지칠 줄 모르는 근면함을 가진 사람이었다.

헤이스팅스의 가문은 고귀하고 오래된 혈통을 자랑했지만, 스튜어트 왕가에 충성했던 그들의 운명은 그들을 빈곤으로 몰아넣었고, 결국 수백 년 동안 그들이 소유했던 데일스포드의 재산도 잃게 되었다. 그러나 마지막 데일스포드의 헤이스팅스는 그의 둘째 아들에게 교구 사제를 맡겼고, 그 집에서 워런 헤이스팅스가 태어났다. 그는 마을 학교에서 농민의 아이들과 함께 공부하며, 그의 조상들이 소유했던 땅에서 놀았다. 헤이스팅스는 어린 시절부터 가문의 명예를 되찾겠다는 결심을 품었고, 일곱 살 때 강가에 누워 가문 재산을 되찾겠다고 다짐했다고 전해진다. 그것은 소년의 낭만적인 꿈이었지만, 그는 결국 그 꿈을 실현해냈다.

그의 꿈은 삶에 깊이 뿌리박혔고, 청소년기부터 성인기에 이르기까지 그의 결심은 변하지 않았다. 그는 고아였지만, 시대를 대표하는 강력한 인물 중 하나가 되었고, 가문의 운을 회복하며 잃어버린 재산을 다시 사들이고, 가문의 저택을 재건했다. "열대의 태양 아래에서 5천만 명의 아시아인을 다스렸을 때에도, 그의 희망은 전쟁, 재정, 입법의 모든 걱정 속에서도 여전히 데일스포드를 향하고 있었다. 그의 긴 공직 생활은 선과 악, 영광과 오명이 교차되었지만, 마침내 모든 것이 끝났을 때 그는 데일스포드로 돌아와 생을 마감했다."라고 마카울레이는 말했다.

찰스 네이피어 경도 또 다른 인도의 지도자로, 비범한 용기와 결단력을 지닌 인물이었다. 그는 한 번 자신의 캠페인에서 겪은 어려움에 대해 "그것들은 내 발이 땅속으로 더 깊이 들어가게 만들 뿐이다."라고 말했다. 미애니 전투는 역사상 가장 놀라운 업적 중 하나였다. 2,000명의 병사 중 400명만이 유럽인이었지만, 그는 35,000명의 강인하고 잘 무장한 벨루치족 군대를 상대했다. 겉보기에는 무모한 행동처럼 보였지만, 그는 자신과 병사들을 믿었다. 그는 벨루치족의 중앙을 높은 둑을 넘어 공격했고, 3시간 동안 치열한 전투가 벌어졌다. 그 작은 병력의 각 병사는 그의 지휘 아래 그 순간만큼은 영웅이 되었다. 비록 수적으로 열세였지만, 벨루치족은 적을 향해 얼굴을 돌리면서도 후퇴했다.

이 같은 용기와 끈기, 그리고 결단력은 병사들이 전투에서 승리할 수 있게 했고, 사실상 모든 싸움에서 이기게 만들었다. 경주에서 승리하는 것은 한 발자국 앞서는 것이고, 캠페인에서 승리하는 것은 한 번 더 행군하는 것이며, 싸움에서 승리하는 것은 단지 5분 더 버티는 용기이다. 비록 당신의 힘이 상대보다 약할지라도, 더 오래 지속하고 더 집중하면 상대를 이길 수 있다. 짧은 칼날을 가진 아들이 "칼이 너무 짧다"고 불평했을 때, 스파르타의 아버지가 "한 발 더 내딛어라"라고 답한 말은 인생의 모든 것에 적용될 수 있다.

네이피어는 병사들에게 영웅적인 정신을 불어넣기 위해 올바른 방법을 택했다. 그는 계급에 상관없이 누구보다도 열심히 일했다. 그는 "지휘의 위대한 예술은 공정하게 일하는 것이다. 군대를 이끄는 사람은 온 마음을 일에 쏟아야 성공할 수 있다. 어려움이 커질수록 더 많은 노력이 필요하고, 위험이 커질수록 더 많은 용기를 보여야 하며, 그 모든 것을 이겨내야 한다"라고 말했다.

네이피어와 함께 쿠치 힐스에서 캠페인을 수행했던 한 젊은 장교가 말했다. "저 노인이 끊임없이 말 위에 있는 것을 보면, 젊고 강한 내가 어떻게 가만히 있을 수 있겠는가?

그가 명령한다면 나는 장전된 대포 앞에라도 서겠다." 이 말이 네이피어에게 전해졌을 때, 그는 자신의 노고에 대한 충분한 보상이라고 말했다.

네이피어의 차분한 용기와 정직한 성격을 보여주는 일화가 있다. 인도의 전투 이후, 한 유명한 마술사가 그의 캠프를 방문해 네이피어와 가족, 참모들 앞에서 묘기를 선보였다. 그 중 하나는 그의 조수가 손에 들고 있는 레몬을 칼로 두 동강 내는 것이었다. 네이피어는 마술사와 조수 사이에 어떤 공모가 있다고 생각했고, 사람의 손에서 물체를 벨 때 살에 닿지 않는 것은 불가능하다고 여겼다. 그는 이를 확인하기 위해 자신의 손을 내밀었다. 마술사는 네이피어의 오른팔을 주의 깊게 살펴보더니 실험을 하지 않겠다고 했다. 네이피어는 "당신을 알아봤다!"라고 외쳤지만, 마술사는 "잠깐, 왼손을 보여줘"라고 말했다. 네이피어가 왼손을 내밀자, 마술사는 "팔을 고정할 수 있다면 이 묘기를 할 수 있다"라고 말했다. 네이피어는 "왜 오른손이 아니라 왼손인가?"라고 물었다. 마술사는 "오른손은 가운데가 오목해서 엄지를 다칠 위험이 있고, 왼손은 더 높아 위험이 덜하다"라고 설명했다. 네이피어는 놀랐다. 그는 "나는 겁을 먹었다"고 말했다. "이게 진짜 정교한 검술이라는 것을 알았다. 참모들 앞에서 그 사람을 모욕하고 도전하지 않았다면 솔직히 그 싸움에서 물러났을 것이다. 그러나 나는 손에 레몬을 올려놓고 팔을 고정시켰다. 마술사는 빠르게 레몬을 두 동강 냈고, 나는 차가운 실이 손 위로 지나가는 듯한 느낌을 받았다."

인도에서의 끔찍한 투쟁은 영국 민족의 결단력과 자립심을 강하게 부각시켰다. 비록 영국의 관료주의가 때때로 혼란을 초래하지만, 영국 국민은 거의 영웅적이라 할 만한 의지로 이를 극복해 나갔다. 1857년 5월, 인도에서 반란이 번개처럼 터졌을 때, 영국군은 매우 적은 병력으로 넓은 지역에 분산되어 있었다. 많은 병사들이 외진 곳에 주둔해 있었고, 벵골 연대들은 하나둘씩 반란을 일으켜 장교들을 배신하고 델리로 향했다.

각 주마다 반란과 폭동이 일어났고, 동쪽에서 서쪽으로 도움을 요청하는 소리가 울려 퍼졌다. 영국인들은 작은 부대로 여기저기서 포위당하고 있었고, 그들의 패배는 거의 확실해 보였다. 인도에서 영국의 몰락은 불가피한 것처럼 보였지만, 영국인들은 여전히 자신들이 패배한 줄 모르는 듯했다. 그들은 규칙대로라면 필연적인 운명에 굴복해야 했지만, 그렇지 않았다.

반란의 결과가 여전히 불확실할 때, 홀카르라는 한 원주민 왕자는 점성가에게 조언을 구했다. 점성가는 "유럽인들이 모두 죽더라도 한 명만 남아 있다면, 그 한 명이 싸워서 다시 정복할 것이다"라고 말했다. 가장 어두운 순간에도, 럭나우에서처럼, 소수의 영국 병사, 민간인, 그리고 여성들이 도시와 주 전체가 무기를 들고 자신들에게 맞서고 있을 때에도, 그들은 절망하거나 항복할 생각조차 하지 않았다.

몇 달 동안 그들은 친구들과의 모든 연락이 끊겼고, 인도가 잃어버렸는지 아니면 여전히 통제되고 있는지 알 수 없었지만, 동료들의 용기와 헌신에 대한 신뢰는 잃지 않았다. 영국인이 모여 있는 한, 그들은 절대 홀로 남겨지지 않을 것이라고 믿었다. 그들은 불행을 극복하고 결국 승리할 것이라는 확신을 절대 잃지 않았으며, 최악의 상황이 오더라도 자신의 임무를 다하며 죽음을 맞이할 준비가 되어 있었다.

이 상황에서 하블록, 잉글리스, 닐, 그리고 아웃람과 같은 영웅적인 인물들이 떠오른다. 이들 각자는 "기사도의 마음, 신앙인의 영혼, 순교자의 기질을 가졌다"고 말할 수 있다. 몽탈랑베르는 그들에 대해 "그들은 인류에게 영예를 안겨준다"고 말했다. 하지만 그 끔찍한 시련 동안, 거의 모든 사람이 동일하게 위대함을 보여주었다. 여성, 민간인, 병사들, 장군에서 이등병과 나팔수까지 모든 이들이 말이다.

이들은 특별히 선발된 사람들이 아니었다. 그들은 우리가 일상에서 마주치는 평범한 사람들이었다. 그러나 갑작스러운 재난이 닥쳤을 때, 그들 모두는 개인적인 자원과 에너지를 발휘하며 영웅적으로 변모했다. "그들 중 누구도," 몽탈랑베르는 말했다, "두려워하거나 떨지 않았다. 모두가, 군인과 민간인, 젊은이와 노인, 장군과 병사들이 차분하고 용감하게 저항하며 싸웠고, 결코 흔들리지 않았다. 이 상황에서 빛나는 것은 바로 공교육의 엄청난 가치이다. 이는 영국인들에게 어린 시절부터 자신의 힘과 자유를 사용하고, 단결하며, 저항하고, 아무것도 두려워하지 않고, 인생의 모든 어려움에서 스스로를 구해내도록 가르친다."

델리가 함락되고 인도가 구원된 것은 존 로렌스 경의 개인적 성품 덕분이라는 말이 있다. "로렌스"라는 이름 자체가 북서부 지방에서는 힘을 상징했다. 그의 의무감, 열정, 그리고 헌신은 최고 수준이었고, 그의 지휘 아래 있는 모든 사람들은 그의 정신에 크게 고무되었다. 그의 존재만으로도 하나의 군대와 같다는 평가를 받았다. 그의 형제 헨리 로렌스 경도 델리 함락에 중요한 역할을 한 펀자브 군대를 조직했다. 두 형제 모두 주변 사람들에게 신뢰와 사랑을 불어넣었으며, 그들이 지닌 따뜻한 성품은 진정한 영웅적 성격의 요소 중 하나였다. 이들은 민중과 함께 생활하며 긍정적인 영향을 미쳤다. 에드워즈 대령의 말처럼, "그들은 젊은이들에게 본보기가 되었고, 젊은이들은 이를 따라갔다. 그들이 세운 신념과 학교는 오늘날에도 살아 있다."

존 로렌스 경의 곁에는 몽고메리, 니콜슨, 코튼, 에드워즈 같은 인물들이 있었다. 이들 모두는 로렌스와 마찬가지로 신속하고 결단력 있으며 고결한 성품을 지녔다. 존 니콜슨은 "모든 면에서 훌륭한 통치자"라며 칭송받았고, 그가 지나갈 때마다 사람들이 "힘의 탑"이라고 부른 것은 달하우지 경이 그를 높이 평가한 결과였다. 그는 어떤 역할을 맡더라도 전력을 다해 임했고, 그로 인해 위대한 인물로 평가받았다. 그의 강력한 카리스마와 존재감은 한때 페이커 형제들이 그를 신격화하기까지 할 정도였다. 니콜슨은 이들을 어리석다며 일부를 처벌했지만, 그들은 여전히 그를 숭배했다.

니콜슨의 끊임없는 에너지와 끈기를 보여주는 예로, 55번째 세포이 반란군을 추격할 때 그는 20시간 동안 안장에서 내려오지 않고 70마일 이상을 이동한 일이 있다. 적군이 델리에 깃발을 올렸을 때, 로렌스와 몽고메리는 펀자브 민중의 지지에 의지하며 그들의 존경과 신뢰를 얻으면서도, 지방을 완벽히 통제하기 위해 온 힘을 다했다. 동시에, 유럽과 시크 병사들을 델리로 모두 투입했다. 존 로렌스 경은 총사령관에게 "델리에서 반란군을 붙잡고 있으라"는 서신을 보냈고, 그동안 니콜슨의 지휘 아래 병력은 강행군으로 델리로 밀고 들어갔다. 한 거친 시크교도가 "그의 전투마의 발자국 소리는 몇 마일 밖에서도 들을 수 있었다"고 말한 것처럼, 니콜슨의 전진은 그만큼 강력했다.

델리의 포위와 돌격은 그 거대한 투쟁에서 가장 찬란한 사건 중 하나였지만, 그보다 더 큰 관심을 불러일으킨 사건은 럭나우의 방어전일 것이다. 이 방어전에서 32연대의 남은 병력들은 영웅적인 잉글리스의 지휘 아래 20만 명의 무장 적군에 맞서 6개월 동안 버텼다. 델리에서도 영국군은 사실상 포위된 상태였고, 공격자임에도 불구하고 불리한 위치에 있었다. 그들은 3,700명 남짓의 소규모 부대였으며, 이들 중 유럽인과 인도인 병사들이 함께 싸웠다. 반면, 그들에게 매일같이 공격을 가한 반란군은 한때 7만 5천 명에 달했고, 유럽식 훈련을 받은 영국 장교들이 지휘하는 강력한 군대였다.

이 영웅적인 소수의 병사들은 열대의 태양 아래 도시 앞에 진을 쳤다. 죽음, 부상, 그리고 열병조차도 그들을 그들의 목표에서 벗어나게 할 수 없었다. 30번의 공격을 받았고, 30번 모두 적을 방어선 뒤로 몰아냈다. 이곳에서 싸웠던 가장 용감한 병사 중 한 명이었던 호드슨 대위는 "이곳에 남아 있으면서 패배를 피할 수 있었던 나라는 다른 어떤 나라도 없었을 것"이라고 말했다. 이 영웅들은 단 한 번도 임무를 포기하지 않았고, 고귀한 인내심으로 계속 싸우고 버텼으며, 마침내 '치명적인 돌파구'를 뚫고 델리를 탈환해 영국 국기를 다시 도시의 성벽에 휘날리게 했다.

장교에서 사병에 이르기까지 모두가 위대했다. 고된 삶에 익숙한 병사들뿐만 아니라, 안락한 가정에서 자란 젊은 장교들까지도 그 끔찍한 시련을 견뎌내며 진정한 남성다움을 증명했다. 영국 민족의 내재된 힘과 건전함, 그리고 영국식 훈련과 규율이 이보다 더 강력하게 발휘된 적은 없었으며, 결국 영국의 가장 큰 자산은 그 나라의 사람들임이 명백히 증명되었다. 이 위대한 역사의 한 장을 쓰기 위해 지불한 대가는 막대했지만, 살아남은 이들과 후세들이 이 교훈과 모범에서 배운다면 그 대가는 결코 헛되지 않았을 것이다.

인도와 동양에서 전쟁이 아닌 평화롭고 유익한 분야에서도 다양한 민족의 사람들이 큰 에너지와 용기를 발휘했다. 칼을 든 영웅들이 기억되는 만큼, 복음을 전하는 영웅들도 잊혀져서는 안 된다. 이들은 자비를 실천하며, 고귀한 희생정신으로 일했다. 세속적인 명예를 추구하지 않고 오직 잃어버린 영혼을 구하기 위해 헌신한 자비로운 전도자들이었다. 용기와 인내심으로 무장한 이들은 고난을 견디고, 위험을 마다하지 않으며, 전염병 속에서도 걸음을 멈추지 않았다. 모든 고통과 수고를 기쁨으로 감내하며 그들의 길을 걸어갔다.

그들 중 가장 유명한 인물 중 하나는 프란시스 하비에르였다. 그는 귀족 가문에서 태어나, 쾌락과 권력, 명예가 그의 손 닿는 곳에 있었음에도 불구하고 세상에는 더 높은 목표가 있고, 부의 축적보다 더 고귀한 포부가 있음을 삶으로 보여주었다.

하비에르는 진정한 신사였으며, 용감하고 명예롭고 관대한 사람이었다. 그는 이끄는 능력이 뛰어났고, 설득력과 인내심도 많았다. 22세의 나이에 그는 파리 대학교에서 철학 교수로 일하며 생계를 이어갔다. 그곳에서 이그나티우스 로욜라와 가까운 친구가 되었고, 이후 로마로 향하는 첫 개종자들의 순례를 이끌었다.

포르투갈의 존 3세가 인도 영토에 기독교를 전파하기로 결심했을 때, 처음에는 보바디야가 선교사로 선택되었으나 병으로 인해 하비에르가 대신 선택되었다. 그는 낡은 수도복을 수선하고, 성무일도서 하나만 챙겨 리스본으로 떠나 동방으로 항해를 시작했다. 하비에르가 고아로 향하는 배에는 주지사와 천 명의 병력이 타고 있었다. 비록 하비에르에게도 선실이 제공되었지만, 그는 항해 내내 갑판에서 밧줄을 베개 삼아 잠을 자며 선원들과 함께 식사를 했다. 그는 선원들의 필요를 돌보고, 그들의 오락을 위해 무해한 놀이를 고안했으며, 병든 자들을 돌보면서 그들의 마음을 사로잡았다. 선원들은 그를 경외의 대상으로 여겼다.

고아에 도착한 하비에르는 정착민들과 원주민들의 타락한 모습에 충격을 받았다. 정착민들은 부도덕한 문화를 퍼뜨렸고, 원주민들은 그 나쁜 예를 쉽게 따랐다. 하비에르는 도시의 거리를 다니며 손종을 울려 사람들에게 자녀들을 교육시키라고 간청했다. 곧 많은 학생들을 모으는 데 성공한 그는 그들을 세심하게 가르치고, 병자와 나병환자, 그리고 모든 계층의 불쌍한 이들을 방문하여 그들의 고통을 덜어주고 진리를 전파하려 했다. 하비에르는 한 번도 인간의 고통을 외면한 적이 없었다.

마나르의 진주 채취자들의 비참함을 들은 하비에르는 그들을 방문하여 세례를 주고 가르쳤다. 그의 가장 웅변적인 가르침은 불쌍한 자들을 돌보는 그의 봉사였다.

프란시스 하비에르는 코모린 곶을 따라 마을과 사원, 시장을 다니며 손종을 울렸다. 그 소리는 원주민들을 그의 주위로 모아 가르침을 받게 했다. 그는《교리문답》,《사도신경》,《십계명》,《주기도문》을 번역해 아이들에게 암송하게 했다. 그런 다음 아이들은 마을로 돌아가 부모와 이웃에게 이를 가르쳤다. 코모린 곶에서는 30명의 교사를 임명해 자신이 감독하는 30개의 기독교 교회를 세웠는데, 이 교회들은 대부분 십자가가 세워진 작은 오두막에 불과했다. 그는 트라반코르로 이동하며 마을마다 전도하고, 세례를 베풀며, 기도문을 외쳤다. 하비에르의 선교는 그의 기대를 뛰어넘는 성공을 거두었다. 그의 순수하고 진실된 삶과 행동에서 나오는 설득력은 사람들을 감동시켜 그가 가는 곳마다 개종하게 했다.

"추수할 것은 많고 일꾼은 적다"는 생각에 괴로워한 하비에르는 말라카와 일본으로 항해를 떠났다. 그곳에서 그는 완전히 새로운 민족들과 새로운 언어를 접했다. 그가 할 수 있었던 것은 주로 눈물과 기도를 드리며, 병자들을 돌보고, 죽어가는 이들에게 세례를 주는 것이었다. 그는 모든 것을 기대하고 아무것도 두려워하지 않았다. "어떤 형태의 죽음이나 고문이 나를 기다리고 있더라도, 나는 한 영혼의 구원을 위해 만 번이라도 기꺼이 그것을 견디겠다"고 말했다. 그는 배고픔, 갈증, 고통과 위험을 마다하지 않으며, 사랑의 사명을 추구했다.

마침내 11년의 고된 노동 끝에, 이 위대한 선교자는 중국으로 가는 길을 찾기 위해 노력하다 산차인 섬에서 열병에 걸렸고, 그곳에서 생을 마감했다. 그의 순수함과 자기희생, 그리고 용기에 있어 이보다 더 고귀한 영웅은 세상에 드물 것이다.

하비에르의 뒤를 이어 인도에서는 슈바르츠, 캐리, 마쉬만 같은 선교사들이 활동했고, 중국에서는 구츠라프와 모리슨, 남태평양에서는 윌리엄스, 아프리카에서는 캠벨, 모파트, 리빙스턴 같은 이들이 있었다. 특히 에로망가에서 순교한 존 윌리엄스는 원래 가구점에서 대장장이로 일하며 견습 생활을 시작했다. 그는 둔한 소년으로 여겨졌지만, 손재주가 있어 주인이 섬세한 작업을 주로 그에게 맡기곤

했다. 어느 날 우연히 들은 설교로 마음이 움직인 그는 주일학교 교사가 되었고, 선교의 중요성을 깨닫고 자신을 이 일에 헌신하기로 결심했다.

런던 선교회는 그의 봉사를 받아들였고, 그의 주인은 윌리엄스가 견습 기간이 끝나기 전에 일을 그만두게 허락했다. 그의 주요 선교지는 태평양 섬들이었으며, 특히 타히티의 후아히네, 라이아테아, 라로통가에서 활동했다. 그는 사도들처럼 손수 대장장이 일, 정원 가꾸기, 배 만들기를 하며 원주민들에게 종교 진리를 가르치는 동시에 문명화된 삶의 방식을 전파하려 노력했다. 그러나 그는 에로망가 해변에서 야만인들에 의해 살해되었고, 그의 헌신은 순교자로서 기억될 만하다.

리빙스턴의 인생도 매우 흥미롭다. 그는 자신의 인생 이야기를 겸손하고 소탈하게 전했으며, 이는 그의 성격을 잘 보여준다. 리빙스턴의 조상들은 가난했지만 정직한 하이랜드 사람들이었다. 그의 조상 중 한 사람은 지역에서 지혜롭고 신중한 사람으로 유명했으며, 그는 죽기 전에 자녀들을 불러 이렇게 말했다. "내 평생 동안 우리 가족의 전통을 지켜보았지만, 조상들 중에 부정직한 사람은 한 명도 없었다. 그러니 너희나 너희 자녀 중 누군가가 부정직한 길로 간다면, 그것은 우리 피에 흐르는 것이 아니다. 나는 정직하라는 교훈을 남긴다."

리빙스턴은 10세 때 글래스고 근처의 면화 공장에서 조각가로 일하기 시작했다. 첫 주 급여로 라틴어 문법서를 사서 라틴어를 배우기 시작했고, 몇 년 동안 야간 학교에서 공부를 계속했다. 그는 밤 12시나 그 이후까지도 공부했으며, 어머니가 자라고 하지 않는 한 항상 책을 읽었다. 매일 아침 6시에 공장에 출근해야 했기 때문에, 늦은 밤까지 공부할 수밖에 없었다. 그는 공장 기계의 소음 속에서도 책을 읽었는데, 방적기 위에 책을 올려놓고 지나가면서 한 문장씩 읽었다. 이러한 끈기로 그는 유용한 지식을 많이 습득했다.

리빙스턴은 이방인을 위한 선교사가 되고 싶어 했고, 이를 위해 의학 교육을 받기로 결심했다. 그는 자신의 수입을 아껴 글래스고에서 의학, 그리스어, 신학을 공부하며, 나머지 시간에는 면화 방적 공장에서 일했다. 대학 생활 동안 그는 전적으로 자신의 수입으로 생활하며, 다른 지원을 받지 않았다. "이제 돌아보면," 그는 말했다, "그 힘든 삶이 내 초기 교육의 중요한 부분이 되었음을 감사하지 않을 수 없다. 가능하다면, 같은 낮은 생활 수준으로 인생을 다시 시작하고, 같은 고된 훈련을 다시 겪고 싶다."

결국 그는 의학 교육을 마치고 라틴어 논문을 작성했으며, 시험에 합격해 의사와 외과의사 면허를 받았다. 처음에는 중국으로 가려 했지만, 당시 중국과의 전쟁으로 인해 계획이 무산되었다. 그래서 그는 런던 선교사 협회에 지원해 아프리카로 파견되었고, 1840년에 그곳에 도착했다. 리빙스턴은 스스로의 힘으로 중국으로 가려 했지만, 런던 선교사 협회가 비용을 대는 것이 "스스로 일해온 사람으로서 다른 사람에게 의존하게 되는 것이 불쾌했다"고 털어놓았다.

아프리카에 도착한 그는 큰 열정으로 일을 시작했다. 그는 다른 사람의 일을 이어받는 대신, 독립적인 작업 영역을 개척했다. 그는 건축, 수공업, 교육 등 육체 노동을 수행하며 "저녁에 공부하기에 지쳐버렸다"고 말했다. 그는 베추아나족과 함께 운하를 파고, 집을 짓고, 농작물을 재배하며, 가축을 기르고, 원주민들에게 일과 예배를 가르쳤다. 원주민들과 긴 여행을 떠났을 때, 원주민들이 그의 능력을 의심하며 "그는 강하지 않다. 그는 곧 지칠 것이다"라고 말하는 것을 우연히 들었다. 이 말을 들은 리빙스턴은 하이랜드 혈통의 자존심이 자극되어, 며칠 동안 원주민들을 빠르게 이동시키며 피로를 극복하게 했다.

그의 아프리카에서의 활동과 업적은 그의 '선교 여행'에서 확인할 수 있다. 이 책은 공개된 여행서 중에서도 가장 매력적인 책 중 하나로 손꼽힌다.

리빙스턴의 마지막 행동 중 하나는 그의 성격을 잘 보여준다. 그는 아프리카로 가져간 '버킨헤드' 증기 선박이 실패하자, 2000파운드의 예상 비용으로 새로운 선박을 제작하라는 주문을 했다. 이 금액은 그의 여행서 판매 수익으로 자녀들을 위해 모아둔 돈에서 지출하기로 했다. 그는 "아이들이 스스로 이 금액을 보충해야 한다"며, 사실상 자녀들에게 스스로의 힘으로 살아가도록 하는 교훈을 남겼다.

존 하워드의 삶은 인내심을 가지고 목표를 추구하는 것이 얼마나 강력한 힘을 발휘할 수 있는지를 보여주는 좋은 예이다. 신체적으로 약했지만, 하워드는 자신의 의무감을 바탕으로 산을 옮길 만큼의 힘을 발휘했다. 죄수들의 처우를 개선하려는 그의 목표는 그를 사로잡았고, 어떤 고된 일이나 위험, 육체적 고통도 그를 막을 수 없었다. 비록 그는 천재도 아니고 특별한 재능도 없었지만, 순수한 마음과 강한 의지로 많은 성과를 이루어냈다. 그의 영향력은 그가 세상을 떠난 후에도 계속되어 영국뿐만 아니라 전 세계의 법률에 깊은 영향을 미치고 있다.

조너스 핸웨이도 영국을 지금의 모습으로 만드는 데 기여한 인내심과 끈기의 상징적인 인물 중 하나이다. 그는 주어진 일을 열정적으로 수행하고, 일이 끝났을 때 감사히 휴식을 취하는 것을 만족으로 삼았다. "그들의 삶으로 세상을 더 나은 곳으로 만든 것 외에는 남긴 기념비가 없지만," 이는 그들의 위대함을 증명한다.

조너스 핸웨이는 1712년 포츠머스에서 태어났다. 그의 아버지는 해군 조선소에서 일하던 창고 관리인이었는데, 사고로 사망하면서 조너스는 어린 나이에 고아가 되었다. 그의 어머니는 자녀들을 데리고 런던으로 이사하여 열심히 일하며 아이들을 학교에 보내고 잘 키우려 노력했다. 17세가 되었을 때, 조너스는 리스본으로 가서 상인에게 견습생으로 들어갔다. 그곳에서 그는 철저한 업무 태도와 정직성으로 주변 사람들의 존경을 받았다.

1743년에 런던으로 돌아온 그는 상트페테르부르크의 영국 상업 회사에서 카스피해 무역에 참여하게 되었다. 당시 카스피해 무역은 막 시작 단계였고, 핸웨이는 사업을 확장하기 위해 러시아로 갔다. 이후 페르시아로 향하는 영국산 천 20마차 분량의 카라반과 함께 출발했지만, 반란으로 인해 물품이 압수되었다. 비록 이후 대부분의 물품을 되찾았지만, 사업 성과는 크게 손상되었다. 그는 목숨을 걸고 길란에 도착했고, 이 경험은 그에게 "절대 절망하지 말라"는 교훈을 남겼다.

5년 동안 상트페테르부르크에 머물며 성공적인 사업을 이어가던 핸웨이는, 친척이 남긴 재산과 자신의 재산이 상당했기 때문에 1755년 고국으로 돌아왔다. 그는 "자신의 건강을 돌보고, 자신과 다른 사람들에게 가능한 한 많은 선행을 하려는 것"을 목적으로 귀국했다고 밝혔다. 이후 그의 삶은 자선 활동과 타인에 대한 봉사로 채워졌다. 그는 검소한 생활을 하며 더 많은 수입을 자선 활동에 사용했다.

핸웨이가 처음으로 헌신한 공공 개선 중 하나는 대도시의 도로 정비였다. 그는 이 부분에서 큰 성과를 거두었다. 1755년, 프랑스의 침략 소문이 돌자, 핸웨이는 해군 공급을 유지하는 방안을 마련했다. 그는 상인들과 선주들을 모아 회의를 소집하고, 자원봉사자와 소년들을 왕의 배에 승선시키기 위한 사회를 결성할 것을 제안했다. 이 제안은 열렬한 반응을 얻어 해군 사회가 설립되었고, 이는 국가에 큰 이익을 가져왔다. 이 사회는 설립 6년 만에 5451명의 소년과 4787명의 자원봉사자들을 훈련시켜 해군에 보탰으며,

현재도 매년 약 600명의 가난한 소년들이 교육을 받고 상인 해군에 견습생으로 보내지고 있다.

핸웨이는 남은 시간을 공공 기관의 개선과 설립에 헌신했다. 그는 파운들링 병원에 적극적으로 참여했으며, 이 병원이 원래의 목적을 되찾도록 고군분투했다. 매그달렌 병원 역시 그의 노력으로 크게 발전했다. 하지만 그의 가장 큰 공헌은 영세 민속 빈민을 위한 활동이었다. 당시 빈민층 어린이들이 겪는 고통과 무시는 심각했지만, 이를 해결하려는 사회적 움직임은 없었다. 그래서 핸웨이는 혼자서 이 문제를 해결하기로 결심했다.

핸웨이는 런던의 가장 가난한 지역을 돌아다니며 빈민 구호소와 작업장의 상황을 조사했다. 이후 프랑스와 네덜란드를 방문해 그곳의 빈민 수용소를 조사하고, 자국에 도입할 만한 내용을 기록했다. 5년 동안 이러한 조사를 한 후, 영국으로 돌아와 관찰 결과를 발표했고, 그 결과 많은 작업장이 개선되었다. 1761년에는 모든 런던 교구가 영아의 출생, 퇴원, 사망 기록을 남기도록 하는 법이 제정되었으며, 핸웨이는 이 법이 제대로 시행되도록 직접 감독했다. 그는 아침마다 작업장에서 작업장으로, 오후에는 의원으로 다니며 법이 제대로 지켜지도록 끝없이 노력했다. 마침내 그는 거의 10년간의 노력 끝에 또 다른 법을 제정하는 데 성공했다. 이 법은 교구 영아가 일정 거리 밖으로 보내져 6세까지 간호를 받도록 하고, 3년마다 선출되는 보호자의 관리를 받도록 규정했다. 빈민들은 이 법을 "아이들을 살리는 법"이라고 불렀으며, 이 법 덕분에 수천 명의 아이들이 생명을 구할 수 있었다.

런던에서 자선 활동이 필요할 때마다, 조너스 핸웨이의 손길이 있었다. 굴뚝 청소부 소년들을 보호하기 위한 첫 법 중 하나가 그의 영향으로 제정되었다. 몬트리올과 바베이도스의 화재 피해자들을 돕기 위한 모금 활동도 그의 주도로 이루어졌다. 그의 이름은 모든 모금 목록에 올랐고, 그의 이타성과 진실성은 널리 인정받았다.

그러나 핸웨이는 자신의 재산을 전적으로 남을 위해 쓰지는 않았다. 런던의 다섯 명의 주요 시민이 핸웨이의 지식 없이 당시 수상에게 그의 공로를 인정해달라고 요청했고, 그 결과 그는 해군 급식 위원 중 한 명으로 임명되었다.

조너스 핸웨이의 생애 말기에 그의 건강은 매우 약해졌고, 결국 해군 급식 위원회의 직책에서 물러나야 했다. 하지만 그는 여전히 가만히 있지 못했다. 당시 초기 단계에 있던 주일학교 설립에 힘썼고, 런던 거리를 떠도는 가난한 흑인들을 돕거나, 방치된 가난한 이들의 고통을 덜어주는 일에 몰두했다. 여러 형태의 고통을 겪으면서도 그는 언제나 가장 명랑한 사람 중 하나였다. 만약 그의 명랑함이 없었다면, 그렇게 섬세한 체구로 많은 일을 자발적으로 해낼 수 없었을 것이다. 그는 활동하지 않는 것을 가장 두려워했다. 비록 몸은 연약했지만, 그는 용감하고 지치지 않는 사람이었으며, 도덕적 용기도 뛰어났다.

흥미로운 점은 그가 런던에서 처음으로 우산을 사용한 사람이라는 사실이다. 오늘날 우리가 흔히 사용하는 우산이지만, 그 당시에는 상당한 도덕적 용기가 필요했다. 핸웨이가 우산을 사용한 지 30년이 지나서야 우산은 일반적으로 사용되기 시작했다.

핸웨이는 엄격한 명예와 진실성, 그리고 정직함을 지닌 사람이었다. 그의 말은 언제나 신뢰할 수 있었다. 그는 정직한 상인의 품성을 매우 존중했고, 이는 그가 유일하게 칭송했던 주제였다. 그는 자신의 원칙을 철저히 실천했고, 상인으로서나 해군 급식 위원으로서도 흠잡을 데 없는 행동을 보였다. 그는 계약자들로부터 어떠한 작은 호의도 받지 않았으며, 급식 사무소에서 선물을 받으면 언제나 정중히 돌려보내며 "이 사무소와 관련된 사람들로부터 어떤 것도 받지 않기로 했다"고 밝혔다.

자신의 능력이 쇠퇴하는 것을 느낀 핸웨이는 마치 시골로 여행을 준비하듯이 죽음을 준비했다. 그는 모든 빚을 갚고, 친구들과 작별 인사를 나눈 후, 조용하고 평온하게 생을 마감했다. 그가 남긴 재산은 2천 파운드도 되지 않았으며, 친척도 없었기에 평생 도와왔던 고아들과 가난한 사람들에게 재산을 나누어 주었다. 이것이 바로 조너스 핸웨이의 아름다운 삶이었다. 그는 정직하고, 에너지가 넘치며, 성실하고, 진심을 다한 사람이었다.

그랜빌 샤프의 삶은 개인의 에너지가 얼마나 큰 힘을 발휘할 수 있는지 보여주는 또 다른 뛰어난 예시이다. 이 에너지는 이후 클락슨, 윌버포스, 벅스턴, 브루엄 같은 노예제 폐지 운동의 위대한 인물들에게도 이어졌다. 그중에서도 그랜빌 샤프는 끈기와 에너지, 용기 면에서 가장 뛰어난 인물이었다. 그는 타워 힐의 린넨 상점에서 견습생으로 시작했지만, 견습 과정이 끝난 후 오드넌스 사무소에서 서기로 일하기 시작했다. 그는 그 겸손한 직업에 종사하면서도 여가 시간에는 흑인 해방 운동을 벌였다. 심지어 견습생 시절에도 유익한 목적을 위해 자발적으로 일했다.

예를 들어, 린넨 상점에서 일할 때, 같은 집에 살던 유니테리언 교도인 동료와 종교 문제로 자주 논쟁을 벌였다. 유니테리언 동료는 그랜빌의 삼위일체에 대한 오해가 그리스어 지식 부족 때문이라고 주장했다. 이에 그랜빌은 저녁 시간을 이용해 그리스어를 배우기 시작했고, 곧 깊은 이해를 얻게 되었다. 또한, 다른 동료 견습생인 유대인과 예언 해석에 관한 논쟁을 벌이게 되면서 히브리어의 어려움도 극복하게 되었다.

그랜빌 샤프의 생애에 중요한 전환점이 된 사건은 그의 관대함과 자비심에서 비롯되었다. 그의 형 윌리엄 샤프는 민싱 레인에서 외과의사로 일하면서 가난한 사람들에게 무료로 진료를 제공했는데, 그 중에는 조나단 스트롱이라는 아프리카 출신의 남성도 있었다. 스트롱은 바베이도스 출신의 변호사 주인에게 심하게 학대받아 절름발이가 되고, 거의 실명 상태가 되어 일을 할 수 없게 되었다. 주인은 그를 더 이상 쓸모없다고 생각해 거리로 내쫓아 굶어죽게 했다. 스트롱은 온몸이 병에 걸려 구걸로 생계를 이어가다 윌리엄 샤프에게 찾아가 약을 받았고, 이후 세인트 바솔로뮤 병원에 입원해 치료를 받았다.

병원에서 나온 후, 두 형제는 스트롱이 다시 거리에 나가지 않도록 도왔다. 그들은 스트롱에게 약사 밑에서 일할 수 있는 직장을 구해주었고, 스트롱은 그곳에서 2년 동안 일했다. 그러던 중 스트롱의 옛 주인이 그를 다시 소유하려 했고, 그는 스트롱을 체포해 서인도 제도로 보내기 위해 컴프터 감옥에 가두었다. 스트롱은 감옥에서 그랜빌 샤프에게 도움을 요청하는 편지를 썼고, 샤프는 즉시 조사를 시작했다.

샤프는 스트롱을 찾아 감옥으로 가 그를 석방시켰다. 그러나 스트롱의 주인은 샤프에게 자신이 도둑맞은 흑인 노예의 소유권을 되찾기 위한 소송을 제기하겠다고 통보했다.

당시(1767년경) 영국에서는 개인의 자유가 이론적으로는 소중히 여겨졌지만, 실제로는 심각하게 침해되고 있었다. 사람들을 강제로 징집하거나 납치해 인도 회사의 서비스나 아메리카 식민지의 플랜테이션으로 보내는 일이 흔했다. 또한, 런던과 리버풀 신문에는 공개적으로 흑인 노예들이 판매된다는 광고가 실렸고, 도망친 노예를 찾아 특정 배로 보내는 보상도 제공되었다.

영국에서 노예로 여겨지던 사람들의 처지는 불확실했고, 명확하게 정의되지 않았다. 법원에서 내려진 판결들은 일관되지 않았고, 어떤 확고한 원칙에 기반하지 않았다. 영국에서는 "노예가 숨 쉴 수 없는 땅"이라는 믿음이 있었지만, 일부 저명한 법률가들은 반대 의견을 내놓기도 했다. 조나단 스트롱 사건에서 샤프가 조언을 구한 변호사들 대부분도 노예가 영국에 온다고 해서 자유인이 되는 것은 아니며, 법적으로 다시 플랜테이션으로 돌아가야 할 수도 있다고 말했다. 이러한 의견은 용기와 열정이 부족한 사람이라면 절망을 느끼게 했을 것이다. 그러나 그랜빌 샤프는 오히려 흑인 노예의 자유를 위해 더욱 굳게 싸우기로 결심했다.

"전문 변호사들에게 버림받은 나는, 법률적 도움을 받을 수 없는 절망적인 상황에서 스스로 방어해야 했으며, 법의 기초에 대해 전혀 알지 못했기 때문에 성경 외에는 한 번도 법률서를 펼쳐본 적이 없었다. 하지만 결국 책방 주인이 최근에 구입한 법률서의 색인을 찾아보기 시작했다" 고 그는 회고했다.

샤프는 낮에는 군수품 부서에서 가장 힘든 일을 맡아야 했기에, 법률 공부는 밤늦게나 이른 아침에 할 수밖에 없었다. 그는 자신이 점점 노예처럼 되어가고 있다고 느꼈다. 성직자 친구에게 편지를 늦게 답장한 이유를 설명하며, "나는 문학적 서신을 주고받을 여유가 전혀 없다. 밤에 잠을 줄여서라도 얻은 아침 시간은 시급한 법률 문제를 조사하는 데 필요했고, 이 문제는 매우 철저한 연구와 검토가 필요했다"고 썼다.

샤프는 이후 2년 동안 여가 시간을 모두 영국의 개인 자유에 영향을 미치는 법률을 연구하는 데 바쳤다. 그는 방대한 양의 지루한 문헌을 읽으며 중요한 의회법, 법원 판결, 저명한 변호사들의 의견을 정리했다. 이 과정에서 그는 교사도, 조수도, 조언자도 없었다. 그의 시도에 동의하는 변호사도 없었다. 그러나 그의 연구 결과는 스스로에게도 놀라웠고, 법률가들에게도 큰 충격을 주었다. "하나님께 감사드린다," 그는 이렇게 썼다. "내가 찾아낼 수 있는 한, 다른 사람을 노예로 만드는 것을 정당화할 수 있는 영국 법률이나 법령은 없다." 이제 그는 흔들리지 않는 확신을 가지게 되었다.

그는 자신의 연구 결과를 요약해 '영국에서의 노예제 용인의 부당성'이라는 제목의 명확하고 간결한 성명을 작성했고, 여러 사본을 만들어 당시의 저명한 변호사들에게 배포했다. 조나단 스트롱을 상대로 소송을 제기했던 주인은 샤프가 만만한 상대가 아니라는 것을 깨닫고 소송을 지연시키려 했지만, 결국 샤프는 소송을 제기하지 못하게 만들었다. 그 결과, 원고는 세 배의 비용을 지불하게 되었다.

이 글은 1769년에 인쇄되었다.

한편, 런던에서는 흑인을 납치해 서인도 제도로 보내 판매하는 사건들이 발생했다. 샤프는 이러한 사건이 발생할 때마다 즉시 법적 조치를 취해 흑인들을 구출했다. 예를 들어, 한 아프리카인 힐라스의 아내가 납치되어 바베이도스로 보내졌을 때, 샤프는 법적 조치를 취해 손해배상 판결을 받아내고, 힐라스의 아내를 다시 영국으로 데려왔다.

1770년에 또 다른 흑인의 강제 납치 사건이 발생했는데, 이 과정에서 잔혹한 일이 벌어졌다. 이 사건이 발생하자마자 그랜빌 샤프는 즉시 가해자들을 추적하기 시작했다. 루이스라는 이름의 아프리카인은 자신을 소유물로 주장하는 사람의 지시에 따라 두 명의 선원에게 붙잡혀 물속으로 끌려 들어갔다. 그는 보트에 실려 입이 틀어막히고 팔다리가 묶인 채 강 하류로 끌려가 자메이카로 향하는 배에 태워졌다. 그러나 그의 울음소리가 이웃들의 주의를 끌었고, 그 중 한 명이 즉시 그랜빌 샤프에게 이 사건을 알렸다.

샤프는 즉시 루이스를 되돌려오기 위한 영장을 발급받아 그레이브센드로 향했지만, 배는 이미 다운스로 떠난 후였다. 그는 하베아스 코퍼스 영장을 발급받아 스핏헤드로 보냈고, 배가 영국을 떠나기 전에 그 영장이 집행되었다.

루이스는 배의 주 돛대에 쇠사슬로 묶인 채 눈물을 흘리며 떠나야 할 땅을 슬픈 눈빛으로 바라보고 있었다. 그는 즉시 풀려나 런던으로 돌아왔고, 가해자에 대한 체포 영장이 발급되었다. 이 사건에서 샤프가 보여준 신속한 판단력과 따뜻한 마음, 그리고 행동력은 놀라울 정도였다. 그러나 그는 스스로를 느렸다고 자책했다.

이 사건은 맨스필드 대법원장 앞에서 재판이 진행되었다. 맨스필드 대법원장은 샤프와는 반대 의견을 가지고 있던 인물이었다. 하지만 판사는 노예의 개인 자유에 관한 법적 문제를 회피했고, 피고인이 루이스를 자신의 소유물로 입증할 수 없다는 이유로 그를 석방했다.

영국 내에서 흑인의 개인 자유 문제는 여전히 명확하게 해결되지 않은 상태로 남아 있었다. 그럼에도 불구하고 샤프는 흔들림 없이 자신의 자비로운 길을 계속 걸어갔다. 그의 지치지 않는 노력과 빠른 행동 덕분에 더 많은 흑인들이 구출되었다. 그러던 중 제임스 서머셋 사건이 발생했는데, 이 사건은 맨스필드 대법원장과 샤프가 법적 쟁점을 명확히 하기 위해 선택한 중요한 사건으로 알려져 있다.

서머셋은 그의 주인에 의해 영국으로 데려와졌다가, 다시 자메이카로 보내져 팔릴 위기에 처했다. 샤프는 늘 그렇듯이 즉시 이 사건을 맡아 변호사를 고용해 서머셋을 변호했다. 맨스필드 대법원장은 이 사건이 많은 사람들의 관심을 받고 있으므로 모든 판사들의 의견을 듣겠다고 밝혔다. 샤프는 강력한 반대에 맞서야 한다는 것을 느꼈지만, 그의 결심은 전혀 흔들리지 않았다. 다행히도 이 치열한 싸움에서 그의 노력이 점점 효과를 내기 시작했고, 많은 저명한 법률가들이 샤프의 편에 서겠다고 공개적으로 선언했다.

서머셋 사건의 재판은 맨스필드 대법원장과 세 명의 판사들이 함께 심리했으며, 모든 사람이 법에 의해 박탈되지 않는 한 자신의 자유를 누릴 권리가 있다는 중요한 헌법적 원칙에 근거해 진행되었다. 재판은 매우 길어졌고, 심리는 여러 번 연기되었다. 결국 맨스필드 대법원장은 법정이 한 목소리로 의견을 모았다고 선언하며, 12명의 배심원에게 사건을 회부할 필요가 없다고 밝혔다. 그는 노예제는 영국에서 결코 지지될 수 없으며, 그러한 권한은 영국에서 사용된 적도 없고 법적으로 인정된 적도 없다고 선언하며 제임스 서머셋을 석방하라고 판결했다.

이 판결로 그랜빌 샤프는 리버풀과 런던 거리에서 공개적으로 이루어지던 노예 무역을 사실상 폐지했으며, 노예가 영국 땅에 발을 딛는 순간 자유로워진다는 중요한 원칙을 확립했다. 이 위대한 판결은 샤프의 단호하고 용기 있는 노력 덕분에 가능했다.

그랜빌 샤프의 이후 활동을 모두 따라갈 필요는 없을 것이다. 그는 계속해서 선행을 위해 지치지 않고 일했다. 그는 구조된 흑인들을 위한 피난처로 시에라리온 식민지 설립에 기여했고, 미국 식민지의 원주민들의 삶을 개선하기 위해 노력했다. 또한 그는 영국 국민의 정치적 권리 확대를 촉구하며, 선원들의 강제 징집을 폐지하려고 애썼다. 샤프는 영국 선원들도 아프리카 흑인처럼 법의 보호를 받을 권리가 있으며, 그들이 바다에서 일하기로 선택했다고 해서 영국인으로서의 권리와 특권이 취소되는 것은 아니라고 주장했다. 그는 또한 영국과 미국 식민지 사이의 우호 관계를 회복하려고 노력했으나, 이 시도는 성공하지 못했다. 미국 혁명이 발발하자 그는 그 일에 관여하지 않기로 결심하고, 군수국에서의 직위를 사임했다.

샤프는 마지막까지 노예제 폐지라는 인생의 큰 목표를 위해 매달렸다. 이 일을 계속하기 위해, 그리고 이 대의를 위해 증가하는 지지자들의 노력을 조직하기 위해, 노예제 폐지 협회가 설립되었고, 샤프의 모범과 열정에 영감을 받은 사람들이 그를 도왔다. 그의 에너지는 그들의 에너지가 되었고, 오랜 시간 동안 혼자 일했던 샤프의 헌신은 결국 나라 전체로 퍼져나갔다. 그의 열정은 클락슨, 윌버포스, 브로엄, 뷰익스턴 같은 인물들에게 전달되었고, 그들도 샤프와 함께 노예제를 폐지하기 위해 노력했다. 결국 영국 전역에서 노예제가 폐지되었다. 마지막에 언급된 인물들이 노예제 폐지의 승리와 더 자주 연관될 수 있지만, 가장 큰 공로는 그랜빌 샤프에게 돌아가야 한다. 그는 세상의 환호를 받지 않고 자신의 일을 시작했으며, 당대 최고의 법률가들과 깊이 뿌리박힌 편견에 맞서 홀로 싸웠다. 그는 자신의 노력과 개인의 비용으로 헌법과 영국 국민의 자유를 위해 가장 기억에 남는 싸움을 해냈고, 이후의 모든 일들은 그의 끊임없는 노력의 결과였다. 그는 다른 사람들의 마음에 불을 붙였고, 그 불은 결국 완전한 빛으로 이어졌다.

그랜빌 샤프가 세상을 떠나기 전, 클락슨은 이미 흑인 노예제 문제에 관심을 가지고 있었다. 그는 대학 시절 이 문제를 에세이 주제로 선택했고, 이 문제에 깊이 고민하며 결국 이 일에 온전히 헌신하기로 결심했다. 전해지는 이야기에 따르면, 어느 날 클락슨은 말을 타고 가다 길가에서 오랜 고민 끝에 노예제 폐지 운동에 헌신하기로 결심했다고 한다. 그는 에세이를 라틴어에서 영어로 번역하고, 새로운 자료들을 추가해 출판했다. 그러자 많은 동료들이 그의 곁으로 모여들기 시작했다.

클락슨은 이미 결성되어 있던 노예 무역 폐지 협회에 즉시 가입했고, 이 대의를 위해 자신의 모든 인생 계획을 희생했다. 윌버포스가 의회에서 이끌 대표로 선택되었지만, 폐지를 위한 증거를 수집하고 정리하는 주요 임무는 클락슨에게 맡겨졌다.

클락슨의 끈질긴 노력 중 주목할 만한 사례가 있다. 노예제를 지지하는 사람들은 전쟁에서 포로로 잡힌 흑인들만이 노예로 팔리며, 그들이 팔리지 않으면 더 끔찍한 운명에 처하게 된다고 주장했다. 클락슨은 노예 사냥이 실제로 이루어지고 있다는 것을 알았지만, 이를 증언할 목격자를 찾는 것이 어려웠다. 그러던 중 그는 우연히 한 신사를 만나 그가 약 1년 전, 한 젊은 선원이 노예 사냥에 참여했다는 이야기를 들었다. 신사는 그 선원의 이름도, 어디에 있는지도 몰랐고, 그의 외모를 희미하게만 기억할 뿐이었다. 그가 어떤 항구에 정박해 있는지도 알 수 없었다. 이 미미한 정보만을 가지고 클락슨은 그 사람을 증인으로 세우기로 결심했다. 그는 모든 항구 도시를 돌아다니며 배를 하나하나 조사했고, 마지막 항구에서 마침내 그 젊은 선원을 찾아냈다. 이 젊은이는 가장 가치 있고 효과적인 증인이 되었다.

클락슨은 몇 년 동안 400명 이상의 사람들과 서신을 주고받으며 증거를 찾기 위해 35,000마일 이상을 여행했다. 결국 그는 끊임없는 노력으로 인해 건강을 잃고 쓰러졌지만, 노예 무역 폐지 운동을 통해 공공의 관심을 완전히 깨우고 많은 사람들의 지지를 얻기 전까지는 그 현장에서 물러나지 않았다.

오랜 투쟁 끝에 노예 무역이 폐지되었지만, 영국령 전역에서의 노예제를 완전히 폐지하는 또 다른 과제가 남아 있었다. 이 대의에서 중요한 역할을 한 인물 중 하나는 윌버포스의 자리를 이어받은 포웰 벅스턴이었다. 벅스턴은 어릴 때부터 고집이 세고 자존심이 강한 아이였다. 그의 아버지가 일찍 세상을 떠났지만, 그의 어머니는 현명한 분이었다. 그녀는 아들의 강한 의지를 세심하게 길러주었고, 그를 통제하면서도 스스로 결정하고 행동하는 습관을 격려했다. 어머니는 강한 의지가 올바른 목표에 집중될 때 매우 가치 있는 남성의 특성이 될 수 있다고 믿었고, 이에 따라 아들을 교육했다. 주변 사람들이 벅스턴의 고집을 걱정

할 때마다 그녀는 "지금은 고집이 세지만, 나중에는 잘될 거야"라고 말하곤 했다.

벅스턴은 학교에서 거의 배우지 못했고, 게으름뱅이로 여겨졌다. 그는 다른 아이들에게 숙제를 대신하게 하고, 자신은 주로 놀러 다녔다. 15살에 집으로 돌아왔을 때, 그는 키가 크고 어설픈 소년이었으며, 보트 타기, 사냥, 승마, 야외 활동을 좋아했다. 그는 주로 마음이 착한 사냥꾼과 어울렸는데, 이 사냥꾼은 글을 읽거나 쓰지는 못했지만, 인생과 자연에 대한 깊은 통찰력을 가진 지적인 사람이었다.

벅스턴은 훌륭한 자질을 가지고 있었지만, 이를 발전시키기 위한 교육과 훈련이 필요했다. 그의 인생에서 중요한 시점에, 그는 지적 교양과 공공 정신을 갖춘 구니 가족과 교류하게 되었다. 벅스턴은 나중에 이 가족과의 만남이 자신의 인생에 큰 영향을 주었다고 말했다. 그들은 벅스턴의 자기 발전을 격려했고, 그가 더블린 대학교에 입학해 높은 성과를 거두었을 때, 그는 "그들이 나를 격려해주고 성취하게 해준 덕분에 그들에게 상을 돌려주고 싶었다"고 말했다.

벅스턴은 구니 가족의 딸과 결혼해 인생을 함께 시작했으며, 런던에서 양조업을 하던 삼촌 헨버리의 회사에서 일하기 시작했다. 소년 시절 다루기 어려웠던 그의 강한 의지는 이제 그의 성격의 중심이 되어, 맡은 일에 있어 가장 부지런하고 열정적인 사람이 되었다. 그는 자신의 온 힘을 다해 일에 매진했고, 그 결과로 큰 성공을 거두었다. "나는 한 시간 동안 맥주를 만들고, 다음 시간에는 수학을 공부하며, 또 다음 시간에는 사냥을 했는데, 모두 온 마음을 다해 했다"고 그는 회상했다. 그의 모든 행동에는 불굴의 에너지와 결단력이 담겨 있었다.

32세가 되던 해에 벅스턴은 의회에 입성했고, 정직하고 진지하며 준비된 사람은 누구든 의회에서 영향력을 갖게 되는 것처럼, 그는 즉시 주목받는 인물이 되었다. 그가 특히 헌신한 주제는 영국 식민지에서 노예의 완전한 해방이었다. 벅스턴은 자신이 이 문제에 깊은 관심을 갖게 된 이유를 얼햄 가문의 프리실라 구니의 영향이라고 설명하곤 했다. 프리실라 구니는 뛰어난 지성과 따뜻한 마음을 가진 여성으로, 많은 덕목을 갖춘 인물이었다. 그녀는 1821년 죽음이 가까워진 상황에서도 여러 차례 벅스턴을 불러 "노예 해방을 인생의 큰 목표로 삼아 달라"고 부탁했다. 그녀의 마지막 행동도 이 엄숙한 부탁을 다시 한 번 시도하는 것이었지만, 끝내 이루지 못한 채 세상을 떠났다.

벅스턴은 프리실라의 충고를 결코 잊지 않았으며, 그의 딸 중 한 명에게 프리실라의 이름을 따서 지었다. 1834년 8월 1일, 딸 프리실라가 결혼해 아버지의 집을 떠나 남편과 함께 집을 나섰을 때, 벅스턴은 친구에게 이렇게 썼다. "신부가 막 떠났다. 모든 일이 훌륭하게 마무리되었다. 그리고 이제 영국 식민지에는 더 이상 노예가 없다!"

벅스턴은 천재도, 위대한 지식인도 아니었지만, 그는 진지하고 정직하며 결단력 있는 열정적인 사람이었다. 사실 그의 성격은 그가 직접 한 말에서 가장 잘 드러난다. 이는 모든 젊은이가 마음에 새겨야 할 말이기도 하다. "살아갈수록, 나는 사람들 사이의 큰 차이가 에너지 – 불굴의 결단력 – 그리고 한 번 정한 목표를 향해 죽기 살기로 나아가는 것에 있다는 사실을 더욱 확신하게 된다. 이 세상에서 해낼 수 있는 모든 일은 그런 자질에 달려 있다. 재능도, 환경도, 기회도 그것 없이는 사람을 온전하게 만들 수 없다."

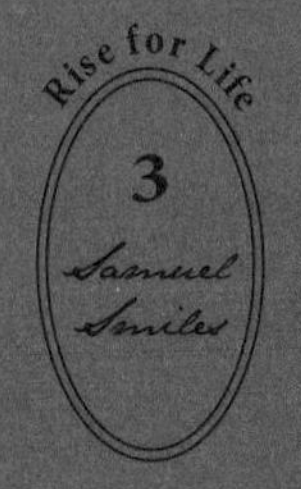

CHAPTER 4

사업에 성공하는
사람들이 지닌 특징

사업에서 성공하는 길은 대부분 상식의 길이다. 지식의 습득이나 과학의 탐구와 마찬가지로, 인내심과 노력은 여기서도 필수적이다. 고대 그리스인들은 "어느 직업에서든 유능한 사람이 되려면, 타고난 성향, 공부, 그리고 실천이 필요하다"라고 말했다. 사업에서의 지혜롭고 부지런한 실천이 성공의 비결이다.

네가 열심히 일하는 사람을 보았느냐? 그는 왕 앞에 설 것이다.

— 솔로몬의 잠언

사업과 일에 종사하지 않는 사람은 세상의 낮은 부분에 속할 뿐이다.

— 오웬 펠덤 〈영국의 종교 작가〉

•

해즐릿은 그의 독특한 에세이 중 하나에서 사업가를 제한된 길에 갇혀 무언가에 얽매인 사람으로 묘사하며, 그들이 해야 할 일은 정해진 길에서 벗어나지 않고 일이 흘러가는 대로 내버려 두는 것이라고 주장했다. 그는 "일반적인 사업을 성공적으로 운영하는 데 필요한 가장 큰 자질은 상상력의 부족, 즉 관습과 이익 외에는 다른 생각이 없는 것"이라고 말했다. 하지만 이는 매우 편협하고 사실과 거리가 먼 정의이다. 과학자나 문학가, 입법자 중에도 좁은 시야를 가진 사람이 있듯이, 사업가 중에도 그런 사람이 있을 수 있다. 그러나 동시에 넓은 시야와 포괄적인 사고로 큰 스케일의 일을 해내는 사업가들도 있다. 버크가 인도 법안에 대한 연설에서 말했듯이, 잡상인 같은 정치인도 있었고, 정치가처럼 행동하는 상인도 있었다.

어떤 중요한 사업을 성공적으로 이끌기 위해 필요한 자질들을 생각해보면, 특별한 적성, 긴급 상황에서의 빠른 대응력, 대규모 인력을 조직하는 능력, 뛰어난 재치와 인간 본성에 대한 이해, 지속적인 자기 계발, 그리고 실무 경험을 통한 성장이 필요하다는 것을 알 수 있다. 이러한 점을 고려할 때, 사업의 세계가 일부 작가들이 주장하는 것처럼 그렇게 좁지만은 않다는 것이 분명하다. 헬프스는 "성공적인 사업가는 거의 위대한 시인만큼 드물고, 어쩌면 진정한 성인이나 순교자보다도 드물다"라고 말했는데, 이는 오히려 진실에 가깝다. 실제로 "사업이 사람을 만든다"라는 말처럼 강력한 표현이 어울리는 직업도 드물다.

하지만 여러 시대에 걸쳐 일부 사람들은 천재가 사업에 어울리지 않는다는 잘못된 생각을 가져왔다. 사업이 천재적인 추구와 양립할 수 없다는 믿음도 그중 하나였다. 몇 년 전 "인간으로 태어났지만 식료품 가게를 운영하게 되어 스스로 목숨을 끊었다"는 청년은 자신의 영혼이 그 일을 감당할 수 없다는 것을 보여주었다. 그러나 사람을 타락시키는 것은 직업이 아니라, 직업을 타락시키는 것은 사람 자신이다. 손이 더러워질 수는 있어도 마음은 여전히 깨끗할 수 있다. 사람을 더럽히는 것은 물질적인 더러움이 아니라 도덕적인 더러움이다. 탐욕은 그을음보다, 악덕은 녹보다 더 해롭다.

위대한 인물들은 정직하고 유익한 일을 하면서 생계를 유지하는 것을 경멸하지 않았으며, 동시에 더 높은 것을 목표로 했다. 고대 그리스의 탈레스, 아테네의 두 번째 창시자인 솔론, 그리고 수학자 하이페라테스는 모두 상인이었다. '신성한'이라는 칭호를 받았던 플라톤도 여행 중에 판매한 기름에서 얻은 이익으로 이집트 여행 경비를 충당했다. 스피노자는 철학적 탐구를 계속하면서 안경을 연마해 생계를 유지했다. 식물학의 대가인 린네는 구두를 만들며 학업을 이어갔다. 셰익스피어는 극장의 성공적인 매니저였으며, 어쩌면 연극과 시를 쓰는 것보다 실무적인 능력에 더 자부심을 느꼈을지도 모른다. 포프는 셰익스피어가 문학을 추구한 주된 목적이 정직한 독립성을 확보하기 위해서라고 생각했다. 실제로 셰익스피어는 문학적 명성에는 별로 관심이 없었던 것 같다. 그의 희곡 중 단 한 편의 출간을 감독하거나 인쇄를 승인한 기록조차 남아 있지 않으며, 그의 작품의 연대는 여전히 미스터리로 남아 있다. 그러나 그는 사업에서 성공을 거두었고, 고향 스트랫퍼드어

폰에이번에서 여생을 안락하게 보낼 수 있을 만큼의 자산을 모았다.

초서는 젊은 시절 군인으로 복무한 후, 세관 위원과 왕실 산림과 관재산 감독관으로서 효율적으로 일했다. 스펜서는 아일랜드 부총독의 비서로 일했으며, 이후 코크 지역의 보안관으로 근무하며 사업 문제에 있어 매우 신중하고 세심한 사람으로 알려졌다. 밀턴은 원래 학교 교사였지만, 공화국 시절 국무회의의 비서로 임명되었고, 국무회의에서 작성한 여러 편지들은 그가 그 직책에서 얼마나 활발하고 유능하게 활동했는지를 보여준다. 아이작 뉴턴 경은 조폐국의 책임자로서 뛰어난 능력을 발휘했으며, 1694년 새로운 동전 발행은 그의 감독 하에 이루어졌다. 코퍼는 시간을 엄수하는 것으로 자부심을 가졌고, 자신이 "유일하게 시간을 잘 지키는 시인"이라고 말했다. 그러나 워즈워스와 스콧의 삶을 보면, 이들도 시간을 잘 지키는 실용적인 사업가들이었다. 데이비드 리카도는 런던의 주식 중개인으로 일하며 막대한 재산을 모았고, 동시에 정치 경제학의 원칙에 대해 깊이 연구했다. 리카도는 상업적인 통찰력과 깊은 철학적 사고를 겸비한 인물이었다. 저명한 천문학자 베일리도 주식 중개인이었고, 화학자 앨런은 비단 제조업자였다.

오늘날에도 최고의 지적 능력이 일상 업무를 효율적으로 수행하는 것과 양립할 수 있다는 사실을 확인할 수 있는 사례가 많다. 그로트는 위대한 그리스 역사가이자 런던의 은행가였다. 또 얼마 전까지도 우리의 위대한 사상가 중 한 사람인 존 스튜어트 밀은 동인도 회사의 검사부에서 일했으며, 그의 철학적 견해뿐만 아니라 부서에서 확립한 높은 효율성과 뛰어난 업무 처리로 동료들의 존경을 받았다.

사업에서 성공하는 길은 대부분 상식의 길이다. 지식의 습득이나 과학의 탐구와 마찬가지로, 인내심과 노력은 여기서도 필수적이다. 고대 그리스인들은 "어느 직업에서든 유능한 사람이 되려면, 타고난 성향, 공부, 그리고 실천이 필요하다"라고 말했다. 사업에서의 지혜롭고 부지런한 실천이 성공의 비결이다. 어떤 사람들은 "행운의 일격"을 맞을 수도 있지만, 도박으로 얻은 돈처럼 그런 "행운"은 결국 파멸로 이어질 수 있다. 베이컨은 "가장 빠른 길이 때로는 가장 더러운 길이며, 가장 좋은 길로 가려면 돌아가야 할 때가 많다"고 말하곤 했다. 여정이 더 오래 걸릴 수 있지만, 그 과정에서 느끼는 노력의 기쁨과 결과에 대한 만족은 더 진실되고 순수할 것이다. 매일 해야 할 일이 정해져 있는 것은 삶의 나머지 부분을 더 달콤하게 만들어 준다.

헤라클레스의 12가지 과업 이야기는 모든 인간의 노력과 성공의 전형이다. 모든 젊은이는 자신의 행복과 성공이 주로 자신의 노력과 에너지에 달려 있다는 것을 깨달아야 한다. 스스로 자립하기 위해 노력해야 하며, 다른 사람들의 도움이나 후원에 의존해서는 안 된다. 멜버른 경은 모어 시인의 아들을 위한 지원 요청에 대해 존 러셀 경에게 보낸 편지에서 이렇게 조언했다. "친애하는 존, 모어의 편지를 돌려드립니다. 재정적으로 여유가 있을 때 당신이 원하는 것을 하세요. 무언가를 한다면, 그것은 모어 자신을 위해 해야 합니다. 이 방식이 더 명확하고 직접적이며 이해하기 쉽습니다. 젊은 사람들에게 소액의 지원금을 주는 것은 정당화되기 어렵고, 무엇보다도 그들 자신에게 가장 해롭습니다. 그들은 자신이 가진 것이 실제보다 훨씬 크다고 생각해서 노력을 기울이지 않습니다. 젊은이들은 '자신의 길을 스스로 만들어야 하며, 굶주리느냐 마느냐는 전적으로 자신의 노력에 달려 있다'는 말 외에는 듣지 말아야 합니다."

실용적인 산업이 현명하고 강력하게 적용될 때, 항상 그에 상응하는 결과를 낳는다. 이는 사람을 앞으로 나아가게 하고, 그의 개성을 드러내며, 다른 사람들에게도 긍정적인 영향을 준다. 모든 사람이 똑같이 성공할 수는 없지만, 각자는 자신의 노력에 따라 성공을 이룬다. 토스카나의 속담처럼 "모두가 베란다에서 살 수는 없지만, 누구나 태양을 느낄 수 있다."

전체적으로 보면, 삶이 너무 쉬워지는 것은 인간 본성에 좋지 않은 영향을 미친다. 오히려 힘들게 일하고 소박하게 사는 것이, 모든 것이 준비된 상태에서 편안하게 쉬는 것보다 더 나을 수 있다. 사실, 비교적 적은 자원으로 삶을 시작하는 것이 일하게 만드는 중요한 자극이 되기도 한다. 어떤 저명한 판사가 변호사로서 성공한 비결을 묻는 질문에 이렇게 대답했다. "어떤 사람들은 뛰어난 재능으로, 어떤 사람들은 높은 인맥으로 성공하지만, 대다수는 무일푼으로 시작해서 성공한다."

한 건축가에 대한 이야기가 있다. 그는 오랜 공부와 동방의 고전적 지역을 여행하며 경험을 쌓은 후, 본국으로 돌아와 건축가로서의 일을 시작했다. 그는 어디서든 일할 수만 있다면 시작하기로 결심했고, 가장 낮고 수익이 적은 노후 건물 관련 업무를 맡았다. 하지만 그는 자신이 맡은 일을 경시하지 않고, 공정하게 출발해 위로 나아가겠다고 결심했다. 어느 무더운 7월의 날, 한 친구가 그가 지붕 위에서 일하는 모습을 보고 땀을 닦으며 이렇게 외치는 것을 들었다. "이게 바로 내가 그리스 전역을 여행한 사람이 할 일인가!" 그러나 그는 맡은 일을 철저히 해냈고, 점차 더 보람 있는 업무로 나아가 결국에는 자신의 분야에서 최고로 자리 잡았다.

노동의 필요성은 사실, 개인의 발전과 국가 문명의 주된 원동력이다. 인간에게 아무런 노력 없이 모든 소망이 충족된다면, 그것만큼 더 큰 저주는 없을 것이다. 동기나 필요가 없는 삶은 이성적인 존재에게 가장 고통스럽고 견딜 수 없는 일 중 하나일 것이다. 스피놀라 후작이 호레이스 베르 경에게 그의 형제가 어떻게 죽었는지 물었을 때, 베르 경은 이렇게 대답했다. "아무 할 일이 없어서 죽었습니다." 스피놀라는 "그거면 우리 모든 장군을 죽일 수 있습니다"라고 말했다.

삶에서 실패한 사람들은 종종 자신이 피해자라고 생각하며, 자신의 불운을 다른 사람들 탓으로 돌리는 경향이 있다. 한 저명한 작가는 자신의 여러 사업 실패를 이야기하면서, 자신이 구구단을 모른다는 것을 솔직히 인정했다. 그는 인생에서 실패한 이유가 이 시대의 금전 숭배 정신 때문이라고 결론지었다. 라마르틴도 계산을 경시했지만, 만약 그가 좀 더 계산을 중시했다면, 그의 지지자들이 그의 노후를 지원하기 위해 모금 활동을 벌이는 부끄러운 상황을 겪지 않았을 것이다.

또한, 일부 사람들은 자신이 불운하게 태어났다고 생각하며, 세상이 항상 자신에게 불리하게 돌아간다고 믿는다. 어떤 이는 자신이 모자 장수였으면 사람들이 머리 없이 태어났을 것이라고 말한다. 그러나 "불행은 어리석음의 옆집"이라는 러시아 속담이 있듯이, 운이 없다고 불평하는 사람들은 대개 자신의 방치, 잘못된 관리, 무절제, 또는 노력이 부족한 결과를 마주하는 경우가 많다. 런던에 단돈 한 기니를 들고 올라온 드라이든은 "세상에 대한 모든 불평은 부당하다. 나는 결코 실력 있는 사람이 무시당하는 것을 본 적이 없다. 그가 성공하지 못한 것은 대개 자신의 잘못 때문이었다"고 솔직히 말했다.

미국 작가 워싱턴 어빙도 비슷한 생각을 가지고 있었다. "겸손한 재능이 무시된다는 말은," 그가 말하길, "종종 나태하고 결단력 없는 사람들이 자신의 실패를 대중에게 돌리기 위해 사용하는 표현이다. 겸손한 재능은 너무 자주 활동적이지 않거나, 부주의하거나, 제대로 훈련받지 못한 재능이다. 잘 성숙되고 잘 훈련된 재능은 스스로 노력만 한다면 언제나 기회를 얻는다. 하지만 집에 틀어박혀 누군가가 찾아오기를 기대해서는 안 된다. 뻔뻔한 사람들의 성공에 대해 말들이 많지만, 그들은 대개 가치 있는 일을 위해 빠르게 행동하고 노력한다. 잠자고 있는 사자보다는 짖는 개가 더 유용할 때가 많다."

주의, 노력, 정확성, 체계성, 시간 엄수, 신속함은 어떤 사업을 효율적으로 수행하는 데 필요한 주요 자질이다. 처음에는 사소한 문제처럼 보일 수 있지만, 이러한 요소들은 인간의 행복, 복지, 그리고 유용성에 필수적이다. 작은 일들이지만, 인간의 삶은 비교적 사소한 일들로 이루어져 있다. 작은 행동의 반복이 인간의 성격뿐만 아니라, 국가의 성격도 결정짓는다. 사람들이나 국가가 실패하는 이유는 거의 예외 없이 사소한 일들을 소홀히 한 것이 그들의 발목을 잡았기 때문이다. 모든 인간은 수행해야 할 의무가 있으며, 그 의무를 수행할 능력을 기르는 것이 필요하다. 그것이 가정의 관리, 무역이나 직업의 수행, 또는 국가의 통치일지라도 말이다.

우리는 이미 여러 산업, 예술, 과학 분야에서 뛰어난 성과를 이룬 사람들의 예를 들어왔다. 인생의 어느 분야에서든 꾸준한 노력이 얼마나 중요한지를 더 강조할 필요는 없을 것이다. 일상적인 경험에서도 알 수 있듯이, 세세한 부분에 대한 꾸준한 주의가 인간 발전의 근간이며, 근면함이야말로 행운의 어머니라는 것은 확실하다. 정확성 또한 매우 중요한데, 이는 사람이 잘 훈련받았다는 확실한 표시이기도 하다. 관찰에서의 정확성, 말에서의 정확성, 그리고 업무 처리에서의 정확성. 사업에서 이루어지는 일은 반드시 잘 이루어져야 한다. 작은 양의 일을 완벽하게 끝내는 것이, 많은 일을 대충 해내는 것보다 낫다. 한 현명한 사람이 이렇게 말했다. "잠시 멈추어라, 그리하여 우리가 더 빨리 끝낼 수 있도록."

그러나 이처럼 중요한 정확성에 대해 너무 적은 관심이 기울여지고 있다. 한 실용 과학 분야의 저명한 인사가 말하길, "내 경험상 사실을 정확하게 정의할 수 있는 사람을 만난 적이 거의 없다"고 했다. 사업에서, 작은 문제를 처리하는 방식이 사람들에게 신뢰를 줄지 말지를 결정짓는 경우가 많다. 다른 면에서의 덕목이나 능력, 그리고 올바른 행동이 있더라도, 습관적으로 부정확한 사람은 신뢰를 받을 수 없다. 그의 일은 다시 점검해야 하며, 이로 인해 무한한 불쾌함, 짜증, 그리고 고통을 초래하게 된다.

찰스 제임스 폭스의 특성 중 하나는 그가 하는 모든 일에 철저히 공을 들였다는 점이다. 국무장관에 임명된 후, 그의 나쁜 글씨체에 대한 비판에 자극받아, 실제로 글쓰기 선생을 고용해 학생처럼 글씨 연습을 해서 충분히 개선시켰다. 비록 그는 비만한 사람이었지만, 테니스 공을 빠르게 집어 올리는 능력이 있었고, 어떻게 그렇게 할 수 있는지 묻는 질문에, 그는 장난스럽게 "왜냐하면 나는 매우 꼼꼼한 사람이기 때문이다"라고 답했다. 작은 일에서도 보여준 이러한 정확성은 더 중요한 일에서도 발휘되었으며, 그는 화가처럼 "아무것도 소홀히 하지 않는 것"으로 명성을 얻었다.

체계적인 삶은 필수적이다. 체계를 통해 우리는 더 많은 일을 효율적으로 처리할 수 있다. 리처드 세실 목사는 "체계는 마치 상자에 물건을 포장하는 것과 같다. 좋은 포장자는 더 많은 것을 담을 수 있다"고 말했다. 세실은 매우 빠르게 업무를 처리했는데, 그의 신조는 "많은 일을 빨리 처리하는 방법은 한 번에 한 가지 일만 하는 것이다"였다. 그는 여가 시간을 핑계로 일을 미루지 않았고, 일이 많을 때는 식사나 휴식 시간을 줄여서라도 모든 일을 끝내려고 했다.

드 비트의 신조도 세실과 비슷했다. "한 번에 한 가지 일." "필요한 일이 있으면, 그 일이 끝날 때까지 다른 것은 생각하지 않는다. 집안일도 마찬가지로, 모든 것이 정리될 때까지 그 일에만 전념한다."

한 프랑스 장관은 업무를 신속하게 처리하고 동시에 자주 오락 장소에 출석하기로 유명했다. 누군가가 그 비결을 물었을 때, 그는 "단순히 오늘 할 일을 내일로 미루지 않기 때문"이라고 답했다. 반면, 영국의 어떤 정치인은 "오늘 할 수 있는 일을 내일로 미루라"는 신조를 따랐다. 이런 태도는 그 정치인뿐만 아니라 많은 게으른 사람들의 습관이기도 하다. 이들은 중요한 일을 대리인에게 맡기려 하지만, 그 대리인이 항상 신뢰할 수 있는 것은 아니다. 중요한 일은 스스로 처리해야 한다. 속담에 이르기를 "당신의 일이 잘 되길 원한다면 직접 해라. 원하지 않는다면 남에게 맡겨라"고 했다.

어느 게으른 시골 신사는 연간 500파운드를 벌어들이는 작은 땅을 소유하고 있었다. 그러나 빚을 지게 되어 그 땅의 절반을 팔고, 나머지는 20년 동안 부지런한 농부에게 임대했다. 임대 기간이 끝날 무렵, 농부가 그를 찾아와 농장을 사고 싶다고 말했다. 신사는 놀라며 "어떻게 내가 두

배의 땅을 가지고도 생활할 수 없었는데, 너는 매년 임대료를 내면서도 농장을 살 수 있는 돈을 모았냐"고 물었다. 농부는 "당신은 그냥 앉아서 '가라'고 했지만, 나는 일어나서 '오라'고 했습니다. 당신은 침대에서 재산을 즐겼지만, 나는 아침 일찍 일어나 일을 챙겼습니다"라고 답했다.

월터 스콧 경은 한 청년에게 "시간이 충분히 채워지지 않으면 쉽게 게으름에 빠질 수 있다"고 조언했다. 그는 "당신의 좌우명은 '지금 하라'가 되어야 한다. 할 일이 있으면 즉시 처리하고, 여가 시간은 일 후에 가지라"고 강조했다. 일을 바로바로 처리하지 않으면 다른 일이 쌓이게 되고, 결국 모든 일이 한꺼번에 몰려와 혼란에 빠질 수 있다고 했다.

행동의 신속함은 시간의 가치를 제대로 인식할 때 비로소 가능하다. 한 이탈리아 철학자는 시간을 자신의 재산이라고 불렀다. 이 재산은 제대로 활용하지 않으면 아무런 가치도 생산하지 않지만, 부지런한 사람에게는 큰 보상을 준다. 시간을 방치하면 잡초와 같은 쓸모없는 것들이 자랄 뿐이다. 꾸준한 일은 사람을 나쁜 길로 빠지지 않게 도와준다. 속담에도 '빈둥대는 뇌는 악마의 일터'라는 말이 있다. 바다에서도 선원들이 가장 불평하고 반란을 일으키기 쉬운 때는 할 일이 없을 때다. 그래서 어떤 오래된 선장은 아무것도 할 일이 없을 때 "닻을 닦아라!"라는 명령을 내리기도 했다.

사업가들은 "시간은 돈"이라고 말하지만, 사실 시간은 그 이상이다. 시간을 잘 활용하면 자기 계발, 자기 개선, 그리고 인격의 성장이 가능하다. 매일 한 시간을 사소한 일로 낭비하지 않고 자기 계발에 사용한다면, 몇 년 후에는 무식한 사람이 지혜로운 사람이 될 수 있다. 시간을 아껴서 일찍 일을 끝내면 여가를 가질 수 있지만, 시간을 잘못 사용하면 끊임없는 서두름과 혼란, 그리고 재난이 이어진다. 넬슨 제독은 "내가 인생에서 성공할 수 있었던 이유는 항상 약속 시간보다 15분 일찍 도착했기 때문이다"라고 말했다.

많은 사람들이 돈의 가치를 모르고 다 써버린 후에야 그 중요성을 깨닫듯, 시간을 소중히 여기지 않는 사람들도 많다. 그들은 시간을 허비하다가 인생이 거의 다 끝나갈 때쯤 되어서야 시간을 현명하게 사용해야 했다는 사실을 깨닫지만, 그때는 이미 습관이 굳어져 벗어날 수 없는 상태가 된다. 잃어버린 재산은 근면으로, 잃어버린 지식은 공부로, 잃어버린 건강은 절제나 약물로 되찾을 수 있지만, 잃어버린 시간은 영원히 되찾을 수 없다.

시간의 가치를 제대로 이해하면 정확성을 유지하는 습관을 기를 수 있다. 루이 14세는 "정확함은 왕들의 예의다"라고 말했다. 이것은 신사의 의무이자 사업가들의 필수 덕목이기도 하다. 정확성을 지키는 사람은 신뢰를 얻기 쉽고, 이를 지키지 않는 사람은 신뢰를 잃기 쉽다. 약속을 지키고 남을 기다리게 하지 않는 사람은 자신의 시간뿐만 아니라 타인의 시간도 존중하는 사람이다. 약속은 일종의 계약이기 때문에, 약속을 지키지 않는 사람은 신의를 저버리며 남의 시간을 부당하게 사용하는 셈이다.

워싱턴의 비서가 지각한 이유로 시계를 탓했을 때, 워싱턴은 조용히 "그렇다면 시계를 새로 구하든지, 내가 비서를 새로 구해야겠군"이라고 말했다. 시간에 무심한 사람은 일에도 무심할 것이며, 중요한 일을 맡길 만한 사람이 아니라는 결론을 내리게 된다.

시간을 잘 활용하지 않는 사람은 종종 다른 사람들의 평화와 안정을 방해하는 경우가 많다. 체스터필드는 늙은 뉴캐슬 공작에 대해 "공작님은 아침에 한 시간을 잃어버리고, 그 나머지 하루 종일 그 시간을 찾느라 바쁘다"고 재치 있게 말한 적이 있다. 약속 시간에 정확하지 않은 사람과 함께 일하면 불안해지기 쉽다. 그는 항상 늦게 도착하고, 정시에 나타나는 경우가 거의 없다. 약속 장소에 뒤늦게 도착하고, 기차역에 도착했을 때는 이미 기차가 떠난 뒤며, 우체국이 문을 닫은 후에야 편지를 부치려 한다. 이런 식으로 일이 엉망이 되며, 관련된 사람들 모두 화를 내게 된다. 대개 시간 약속을 잘 지키지 않는 사람들은 성공에서도 뒤처지기 쉽고, 결국 불만을 품고 자신의 불운을 탓하게 된다.

성공적인 사업가는 부지런함 외에도 빠른 판단력과 결단력을 갖춰야 한다. 재능도 중요한 요소인데, 이는 타고난 부분도 있지만, 관찰과 경험을 통해 충분히 계발할 수 있다. 이러한 능력을 갖춘 사람은 올바른 행동 방침을 빠르게 파악하고, 결단력을 발휘해 자신의 계획을 성공적으로 실행할 수 있다. 이러한 능력은 특히 많은 인력을 지휘하는 사람들에게 매우 중요하며, 군대의 지휘관에게는 필수적이다. 지휘관은 뛰어난 전사일 뿐만 아니라 뛰어난 사업가이기도 해야 한다. 그는 많은 인력을 조직하고, 그들이 전투에서 승리할 수 있도록 필요한 모든 것을 제공할 수 있는 능력을 갖춰야 한다. 이 점에서 나폴레옹과 웰링턴은 모두 일류의 사업가였다.

나폴레옹은 세부 사항에 대한 깊은 관심을 가지고 있었

지만, 동시에 상상력이 풍부하여 광범위한 계획을 세우고 이를 신속하고 정확하게 실행할 수 있었다. 그는 사람의 성격을 파악하는 능력이 뛰어나, 자신의 계획을 실행할 적임자를 거의 틀림없이 선택할 수 있었다. 하지만 중요한 문제에 있어서는 대리인에게 의존하지 않고 스스로 처리했다. 이는 '나폴레옹 서신'에서 특히 15권의 내용에서 두드러지게 나타난다. 이 책에는 1807년 에이라우 전투 이후 폴란드 국경의 핑켄슈타인이라는 작은 성에서 나폴레옹이 작성한 편지, 명령, 전보들이 포함되어 있다.

당시 프랑스군은 러시아군을 앞에 두고, 오른쪽에는 오스트리아군, 뒤에는 정복된 프로이센군을 둔 채 강을 따라 진을 치고 있었다. 나폴레옹은 긴 통신선을 유지해야 했지만, 이를 철저히 계획하여 단 한 번도 우편을 놓치지 않았다고 전해진다. 군대의 움직임, 먼 지역에서 증원군을 불러들이는 일, 폴란드와 프로이센의 생산물을 운반하기 위해 운하와 도로를 정비하는 일까지 그의 세심한 관심이 미쳤다. 그는 말과 안장 확보, 병사들을 위한 신발 주문, 그리고 진지에 보낼 빵, 비스킷, 술의 양까지도 일일이 지시했다. 동시에 파리로 편지를 보내 학문 재조직, 공교육 제도 구상, '모니터'에 실릴 기사와 발표문 수정, 예산 검토, 건축 지침 전달, 언론 대응 등 수많은 일을 처리했다. 핑켄슈타인에 머물고 있어도 그의 정신은 파리, 유럽, 전 세계를 넘나들며 활동하고 있었다.

그는 네이에게 보낸 편지에서 보병 소총을 잘 받았는지 물어보는 한편, 제롬 왕자에게는 뷔르템베르크 연대에 지급될 셔츠, 외투, 옷, 신발, 샤코, 무기 등을 지시했다. 또한, 캄바세레스에게는 "지금은 핑계나 변명이 통할 때가 아니다. 무엇보다도 신속하게 해야 한다"고 하며 더 많은 곡식을 군대에 보내달라고 요청했다. 다루에게는 군대에 필요한 셔츠가 도착하지 않았다며 질책했고, 마세나에게는 "비스킷과 빵 준비가 완료되었는지 알려달라"고 지시했다. 대공에게는 중기병의 장비에 대해 "검이 부족하다며 포센에서 검을 조달하라. 헬멧도 부족하니 엠블링에서 제작하도록 지시하라"고 지시하며, "잠으로는 아무것도 이룰 수 없다"고 강조했다. 그는 병력 검열, 환영식, 국정 업무로 바쁜 날들 속에서도 모든 세부 사항을 철저히 관리하며, 필요할 때는 밤을 새워서라도 예산을 검토하고 전보를 지시하며 제국 정부의 운영을 감독했다. 대부분의 일들이 그의 머릿속에 정리되어 있었기 때문이다.

나폴레옹처럼 웰링턴 공작도 뛰어난 사업가였으며, 그

가 한 번도 전투에서 패하지 않았던 이유는 그의 뛰어난 사업 감각 덕분이었다고 할 수 있다.

그는 젊은 시절, 자신의 진급이 더디다는 불만을 품고 두 번이나 보병에서 기병으로, 다시 기병에서 보병으로 전환했다. 그러나 진급에 큰 변화가 없자, 아일랜드 총독인 캠던 경에게 재무부나 국세청에서 일할 기회를 요청했다. 만약 그가 성공했다면 훌륭한 부서장이 되었거나, 탁월한 상인이나 제조업자가 되었을 것이다. 하지만 그의 신청은 받아들여지지 않았고, 그는 결국 군에 남아 영국 역사상 가장 위대한 장군이 되었다.

웰링턴 공작은 요크 공작과 발모덴 장군 휘하에서 플랑드르와 네덜란드에서 군사 경력을 시작했다. 이곳에서 그는 잘못된 사업 운영과 부실한 지휘가 군대의 사기를 어떻게 떨어뜨리는지 배웠다. 군에 입대한 지 10년 후, 그는 인도에서 대령으로 승진했으며, 상관들로부터 "지칠 줄 모르는 에너지와 헌신적인 노력"을 인정받았다. 그는 자신의 병사들의 훈련을 최고 수준으로 끌어올리기 위해 서비스의 세부 사항까지 철저히 관리했다. 1799년, 해리스 장군은 "웰슬리 대령의 연대는 모범 연대다. 군인의 자질, 규율, 교육, 그리고 질서 정연한 행동에 있어 찬사를 받을 만하다"고 평가했다. 이러한 성과 덕분에 그는 곧 미소르의 수도를 관리하는 총독으로 임명되었다.

마라타 전쟁에서 그는 처음으로 장군으로서의 능력을 발휘하게 되었고, 34세의 나이에 1,500명의 영국군과 5,000명의 세포이(인도 병사)로 이루어진 군대를 이끌고, 2만 명의 마라타 보병과 3만 명의 기병을 상대로 아사예 전투에서 승리했다. 그러나 이처럼 빛나는 승리를 거둔 후에도 그는 냉정함을 유지하며, 정직함을 잃지 않았다.

이 사건 직후, 그는 뛰어난 행정 능력을 발휘할 기회를 얻게 되었다. 세링가파탐 점령 직후 중요한 지역의 지휘를 맡은 그의 첫 번째 목표는 자신의 부대에서 엄격한 질서와 규율을 확립하는 것이었다. 승리에 도취된 병사들이 난동을 부리자, 그는 "군율관을 보내 나에게 보고하게 하고, 약탈범들이 처형되지 않으면 질서와 안전을 기대할 수 없다"고 말했다. 이러한 엄격함은 그의 군대에게 두려움의 대상이 되었지만, 많은 전투에서 그의 군대를 구원한 요인이기도 했다.

그 후, 그는 시장을 다시 열고 공급망을 재개했다. 해리스 장군은 총독에게 웰슬리 대령이 확립한 철저한 규율과 "공급품에 관한 지혜롭고 숙련된 준비 덕분에 시장이 활짝 열렸고, 상인들에게 신뢰를 주었다"고 강력히 추천했다. 이러한 세심함과 세부 사항에 대한 숙달은 그의 인도 경력 전반에 걸쳐 그를 특징짓는 요소가 되었다.

툼부드라 강을 건널 때도 그는 군대를 이끌며 작전을 지휘하는 동시에, 클라이브 경에게 군사 작전의 진행 상황에 대한 구체적인 정보를 제공했다. 이는 그의 뛰어난 전략적 사고와 함께 인내심, 끈기, 그리고 결단력을 보여주는 사례로 평가된다.

영국으로 돌아온 후, 뛰어난 장군으로 명성을 얻은 아서 웰즐리는 곧바로 임무를 맡게 되었다. 1808년, 그는 포르투갈을 해방시키기 위해 1만 명의 군대를 지휘하게 되었고, 상륙 후 두 번의 전투에서 승리하고 신트라 협정을 체결했다. 이후 존 무어 경의 사망 후, 그는 새로운 포르투갈 원정대의 지휘를 맡았다.

하지만 웰링턴은 반도 전역 내내 압도적인 적군과 싸워야 했다. 1809년부터 1813년까지 그는 3만 명의 영국군을 지휘하며, 35만 명에 달하는 대부분 베테랑인 프랑스 군대와 맞서야 했다. 이들은 나폴레옹의 유능한 장군들이 이끄는 군대였다. 이런 엄청난 군사력을 상대하면서도 어떻게 성공할 수 있었을까?

그의 명확한 통찰력과 강한 상식은 그가 스페인 장군들과 다른 전략을 채택해야 한다는 것을 깨닫게 해주었다. 스페인 장군들은 평야에서 전투를 벌일 때마다 항상 패배하고 흩어졌다. 웰링턴은 프랑스군에 성공적으로 맞서기 위해 직접 군대를 조직해야 한다고 판단했다. 그래서 1809년 탈라베라 전투 이후, 그는 모든 방향에서 우세한 프랑스군에 둘러싸였을 때 포르투갈로 철수해 이미 계획한 전략을 실행에 옮겼다. 이 전략은 영국 장교들이 지휘하는 포르투갈 군대를 조직하고, 이들이 자신의 군대와 협력해 행동할 수 있도록 훈련시키는 것이었다.

그는 전투를 피함으로써 패배의 위험을 줄이고자 했다. 프랑스군은 승리 없이는 존재할 수 없었기 때문에, 그는 그들의 사기를 꺾을 수 있다고 믿었다. 그리고 그의 군대가 전투에 나설 준비가 되었을 때, 적군이 사기가 떨어졌을 때, 그는 전력을 다해 공격할 계획이었다.

웰링턴 경이 이 전설적인 전쟁에서 보여준 비범한 능력은 그의 통신문을 읽어보아야 진정으로 이해할 수 있다. 그 통신문에는 그가 성공의 기반을 어떻게 마련했는지에 대한 여러 방법이 담겨 있다. 그 시기 영국 정부의 무능함, 거짓말, 음모뿐만 아니라, 그가 돕고자 했던 사람들의 이기심, 비겁함, 허영심 등으로 인해 웰링턴은 엄청난 어려움에 직면했다. 사실, 스페인에서의 전쟁은 그의 개인적인 확고함과 자기 신뢰로 버텨낸 것이라 해도 과언이 아니다. 그는 나폴레옹의 베테랑 군대와 싸워야 했을 뿐만 아니라, 스페인 의회와 포르투갈 섭정회를 상대해야 했다. 게다가 군대에 식량과 의복을 공급하는 일조차 매우 어려웠다.

탈라베라 전투 중, 스페인 군대는 도망가 버렸고, 심지어 영국 군대의 짐을 털어가는 일까지 벌였다. 이러한 문제들과 다른 좌절들에도 불구하고, 웰링턴은 위대한 인내와 자제력으로 버텨냈으며, 배은망덕과 배신, 반대에 맞서 흔들림 없는 결단력으로 자신의 길을 걸어갔다. 그는 어떤 것도 소홀히 하지 않았고, 모든 중요한 사안에 직접 신경을 썼다.

그는 자신의 군대를 먹일 식량이 영국에서 공급되지 않을 것임을 깨달았을 때, 즉시 리스본의 영국 대사와 협력하여 대규모 곡물 상인으로 사업을 시작했다. 병참부의 수표를 만들어 지중해와 남아메리카의 항구에서 곡물을 구입했다. 이렇게 창고를 가득 채운 후에는 남은 곡물을 식량이 절실히 필요한 포르투갈 사람들에게 팔았다. 그는 어떤 일도 우연에 맡기지 않았고, 모든 돌발 상황에 철저히 대비했다. 병사의 신발, 캠프용 주전자, 비스킷, 말의 사료 같은 겉으로는 사소해 보이는 문제들에도 그의 에너지를 집중했다. 그의 뛰어난 사업 능력은 모든 곳에서 드러났고, 모든 상황에 대비하고 세부 사항에 개인적인 관심을 기울임으로써 그는 위대한 성공의 기반을 마련했다고 할 수 있다. 이런 방식으로 그는 신병들로 구성된 군대를 유럽 최고의 군대로 탈바꿈시켰고, 그들과 함께라면 어디든 갈 수 있고 어떤 일도 해낼 수 있다고 선언했다.

웰링턴이 현재의 일에서 벗어나 전혀 다른 일의 세부 사항에 집중할 수 있었던 놀라운 능력에 대해서는 이미 언급된 바 있다. 나피어는 웰링턴이 살라망카 전투를 준비하면서, 집에서 대출에 의존하는 것이 얼마나 무의미한지를 영국 정부에 설명해야 했던 일화를 전한다. 그는 산 크리스토발 고지에서 전쟁터 한가운데서 포르투갈 은행 설립이 얼마나 어리석은지 증명했다. 부르고스의 참호에서는 푼샬의 재정 계획을 분석하며 교회 재산을 매각하려는 시도의 어리석음을 폭로했다. 이 모든 상황에서 그는 군대 운영의 세부 사항뿐만 아니라, 이러한 경제 문제들에 대해서도 깊이 이해하고 있었다.

웰링턴의 성격에서 또 하나 주목할 점은 그의 철저한

정직성이다. 술트는 스페인에서 많은 귀중한 그림들을 약탈해 갔지만, 웰링턴은 단 한 푼도 사적으로 챙기지 않았다. 그는 심지어 적국에서도 모든 비용을 지불했다. 프랑스 국경을 넘었을 때, 4만 명의 스페인 병사들은 약탈을 통해 재산을 모으려 했지만, 그는 그들의 장교들을 꾸짖고, 통제가 불가능하다고 판단되자 그들을 다시 본국으로 돌려보냈다.

놀라운 것은 프랑스 농민들이 자국 군대를 피해 도망쳐 영국군의 보호 아래로 귀중품을 가져왔다는 점이다. 동시에 웰링턴은 영국 정부에 편지를 보내 "우리는 빚에 짓눌려 있고, 공공 채권자들이 빚을 갚으라고 요구해 집 밖으로 나가기도 어렵다"고 썼다. 쥘 모렐은 웰링턴의 성격을 평가하며 이렇게 말했다. "이보다 더 위대하고 고귀한 것은 없다. 30년 동안 군 복무를 한 이 노병이, 적국에서 거대한 군대를 이끌고 있는 이 승리한 장군이, 채권자들을 두려워한다! 이는 전쟁 기록에서도 찾아보기 힘든 고결한 단순함이다." 그러나 웰링턴 자신에게 이 문제에 대해 묻는다면, 그는 아마도 이것이 특별히 위대하거나 고귀하다고 생각하지 않았을 것이다. 그는 단지 자신의 빚을 정직하게 갚는 것이 가장 좋은 사업 방식이라고 여겼을 것이다.

"정직이 최선의 방책"이라는 오래된 격언은 일상의 경험을 통해 증명된다. 정직함과 성실함은 모든 일에서 성공을 보장하는 중요한 요소이다. 휴 밀러의 존경받는 삼촌이 그에게 충고한 것처럼, "모든 거래에서 이웃에게 넉넉한 양을 주어라 – '좋은 측정, 넘치고 흐르게' – 그러면 결국 손해 보지 않을 것이다." 유명한 맥주 양조업자는 자신이 사용하는 맥아의 넉넉함 덕분에 성공했다고 말한다. 그는 양조장에서 맥주를 맛보고 "아직도 조금 부족하군, 맥아를 더 넣어라"라고 말했다. 그 양조업자는 자신의 성격을 맥주에 담았고, 그 결과 그 맥주는 영국, 인도, 식민지에서 명성을 얻으며 큰 재산을 쌓을 수 있었다.

거래와 생산에서의 정직함과 성실함은 모든 비즈니스의 초석이 되어야 한다. 장인, 상인, 제조업자에게 정직함은 군인에게 명예와 같고, 기독교인에게 자선과 같은 것이다. 휴 밀러는 자신의 견습 기간을 함께 보낸 석공을 언급하며 "그는 자신의 양심을 모든 돌에 담았다"고 말했다. 진정한 기술자는 자신의 일에 대한 철저함과 견고함에 자부심을 느낄 것이고, 고결한 계약자는 계약의 모든 세부 사항을 정직하게 이행할 것이다. 진실한 제조업자는 자신이 만드는 제품의 진정성에서 명예와 명성을 찾을 것이며, 상인은 자신이 판매하는 물건이 진짜인지 여부에서 정직함을 찾을 것이다.

바론 듀팽은 영국인의 정직함을 그들의 성공의 주요 원인으로 꼽으며 말했다. "우리는 한때 속임수나 기습, 폭력으로 성공할 수 있지만, 영속적인 성공은 정반대의 방법으로만 달성할 수 있다. 영국 상인과 제조업자의 용기, 지능, 활동성만으로는 그들의 제품의 우수성을 유지할 수 없다. 그것은 그들의 지혜, 절약, 그리고 무엇보다도 정직함 덕분이다. 만약 영국의 유능한 시민들이 이 덕목을 잃어버린다면, 영국도 다른 나라들처럼 쇠퇴할 것이며, 타락한 상업의 배들이 모든 해안에서 거절당해, 이제는 전 세계의 보물을 실어 나르며 바다를 가득 메운 그들이 빠르게 사라질 것이다."

무역은 아마도 인생에서 다른 어떤 일보다도 사람의 성격을 더 엄격하게 시험하는 분야일 것이다. 무역은 정직, 자기 절제, 정의, 그리고 진실성을 가장 가혹하게 시험한다. 그리고 이러한 시험을 통과한 비즈니스맨들은 전쟁의 위험 속에서 용기를 입증한 군인들만큼이나 큰 명예를 받을 자격이 있다. 실제로 다양한 무역 분야에 종사하는 수많은 사람들이 대체로 이러한 시험을 고귀하게 통과한다고 볼 수 있다.

잠시 생각해보면, 매일 막대한 돈이 상점 직원, 대리인, 중개인, 은행 사무원 같은 사람들이 관리하는데, 그들이 다루는 현금이 얼마나 많은지, 그리고 그 중에서 신뢰를 저버리는 일이 얼마나 드문지를 알게 된다면, 인간의 본성에 대해 얼마나 영광스러운 일인지 인정하게 될 것이다. 상거래에서 신용 체계가 유지되는 것도 주로 명예의 원칙에 기반하며, 이것이 비즈니스 거래에서 일상적으로 행해지는 것이라는 점에서 놀랍지 않을 수 없다.

찰머스 박사는 상인들이 지구 반대편에 있는, 한 번도 본 적 없는 사람들에게도 막대한 부를 맡기며 신뢰를 두는 것은 아마도 사람들이 서로에게 바칠 수 있는 가장 큰 경의라고 말했다.

물론 일반적인 정직함이 여전히 평범한 사람들 사이에서 우위를 점하고 있으며, 영국의 일반 비즈니스 커뮤니티도 여전히 정직한 성품을 그들의 일에 반영하며 건전함을 유지하고 있다. 하지만 언제나 그렇듯이 부도덕과 사기 사건은 존재한다. 성급하게 부자가 되려는 비양심적이고 투기적인 사람들이 저지르는 부도덕한 행동이 있다. 물건을 속여 파는 상인들, 부실 공사를 하는 계약자들, 값싼 재료로 물건을 만드는 제조업자들, 질 낮은 제품을 파는 사람들이 있다. 그러나 이러한 일들은 탐욕스럽고 소심한 사람들이 저지르는 예외적인 사례로 봐야 한다. 이들은 재산을 얻을 수 있을지 모르지만, 아마도 그 재산을 진정으로 즐기지 못할 것이다. 또한, 정직한 성품을 얻지 못한 사람은 결국 평화로운 마음을 얻지 못할 것이다.

라티머 주교는 "그 사기꾼은 나를 속인 것이 아니라 자기 양심을 속인 것이다"라고 말했다. 부당하게 얻은 돈이나 속임수로 얻은 재산은 잠시 동안 사람들을 현혹할 수 있지만, 결국 사기 행위는 드러나기 마련이다. 사기꾼들은 대개 이 세상에서 비참한 종말을 맞이하며, 그들이 얻은 재산은 축복이 아닌 저주로 남을 것이다.

고결한 정직함을 지닌 사람은 부정직한 사람보다 빨리 부자가 되지 않을 수도 있다. 그러나 그런 사람의 성공은 진정한 것이며, 사기나 불의 없이 얻어진다. 비록 한동안 실패하더라도 그는 여전히 정직해야 한다. 모든 것을 잃더라도 성품을 지켜야 한다. 성품 자체가 재산이며, 고결한 사람은 용기를 가지고 나아가면 결국 성공하게 된다. 워즈워스는 '행복한 전사'를 이렇게 묘사했다:

"자신의 신뢰를 이해하고, 그것에 충실하며, 단 하나의 목표로 충실하고, 그러므로 부, 명예, 또는 세속적 지위를 위해 몸을 굽히지 않으며, 그들이 온다면, 그 머리 위에 마나처럼 쏟아져 내릴 것이다."

고결한 상업적 성품을 갖추고, 모든 일에서 정의, 진실성, 정직함으로 두드러진 삶을 산 사람의 예로는 데이비드 바클레이를 들 수 있다. 그는 유명한 '퀘이커 변호'의 저자인 로버트 바클레이의 손자였다. 오랫동안 그는 주로 미국 무역에 종사하는 큰 상사를 이끌었으나, 그랜빌 샤프처럼 미국 식민지와의 전쟁에 반대하여 무역에서 완전히 은퇴하기로 결정했다.

상인으로서 그는 재능, 지식, 성실성, 영향력으로 두드러졌으며, 나중에는 애국심과 관대한 자선활동으로도 유명해졌다. 그는 진실성과 정직함의 거울이었으며, 그의 말은 언제나 계약서만큼 신뢰할 수 있었다. 그의 위치와 높은 명성 덕분에 당시의 장관들은 여러 차례 그의 조언을 구했으며, 미국과의 분쟁에 대해 하원에서 증언할 때 그의 견해는 명확하고 설득력 있게 전달되었다. 로드 노스는 공개적으로 데이비드 바클레이에게 템플 바 동쪽에 있는 모든 사람들보다 더 많은 정보를 얻었다고 인정했다.

바클레이는 사업에서 은퇴한 후에도 사치스러운 안락

속에 머무르지 않고, 다른 사람들을 위한 유익한 활동에 착수했다. 그는 넉넉한 재산을 가지고 있었지만, 여전히 사회에 좋은 모범을 보여야 한다고 느꼈다. 그는 왈섬스토에 있는 자신의 거주지 근처에 산업의 집을 설립했고, 이를 몇 년 동안 막대한 비용을 들여 지원했다. 결국 그 지역의 가난한 가정들에게 안락함과 독립성을 제공하는 데 성공했다.

자메이카에 있는 한 부동산이 그에게 넘어왔을 때, 그는 1만 파운드의 비용이 들더라도 그 재산에 있는 모든 노예들에게 즉시 자유를 주기로 결심했다. 그는 대리인을 보내어 배를 고용하고, 그 작은 노예 공동체를 자유로운 미국 주 중 하나로 이주시켜 정착하고 번영하도록 했다. 바클레이는 흑인들이 자유를 누리기에는 너무 무지하고 야만적이라는 말을 들었고, 그러한 주장에 대한 오류를 실질적으로 증명하기로 결심했다.

그는 자신의 재산을 처리하면서 유언 집행인이 되었고, 죽을 때 대규모 유산을 남기기보다는 살아 있는 동안 친척들에게 관대한 도움을 제공하며 그들의 경력을 지켜보며 지원했다. 그 결과 그는 런던에서 가장 크고 번영하는 몇몇 비즈니스의 토대를 마련했을 뿐만 아니라, 그 사업들이 성장하는 것을 직접 목격했다.

오늘날까지도 몇몇 저명한 상인들은 그들이 인생의 첫 발을 내딛을 수 있도록 도와준 바클레이에게, 그리고 그들이 경력 초기에 받은 그의 조언과 후원에 대해 감사함을 느낀다고 한다. 이러한 사람은 그의 나라의 상업적 정직성과 성실성의 상징으로 남아 있으며, 앞으로도 모든 시대의 비즈니스맨들에게 모범이 될 것이다.

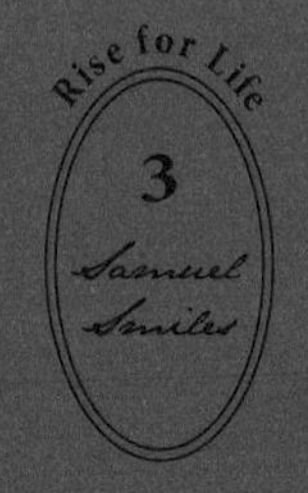

CHAPTER 5

돈의 본질

한 사람이 돈을 어떻게 버는지, 절약하는지, 쓰는지를 보면 그 사람의 지혜를 가늠할 수 있다. 돈이 인간 삶의 궁극적인 목표가 되어서는 안 되지만, 물리적 안락함과 사회적 복지를 좌우하는 중요한 수단임은 분명하다. 실제로, 사람의 가장 훌륭한 자질 중 일부는 돈을 올바르게 사용하는 것과 깊이 관련되어 있다.

돈을 감추기 위해서도, 사람들을 지배하기 위해서도 아니고, 오직 독립된 자유를 누리기 위한 영광스러운 특권을 위해서.

—로버트 번스 〈영국의 시인〉

빌려주지도, 빌리지도 마라: 돈을 빌려주면 원금과 친구를 모두 잃게 되고, 빌리는 것은 검소함을 잃게 만든다. —셰익스피어

돈 문제를 가볍게 여기지 마라. 돈은 곧 인격이다.

—에드워드 불워 리튼 〈영국의 소설가〉

•

한 사람이 돈을 어떻게 버는지, 절약하는지, 쓰는지를 보면 그 사람의 지혜를 가늠할 수 있다. 돈이 인간 삶의 궁극적인 목표가 되어서는 안 되지만, 물리적 안락함과 사회적 복지를 좌우하는 중요한 수단임은 분명하다. 실제로, 사람의 가장 훌륭한 자질 중 일부는 돈을 올바르게 사용하는 것과 깊이 관련되어 있다. 예를 들어, 관대함, 정직함, 정의로움, 그리고 자기희생 같은 덕목들이 있다. 또한 절약과 예측이라는 실천적인 덕목도 포함된다.

반면에, 돈을 지나치게 사랑하는 사람들이 보이는 탐욕, 사기, 부정, 이기심 같은 부정적인 면도 존재한다. 또한 돈을 잘못 사용하거나 남용하는 사람들 사이에서 나타나는 낭비, 방탕함, 예측 없음 같은 부정적인 습관도 있다. 헨

리 테일러는 그의 '삶에서의 노트'에서 "돈을 버는 것, 절약하는 것, 쓰는 것, 나누는 것, 받는 것, 빌려주는 것, 빌리는 것, 유산으로 남기는 것에서 올바른 기준과 방법을 갖춘 사람은 거의 완벽한 사람이라 할 수 있다"고 말했다.

물질적 안락함을 추구하는 것은 모든 사람이 마땅히 노력해야 할 일이다. 그것은 신체적 만족을 보장하며, 성경에서도 "자기 집안을 돌보지 않는 자는 불신자보다 더 나쁘다"고 말하고 있다. 자신의 가정을 잘 돌보는 것 또한 중요한 책임이다. 우리가 명예롭게 인생에서 성공하기 위해 노력하는 것도 무시할 수 없는 일이다. 사람들이 우리를 존경하는 정도는 우리가 얼마나 명예롭게 기회를 활용하느냐에 따라 달라진다.

이러한 목표를 이루기 위해 노력하는 과정 자체가 교육이며, 이는 자기 존중감을 키우고 실질적인 자질을 발휘하게 한다. 예측력과 신중함을 갖춘 사람은 현재에만 머무르지 않고 미래를 준비하며, 절제와 자제력을 발휘하여 성격을 강하게 만든다. 존 스털링은 "자제력을 가르치는 것이 다른 모든 것을 가르치고 자제력을 가르치지 않는 것보다 낫다"고 말했다. 로마인들이 '비르투스'라는 단어로 용기를 표현한 것도 옳았다. 이는 물리적 의미에서 도덕적 의

미의 자제력과 동일하며, 자기 자신을 이기는 것이야말로 가장 높은 덕목이기 때문이다.

현재의 만족을 포기하고 미래의 이익을 추구하는 자제력은 가장 어렵게 배우는 교훈 중 하나다. 가장 열심히 일하는 사람일수록 자신이 번 돈의 가치를 더 소중히 여길 것이다. 그러나 많은 사람들은 돈을 벌자마자 바로 소비하는 습관 때문에 결국 무력해지고, 절약하는 사람들에게 의존하게 된다. 우리 사회에는 충분한 수입을 가지고도 압박이 있을 때 하루 앞도 내다보지 못하는 사람들이 많다. 이는 사회적 무력함과 고통의 주요 원인 중 하나이다.

한 번은 노동 계층의 세금 문제로 존 러셀 경을 방문한 대표단이 있었다. 그 자리에서 러셀 경은 "이 나라 정부는 노동 계층에게 그들이 술 소비에 스스로 부과하는 세금만큼의 세금을 부과할 엄두를 내지 못할 것입니다!"라고 말했다. 공공 문제 중 이보다 중요한 문제는 없으며, 이보다 더 개혁이 필요한 일도 없다. 하지만 '자제력과 자기 도움'이라는 구호는 선거에서 큰 호응을 얻지 못할 것이다. 오늘날의 애국심은 개인의 절약과 예측 같은 평범한 덕목을 거의 고려하지 않는 듯하다. 하지만 바로 이런 덕목을 실천함으로써 노동 계층의 진정한 독립이 보장될 수 있다.

철학적인 구두장이 사무엘 드류는 "신중함, 절약, 그리고 좋은 관리가 불황을 극복하는 데 있어서 탁월한 예술가들이다. 그들은 집안에서 큰 자리를 차지하지 않지만, 의회에서 통과된 어떤 개혁 법안보다 삶의 어려움을 해결하는 데 더 효과적이다"라고 말했다. 소크라테스는 "세상을 움직이려면 먼저 자신을 움직여라"고 말했다. 오래된 시가 처럼 –

"모두가 자신을 개혁하려고 한다면 얼마나 쉽게 국가를 개혁할 수 있을까."

교회나 국가를 개혁하는 일이 자신의 나쁜 습관을 고치는 것보다 훨씬 쉽다고 느끼는 경우가 많다. 이런 문제에 있어서 우리는 일반적으로 이웃부터 시작하는 것이 좋다고 생각하지만, 사실은 우리 자신부터 시작하는 것이 옳다.

그날그날 살아가는 사람들은 항상 사회에서 열등한 위치에 머물 수밖에 없다. 그들은 사회의 변두리에 머물며, 시간과 환경의 영향을 받기 마련이다. 이들은 스스로를 존중하지 않기 때문에, 다른 사람들의 존경을 받지 못할 것이다. 경제적 위기가 닥치면, 이들은 필연적으로 몰락할 수밖에 없다. 이들에게는 비상시에 사용할 절약된 돈이 없기 때문에, 다른 사람의 자비에 의지할 수밖에 없으며, 자신의 미래와 자녀들의 가능성에 대해 두려움과 불안을 느낄 수밖에 없다.

"세상은 항상 두 부류로 나뉘어 왔다. 저축하는 사람과 낭비하는 사람, 절약하는 사람과 낭비하는 사람으로 나뉘어 왔다,"라고 콥든 씨는 한 번 말했다. "모든 집, 공장, 다리, 배, 그리고 문명화된 사회를 만들어가는 모든 위대한 일들은 절약하는 사람들에 의해 이루어졌다. 자원을 낭비한 사람들은 항상 그들의 노예로 남았다. 자연과 섭리의 법칙에 따르면 당연한 일이다. 여러분이 근면하지 않고, 생각이 없고, 게으르다면, 스스로 발전할 수 있을 것이라고 믿는 것은 거짓말이다."

존 브라이트도 1847년 로치데일에서 노동자들에게 비슷한 충고를 했다. 그는 "정직함에 관한 한, 모든 계층에서 거의 같은 정도의 정직함이 발견된다"고 말하며, "모든 사람이 현재의 위치를 유지하거나, 더 나아가 좋은 위치로 나아가려면 근면, 절약, 절제, 정직이라는 덕목을 실천해야 한다. 자신의 상태가 불편하고 불만족스럽다면, 그 덕목을 실천하는 것만이 그것을 개선할 수 있는 유일한 방법이다"라고 말했다.

평균적인 노동자의 삶이 유용하고, 명예롭고, 존경받으

며, 행복한 상태가 되지 못할 이유는 없다. 대다수의 노동 계층도 절약하고, 도덕적으로 생활하며, 교육을 받고, 잘 살 수 있다. 어떤 사람이 이룬 상태는 다른 사람도 어렵지 않게 도달할 수 있는 상태이다. 같은 방법을 사용하면, 같은 결과를 얻을 것이다. 모든 나라에서 노동을 통해 생계를 유지하는 계층이 존재하는 것은 신의 섭리이다. 그러나 이 계층이 절약하지 않고, 불만스럽고, 지식이 부족하며, 불행하게 되는 것은 인간의 약점, 자기 방종, 그리고 고집 때문이다. 노동자들 사이에서 자조 정신이 생긴다면, 이는 그들을 높은 수준으로 끌어올릴 수 있을 것이다. 몽테뉴는 "모든 도덕 철학은 평범하고 사적인 삶에도 적용될 수 있다. 모든 사람은 인간 조건의 전체 형태를 자기 안에 가지고 있다"고 말했다.

사람이 미래를 준비할 때, 준비해야 할 세 가지 주요한 상황은 실직, 질병, 그리고 죽음이다. 첫 번째와 두 번째는 피할 수 있을지 모르지만, 세 번째는 피할 수 없다. 그러나 신중한 사람은 이러한 상황이 발생했을 때 고통을 줄이기 위해 미리 계획하고 준비해야 한다. 자신뿐만 아니라 자신이 책임지는 사람들의 안락한 삶을 위해서도 말이다.

이러한 관점에서 보면, 돈을 정직하게 벌고 절약하는

것이 매우 중요하다. 올바르게 번 돈은 인내심 있는 노동과 끊임없는 노력, 유혹을 이겨낸 것, 그리고 보상을 받은 희망을 나타낸다. 올바르게 사용된 돈은 신중함, 사전 대비, 자기 절제를 의미한다. 이러한 덕목들은 성숙한 성격의 기초이다. 돈이 여러 가지 물건을 대표하지만, 또한 매우 가치 있는 것들 – 음식, 의복, 가정의 만족, 그리고 개인의 자존감과 독립성까지도 – 을 대표한다. 따라서 저축된 돈은 가난에 대한 방어막과 같다. 이는 노동자에게 기반을 마련해주고, 더 나은 날이 올 때까지 희망을 가지고 기다릴 수 있게 해준다. 더 나아가, 세상에서 더 확고한 위치를 차지하려는 노력 자체에는 존엄성이 있다. 이는 사람을 더 강하게 만들며, 미래를 위해 힘을 비축할 수 있게 해준다.

하지만 항상 가난의 경계선에 머무는 사람은 노예 상태에 가까운 상태에 있다. 그는 자신을 주체적으로 이끌어갈 능력이 부족하며, 언제나 다른 사람에게 종속될 위험에 처해 있다. 그는 세상을 대담하게 바라볼 용기를 잃고, 비굴해질 수밖에 없으며, 어려운 상황에서는 자선이나 구빈세에 의지해야 할 것이다. 만약 일자리를 잃게 되면, 그는 다른 일자리로 옮길 수 있는 수단도 없을 것이다. 그는 바위에 붙은 따개비처럼 그 자리에 묶여 있으며, 이주도 이민도 할 수 없다.

독립을 얻기 위해 필요한 것은 단순한 경제적 실천이다. 경제는 특별한 용기나 뛰어난 덕목을 요구하지 않는다. 보통의 에너지와 평균적인 지능으로도 충분히 실천할 수 있다. 경제는 가정에서 질서 있게 생활하는 것이다. 이는 관리, 규칙성, 신중함, 그리고 낭비를 피하는 것을 의미한다. 예수님께서 말씀하신 "남은 조각들을 모아 아무것도 버리지 않도록 하라"는 말씀은 경제의 정신을 잘 표현하고 있다. 예수님은 삶의 작은 것들을 소중히 여기셨고, 그분의 무한한 능력을 드러내실 때조차도 신중함의 교훈을 가르치셨다.

경제는 현재의 만족을 억제하고 미래의 선을 위해 준비하는 힘을 의미하며, 이는 동물적 본능을 이성으로 다스리는 것을 나타낸다. 경제적으로 생활할 줄 아는 사람은 언제나 관대할 수 있다. 경제는 돈을 우상으로 만들지 않으며, 돈을 유용한 도구로 여긴다. 딘 스위프트는 "돈은 마음이 아닌 머리에 넣어야 한다"고 말했다. 경제는 신중함의 딸이자, 절제의 자매이며, 자유의 어머니라고 할 수 있다. 이는 사람의 인격, 가정의 행복, 사회적 안녕을 보존하는 역할을 한다. 요컨대, 경제는 자조 정신을 가장 잘 표현한 형태 중 하나이다.

프랜시스 호너의 아버지는 아들에게 이렇게 조언했다. "나는 네가 모든 면에서 편안하기를 바라지만, 경제를 강조하지 않을 수 없다. 경제는 모든 사람에게 필요한 덕목이며, 비록 겉으로는 중요하지 않게 보일지라도, 이는 분명히 독립으로 이어지며, 고귀한 정신을 가진 모든 사람에게 중요한 목표이다."

이 장의 머리말에서 인용된 번스의 시구는 옳은 생각을 담고 있지만, 안타깝게도 그의 노래의 이상은 그의 실천보다 높았다. 번스가 죽음에 이르러 친구에게 쓴 편지에서 이렇게 말했다. "아, 클라크, 나는 이제 최악을 느끼기 시작한다. 번스의 불쌍한 과부와 그의 사랑스러운 작은 아이들이 도움을 받지 못한 채 고아가 되는구나. 나는 여자의 눈물처럼 약해졌다. 이만하면 충분하다. 이것이 나의 병의 절반이다."

모든 사람은 자신의 수입 내에서 생활해야 한다. 이는 정직의 기본이다. 만약 자신이 번 돈 내에서 생활하지 못한다면, 결국 다른 사람의 돈으로 살아야 하기 때문이다. 개인적인 지출에 무관심하고, 다른 사람의 편안함은 고려하지 않으면서 자신의 만족만을 추구하는 사람들은 종종 너무 늦게야 돈의 진정한 가치를 깨닫게 된다. 이들은 본래 관대할 수 있지만, 결국 매우 비열한 일을 하게 되는 경우가 많다. 시간처럼 돈을 낭비하고, 미래를 담보로 빚을 지며, 그로 인해 자유롭고 독립적인 삶을 살기 어려워진다.

베이컨 경은 경제가 필요할 때, 작은 수입을 얻기보다는 작은 절약을 관리하는 것이 더 낫다고 말했다. 많은 사람들이 헛되이 낭비하는 적은 돈이 평생 동안 재산과 독립의 기초가 될 수 있다. 낭비하는 사람들은 결국 자신에게 가장 큰 피해를 입히며, 종종 "세상의 불공정"을 탓하는 사람들이 되곤 한다. 그러나 사람이 자신을 돌보지 않으면, 다른 사람에게 어떻게 도움을 기대할 수 있겠는가? 절약하는 사람들은 항상 주머니에 남을 도울 여유를 가지고 있지만, 모든 것을 낭비하는 사람들은 결코 다른 사람을 도울 기회를 찾지 못한다.

물론 인색한 사람이 되는 것은 좋은 경제가 아니다. 삶에서 좁은 시야는 대개 실패로 이어지며, 구두쇠 같은 성격으로는 성공할 수 없다. 관대함과 너그러움은 정직함처럼 결국 가장 좋은 정책이 된다. '웨이크필드의 비카'에서 젠킨슨이 플램버로를 여러 번 속였지만, 결국 플램버로는 부자가 되었고, 젠킨슨은 가난해져 감옥에 갇히게 되었다.

실생활에서도 관대하고 정직한 행동이 빛나는 결과를 가져오는 사례들을 많이 볼 수 있다.

"빈 자루는 똑바로 설 수 없다"는 속담처럼, 빚을 진 사람도 마찬가지이다. 빚을 진 사람은 진실되기 어렵고, 그래서 "거짓말은 빚을 등에 업고 다닌다"는 말이 나왔다. 채무자는 빚을 갚기 위해 핑계를 대야 하고, 때로는 거짓말까지 해야 할지도 모른다. 건강한 결심을 가진 사람이라도 한 번 빚을 지면 그 유혹에 빠져 두 번째 빚을 지기 쉽다. 이렇게 해서 빚의 덫에 빠진 사람은 결국 빠져나오지 못하게 된다.

화가 헤이돈은 돈을 처음 빌린 날부터 그의 몰락이 시작되었다고 기록했다. 그는 "빌리는 사람이 슬퍼한다"는 속담의 진실을 깨달았다. 그의 일기에는 "여기서부터 빚과 의무가 시작되었고, 나는 평생 동안 그에서 벗어날 수 없을 것이다"라는 기록이 있다. 그의 자서전은 돈 문제로 인한 고통이 얼마나 정신적인 고통을 초래하고, 일할 능력을 상실하게 하며, 끊임없는 굴욕을 겪게 되는지를 잘 보여준다. 그는 해군에 입대하는 청년에게 "다른 사람에게 빌리지 않고는 즐길 수 없는 것은 결코 사지 말라. 절대 돈을 빌리지 말라. 그것은 비참하다. 빌림으로 인해 빚을 갚지 못할 상황이 되지 않도록 하라. 어떤 상황에서도 빌리지 말라"라고 충고했다. 가난한 학생이었던 피히테는 심지어 가난한 부모로부터도 선물을 받지 않겠다고 했다.

닥터 존슨은 빚을 초기부터 피해야 한다고 생각했다. 그는 "빚을 단지 불편함으로 생각하지 말라. 그것은 재앙이 될 것이다. 가난은 많은 선행을 할 수 있는 수단을 빼앗아가며, 악에 저항할 능력을 크게 감소시킨다. 그러므로 모든 미덕적인 수단으로 빚을 피해야 한다. 다른 사람에게 빚지지 않도록 하는 것이 첫 번째 과제이다. 가난하지 않도록 결심하라. 무엇이든 덜 소비하라. 가난은 인간 행복의 큰 적이며, 자유를 파괴하고, 미덕을 실천하기 어렵게 만든다. 절약은 평온의 기초일 뿐만 아니라 선행의 기초이기도 하다. 도움이 필요한 사람은 다른 사람을 도울 수 없다. 우리는 나누기 전에 충분히 가져야 한다"고 말했다.

모든 사람은 자신의 재정을 면밀히 살펴보고, 돈의 출입을 기록하는 것이 의무이다. 이렇게 간단한 산수를 연습하는 것만으로도 큰 가치가 있다. 신중함은 자신의 생활 수준을 수입보다 낮게 유지하는 것에서 시작되며, 이는 수입과 지출을 잘 관리함으로써 이루어질 수 있다. 존 로크는 "항상 자신의 재정 상태를 정기적으로 확인하는 것보다 더 효과적으로 자신을 통제하는 방법은 없다"고 말했다.

웰링턴 공작은 자신이 받은 모든 돈의 상세한 기록을 정확히 남겼다. 그는 "나는 청구서를 제때 지불하는 것을 원칙으로 삼으며, 모든 사람에게도 그렇게 하라고 권장한다. 예전에 나는 하인을 믿고 청구서를 지불하게 했지만, 어느 날 1년이나 2년 전에 미납된 청구서를 받았고 큰 충격을 받았다. 그 하인은 내 돈으로 투기하고 내 청구서를 지불하지 않았다"고 말했다. 빚에 대해 그는 "빚은 사람을 노예로 만든다. 나도 종종 돈이 부족할 때가 있었지만, 결코 빚을 지지 않았다"고 말했다. 워싱턴도 웰링턴 공작처럼 재정 관리에 철저했으며, 미국 대통령으로서도 자신의 가정의 지출을 면밀히 조사했다.

제1대 세인트빈센트 백작 제르비스 제독은 그의 초기 투쟁과 빚을 지지 않겠다는 결심에 대해 이야기했다. 그는 "아버지는 나에게 20파운드를 주었고, 그것이 그가 준 전부였다. 나는 해상에서 오랜 시간을 보낸 후, 20파운드를 더 청구했지만, 청구서는 이행되지 않았다. 나는 크게 상심했고, 다시는 지불되지 않을 청구서를 작성하지 않겠다고 결심했다. 즉시 생활 방식을 바꾸고, 혼자 살며 배급량으로 생활했다. 내 옷을 스스로 세탁하고 수선했으며, 침대 깃털로 바지를 만들었다. 이 방법으로 돈을 절약해 청구서를 갚았고, 그 이후로 나는 내 수입 내에서 생활해 왔다"고 말했다. 제르비스는 6년 동안 힘든 시기를 보냈지만, 정직함을 지키며 그의 직업에서 성공을 거두었다.

험 경이 영국 하원에서 "영국의 생활 수준은 지나치게 높다"라고 말했을 때, 그의 발언은 많은 사람들의 웃음을 자아냈지만, 사실 그는 정확한 지적을 한 것이다. 중산층 사람들은 자신의 수입에 맞춰 살기보다는, 때로는 그 이상의 생활을 하려는 경향이 있다. 이러한 태도는 사회 전반에 걸쳐 건강하지 않은 영향을 미치며, 결과적으로 진정한 신사로 자라나기보다는 단지 겉만 번지르르한 '젠트'들이 만들어진다. 이들은 외모, 스타일, 사치품, 오락에 대한 취향을 가지게 되지만, 이는 결코 진정한 성격을 형성하는 기초가 될 수 없다. 그 결과, 바다에서 건져낸 버려진 배처럼 단지 겉모양만 화려한 젊은이들이 넘쳐나게 된다.

'젠틀'해지고자 하는 욕망이 지나치게 팽배해 있다. 우리는 정직함을 희생하면서까지 외모를 유지하려고 한다. 부유하지 않더라도 부유한 것처럼 보여야 한다고 생각한다. 우리는 존경받아야 한다고 생각하지만, 그 존경이란 단지 외적인 모습에만 국한된다. 우리는 우리가 처한 현실에 맞게 인내하며 살아가는 용기가 없고, 자신이 선택한 멋진 삶의 모습만을 추구하려 한다. 이는 허황된 '젠트' 세계의 허영심을 만족시키기 위한 것에 불과하다. 사회적 무대에서 앞자리를 차지하려는 끊임없는 경쟁과 압박 속에서, 많은 이들이 고귀한 결심을 잃고, 그 결과로 많은 이들이 실패를 경험하게 된다. 세속적인 성공의 겉모습을 보여주려는 욕망에서 비롯된 낭비와 파산은 굳이 설명할 필요도 없다. 이러한 악영향은 정직함을 포기할 용기는 있지만, 가난해 보이는 것을 두려워하는 사람들에 의해 일어나는 사기와, 종종 가족을 몰락으로 이끄는 절망적인 시도들로 드러난다.

고(故) 찰스 네이피어 경은 인도에서 그의 지휘를 떠나면서, 많은 젊은 장교들이 빠른 생활을 하면서 불명예스러운 결과를 맞이하게 된 것에 대해 강하게 경고했다. 그는 마지막 일반 명령에서 "정직함은 진정한 신사의 품격과 불가분의 관계에 있다"고 강조하며, "지불하지 않은 샴페인과 지불하지 않은 맥주를 마시고, 지불하지 않은 말을 타는 것은 신사가 아니라 사기꾼이다"라고 말했다. 초과 지출로 인해 하인들에 의해 법원에 소환된 장교들은 직위는 가졌을지 몰라도, 진정한 신사는 아니었다. 그는 빚을 지는 습관이 장교로서의 적절한 감정을 무디게 만든다고 말했다. 장교는 싸울 수 있는 것만으로는 충분하지 않다. 이는 불독도 할 수 있는 일이다. 하지만 그는 자신의 약속을 지켰는가? 빚을 갚았는가? 이러한 점들이야말로 진정한 신사와 군인의 경력을 빛내는 명예의 일부이다. 찰스 네이피어 경은 모든 영국 장교들이 옛날의 베이야르드처럼 되기를 원했다. 그는 그들이 "두려움 없는" 존재이기를 원했지만, 동시에 "비난받을 것이 없는" 존재이기를 원했다.

인도와 영국 본국에서, 많은 젊은이들이 용감하게 긴급 상황을 대처하며, 가장 절망적인 순간에도 용기 있는 행동을 수행할 수 있는 능력을 가졌다. 그러나 이들 중에는 작은 유혹을 이겨낼 도덕적 용기를 발휘하지 못하는 사람들도 있다. 그들은 "아니요" 또는 "나는 그럴 여유가 없다"는 말을 하지 못하고, 친구들의 조롱을 피하기 위해 차라리 자신을 희생하려 한다.

젊은이들은 인생을 살아가면서 다양한 유혹에 직면하게 된다. 이 유혹에 굴복하면 필연적으로 타락하게 된다. 유혹과의 접촉은 그가 가진 본성의 순수함을 조금씩 빼앗아간다. 그가 유혹에 저항하는 유일한 방법은 단호하게 "아니요"라고 말하고, 이를 실천하는 것이다. 결단을 내릴 때 망설이거나 주저해서는 안 된다. 많은 사람들이 결정을 내리지 못하고 망설이지만, "결정하지 않는 것이 바로 결정하는 것"이라는 말처럼, 망설이는 것은 결국 실패를 초래한다. "우리를 시험에 들게 하지 마옵시고"라는 기도는 인간 본성에 대한 깊은 이해를 반영하고 있다. 그러나 유혹은 청년의 힘을 시험할 것이며, 한 번 굴복하면 저항할 힘이 점점 약해진다. 그러나 단호하게 저항하면 첫 결단이 평생의 힘이 될 것이며, 이를 반복하면 습관이 된다. 진정한 방어력은 어린 시절에 형성된 습관에서 비롯된다. 도덕적 행동의 기계가 습관을 통해 작동하도록 지혜롭게 정해져 있기 때문이다.

휴 밀러는 젊은 시절 내린 결단이 어떻게 그를 노동 생활에서 유혹으로부터 구했는지를 이야기한 바 있다. 석공으로 일할 때, 동료들은 가끔 술을 마셨는데, 어느 날 그에게 두 잔의 위스키가 주어졌다. 그는 이를 마시고 집에 돌아와 가장 좋아하는 책인 '베이컨의 수필'을 펴들었으나, 글자가 눈앞에서 춤을 추는 바람에 내용을 이해할 수 없게 되었다. 그는 "내가 스스로를 타락의 상태로 몰아넣었다고 느꼈다. 나 자신의 행동으로 인해 지능 수준이 낮아졌고, 비록 결단을 내리기엔 최적의 상태는 아니었지만, 나는 다시는 음주 습관 때문에 지적 즐거움을 희생하지 않겠다고 결심했다. 그리고 하나님의 도움으로 그 결심을 지킬 수 있었다"고 회상했다. 이처럼 젊은 시절의 결정은 한 사람의 인생에서 전환점을 만들고, 그의 미래 성격의 기초를 마련하게 된다.

만약 휴 밀러가 그 위기를 극복하지 못했다면, 그는 유혹의 바위에서 좌초되었을 것이다. 이 유혹은 청년기와 성년기에 경계해야 할 가장 위험한 요소 중 하나이다. 이는 청년기에서 가장 치명적인 유혹 중 하나이며, 동시에 매우 낭비적인 유혹이기도 하다. 월터 스콧 경은 "모든 악덕 중 음주는 위대함과 가장 양립할 수 없는 것이다"라고 말했다. 음주는 경제성, 품위, 건강, 그리고 정직한 생활과도 양립할 수 없다. 청년이 자제할 수 없다면, 그는 금주해야 한다. 존슨은 자신의 습관을 언급하며 "나는 금주할 수 있지만, 절제할 수는 없다"고 말했다.

어떤 악습과 싸워 이기려면 단순히 세속적인 신중함에 만족해서는 안 되고, 더 높은 도덕적 기준을 세워야 한다. 서약과 같은 기계적인 방법이 일부 사람들에게는 도움이 될 수 있지만, 진정으로 중요한 것은 사고와 행동의 기준을 높이고, 습관을 개선하며, 원칙을 강화하고 정화하려는 노력이다. 이를 위해서는 젊은이들이 스스로를 성찰하고, 자신의 발걸음을 주의 깊게 살피며, 자신의 생각과 행동이 규칙에 맞는지 자주 점검해야 한다. 자신에 대한 이해가 깊어질수록 겸손해지고, 자신의 능력에 대한 확신은 줄어들 수 있다. 그러나 현재의 작은 만족을 포기하고 더 큰 미래의 이익을 추구하는 훈련은 언제나 가치 있는 것으로 판명될 것이다. 이것이야말로 자기 교육에서 가장 중요한 과업이다. 왜냐하면 "진정한 영광은 우리 자신을 조용히 정복하는 데서 생겨나며, 그것 없이는 정복자는 결국 첫 번째 노예일 뿐이기" 때문이다.

돈을 버는 비결에 관한 많은 책들이 대중에게 소개되었다. 하지만 사실 돈을 버는 데 특별한 비결은 없다. "푼돈을 아껴라, 그러면 큰돈이 저절로 따라온다", "근면은 행운의 어머니이다", "노력 없이는 얻는 것도 없다", "땀 없이는 달콤함도 없다", "일하라, 그러면 얻을 것이다", "세상은 인내와 부지런함을 가진 자의 것이다", "배를 곯고 자는 한이 있어도 빚을 지고 일어나지는 마라" 같은 속담들은 모두 성공의 비결을 담고 있다. 이 속담들은 책이 발명되기 훨씬 전부터 사람들 사이에 전해져 내려왔으며, 오랜 시간 동안 그 정확성과 힘을 입증해 왔다. 솔로몬의 잠언 역시 근면과 돈의 올바른 사용에 관한 지혜로 가득 차 있다. "게으른 자는 낭비하는 자와 같다", "게으름뱅이여, 개미에게 가서 그 길을 보고 지혜를 얻어라", "부지런한 자의 손이 부유하게 한다" 등의 말은 오늘날에도 여전히 타당하다. 무엇보다도 "지혜를 얻는 것이 금을 얻는 것보다 낫다"는 말은 우리가 돈보다 중요한 가치를 추구해야 함을 일깨워 준다.

간단한 근면과 절약은 누구에게나 비교적 독립적인 생활을 가능하게 한다. 노동자도 자신의 자원을 신중하게 관리하고 불필요한 지출을 조심하면 충분히 독립적인 생활을 할 수 있다. 한 푼은 작은 돈이지만, 많은 가정의 안락함은 이 작은 돈을 적절하게 쓰고 저축하는 데 달려 있다. 만약 작은 돈을 술집이나 사소한 곳에 허비한다면, 그의 삶은 단순한 육체 노동을 벗어나기 어려울 것이다. 반면에, 한 푼 한 푼을 아껴 상호 부조회나 보험에 넣고, 나머지는 저축하고, 가정의 안락함과 자녀 교육을 위해 사용한다면, 이러한 신중함이 결국 그에게 큰 보상을 안겨줄 것이다. 이는 그의 재정적 안정뿐만 아니라, 가정의 평안함을 지켜주고, 미래에 대한 불안으로부터 자유로워질 수 있는 마음의 여유를 줄 것이다.

만약 노동자가 높은 목표를 가지고, 세속적인 소유를 넘어선 정신적 풍요로움을 추구한다면, 그는 자신뿐만 아니라 다른 사람들에게도 도움이 될 수 있을 것이다. 이런 정신은 평범한 노동자에게도 불가능한 일이 아님을 맨체스터의 토머스 라이트의 사례가 보여준다. 그는 주조 공장에서 주급을 받으며 일하면서도 많은 범죄자들을 재활시키고 성공적으로 그들의 삶을 되돌리는 데 기여했다.

토머스 라이트는 우연히 해방된 범죄자들이 정직한 삶으로 돌아가는 데 겪는 어려움을 접하게 되었다. 그는 이 문제에 사로잡혀 이를 해결하는 것을 자신의 사명으로 삼았다. 아침 6시부터 저녁 6시까지 일하면서도, 그는 자신의 여유 시간을 활용해 유죄 판결을 받은 범죄자들을 도왔다. 당시에는 이들이 지금보다 훨씬 더 소외된 계층이었다. 하루 몇 분만 잘 활용해도 많은 일을 해낼 수 있다는 것을 라이트는 증명했다. 그는 10년 동안 300명 이상의 범죄자들을 구해냈으며, 맨체스터 구치소에서 도덕적 의사로 불릴 정도로 큰 성공을 거두었다. 그는 아이들을 부모에게 돌아가게 하고, 길을 잃은 자들을 가정으로 돌려보내며, 많은 재범들을 정직한 직업에 정착시켰다. 이러한 일은 결코 쉬운 일이 아니었다. 돈, 시간, 에너지, 신중함, 그리고 무엇보다도 그가 가진 성격과 신뢰가 필요했다.

놀라운 점은 라이트가 비교적 적은 임금으로 이 모든 일을 해냈다는 것이다. 그는 연간 100파운드도 되지 않는 수입으로 범죄자들을 도우면서도 가족을 부양하고, 절약과 신중함으로 노년을 대비해 저축할 수 있었다. 매주 수입을 신중하게 배분하며, 필수품과 집세, 자녀 교육, 그리고 가난한 사람들과 어려운 이웃을 돕기 위해 사용했다. 이러한 방법으로 라이트는 그의 위대한 일을 수행했다. 그의 삶은 인간의 목적과 신중하게 사용된 작은 자원의 힘, 그리고 올바른 성격이 다른 사람들의 삶에 미치는 강력한 영향을 보여주는 가장 놀랍고 감동적인 사례 중 하나다.

모든 정당한 일에는 수치가 아닌 명예가 있다. 그것이 농사를 짓는 일이든, 도구를 만드는 일이든, 옷감을 짜는 일이든, 아니면 가게에서 물건을 파는 일이든 마찬가지이다. 젊은이는 자를 사용하거나 리본을 재는 일을 할 수 있으며, 그런 일을 한다고 해서 부끄러워할 필요는 없다. 다만, 자와 리본을 재는 일에만 집중하고, 더 넓고 깊은 생각을 가지지 못하는 것이 문제이다. 풀러는 "정당한 직업을 가진 사람은 부끄러워할 필요가 없고, 부끄러워해야 할 사람은 그런 직업을 가지지 않은 사람이다"라고 말했다. 또한, 비숍 홀은 “이마에 땀을 흘려 일하든, 머리를 써서 일하든, 모든 직업은 그 나름의 가치를 가지고 있다”고 말했다. 겸손한 직업에서 시작해 성공한 사람들은 부끄러워할 이유가 없으며, 오히려 그들이 극복한 어려움을 자랑스러워해야 한다. 한 미국 대통령은 자신에게 가문의 문장을 물었을 때, 젊었을 때 나무를 패던 기억을 떠올리며 “셔츠 소매 한 쌍”이라고 대답했다. 프랑스의 한 의사가 젊었을 때 초를 만들었던 니메스 주교 플레시에게 그의 출신이 미천하다고 비웃자, 플레시에는 “당신이 나와 같은 환경에서 태어났다면 여전히 초를 만들고 있었을 것”이라고 대답했다.

돈을 벌기 위해 열심히 노력하는 사람은 많지만, 그 이상을 추구하는 사람은 드물다. 돈을 벌기 위해 몸과 마음을 바치는 사람은 거의 실패 없이 부자가 될 것이다. 특별한 두뇌가 필요한 것도 아니다. 벌어들이는 것보다 적게 쓰고, 한 푼씩 아껴 모으면, 결국 재산은 쌓이기 마련이다. 파리의 은행가 오스터발드는 가난하게 시작했지만, 매일 저녁 선술집에서 한 잔의 맥주를 마시며, 손에 닿는 모든 코르크 마개를 모았다. 8년 동안 모은 코르크 마개를 팔아 8루이 도르의 돈을 벌었고, 이 돈으로 그의 재산을 시작했다. 결국 그는 주식 거래로 큰돈을 벌었고, 죽을 때 약 300만 프랑을 남겼다. 존 포스터는 돈을 버는 데 있어 결단력이 얼마나 중요한지를 보여주는 사례를 들었다. 유산을 방탕하게 낭비한 한 젊은이는 결국 빈곤과 절망에 빠졌다. 자살을 결심하고 길을 나선 그는 한때 자신의 재산이었던 곳을 내려다보며, 재산을 되찾겠다고 결심했다. 그는 거리로 돌아가, 한 집 앞에 쌓여 있던 석탄을 나르는 일을 하겠다고 제안했고, 몇 펜스를 벌어 고기와 음료를 사 먹고 그 돈을 저축했다. 그렇게 천한 노동을 계속하며 돈을 모아 가축을 샀고, 이익을 보고 팔았다. 그는 점차 더 큰 거래를 맡게 되었고, 마침내 부자가 되었다. 결국 그는 재산을 회복했지만, 철저한 구두쇠로 생을 마감했다. 그는 더 고귀한 마음을 가졌더라면, 자신의 결단력으로 자신뿐만 아니라 다른 사람들에게도 유익을 줄 수 있었을 것이다. 그러나 그의 삶과 끝은 모두 비참하고 초라했다.

다른 사람들을 위해, 그리고 노년의 자신을 위해 안락과 독립을 준비하는 것은 매우 명예롭고 칭찬받아 마땅한 일이다. 그러나 단지 부를 쌓기 위해 저축하는 것은 마음이 좁고 인색한 사람들의 특징이다. 지혜로운 사람은 지나친 절약 습관이 탐욕으로 변하지 않도록 신중하게 경계해야 한다. 그렇지 않으면 젊었을 때 단순한 절약이 노년에는 탐욕으로 변할 수 있으며, 한때 옳다고 여겼던 것이 나중에는 악덕이 될 수 있다. 돈 자체가 아닌 돈에 대한 사랑이 "모든 악의 뿌리"이다. 이 사랑은 영혼을 좁히고, 관대한 삶과 행동을 방해한다. 월터 스콧 경은 그의 소설 속 등장인물 중 한 명에게 "동전이 벌거벗은 칼보다 더 많은 영혼을 죽인다"라고 말하게 했다. 사업에만 너무 치중하면 성격이 점차 기계적으로 변하는 경향이 있다. 사업가는 일상적인 일에 갇혀 그 이상을 보지 못하는 경우가 많다. 만약 그가 오직 자신만을 위해 산다면, 다른 사람들을 단지 자신의 목적을 이루기 위한 도구로만 볼 것이다. 이런 사람의 장부를 보면 그의 삶이 어떤 것이었는지 알 수 있다.

세속적인 성공, 즉 돈을 모으는 것으로 측정되는 성공은 확실히 매력적이다. 모든 사람은 자연스럽게 어느 정도의 세속적인 성공을 존경하게 된다. 그러나 부지런하고, 영리하며, 기회를 잘 잡으며, 양심의 가책 없이 행동하는 사람들이 세상에서 "성공"할 수는 있지만, 그들이 고귀한 성품이나 진정한 선함을 가지고 있지 않을 수도 있다는 것은 분명하다. 돈을 중심으로 생각하는 사람은 아주 부자가 될 수 있지만, 그 과정에서 내면은 빈약해질 수 있다. 부는 도덕적 가치를 증명하지 않으며, 때로는 그 외적인 화려함이 소유자의 내면을 더 초라하게 드러낼 뿐이다.

많은 사람들이 부에 대한 욕심으로 인해 자신을 희생하는 모습은 원숭이가 욕심을 부리다 스스로를 가두는 상황을 떠올리게 한다. 알제리의 카빌 농부는 나무에 호리병박을 매달고 그 안에 쌀을 넣어둔다. 호리병박에는 원숭이의 손이 들어갈 만큼의 작은 구멍이 있다. 원숭이는 밤에 나무에 올라가 손을 넣고 쌀을 움켜쥔다. 하지만 손을 움켜쥔 상태로는 다시 빼낼 수 없다. 원숭이는 움켜쥔 쌀을 포기하지 못해 결국 아침에 잡히게 된다. 이 이야기는 우리가 삶에서 너무 집착하거나 욕심을 부리면 오히려 자신을 가두게 된다는 교훈을 준다.

돈의 힘은 흔히 과대평가된다. 세상을 위해 이루어진 가장 위대한 일들은 부유한 사람들에 의해 이루어진 것이 아니다. 가난한 사람들이 기독교를 전 세계에 전파했으며, 가장 위대한 사상가, 발명가, 예술가들은 대개 적은 재산을 가진 사람들이었다. 그리고 앞으로도 그럴 것이다. 부는 오히려 행동에 장애물이 될 수 있으며, 많은 경우 불행을 가져올 수도 있다. 부를 상속받은 젊은이는 삶이 너무 쉬워져서 금세 지루함을 느끼게 된다. 그에게는 더 이상 갈망할 대상이 없기 때문이다. 특별히 싸워서 이겨낼 목표가 없으므로 그는 시간을 견디기 힘들어하며, 도덕적, 영적으로 무기력해질 수 있다. 사회에서 그의 위치는 떠다니는 해파리 정도에 불과할 것이다.

"그의 유일한 노동은 시간을 죽이는 것이며,그 노동은 지극히 힘들고 피곤한 고통이다."

부유한 사람이라도 올바른 생각을 가지고 있다면, 나태함을 비겁한 것으로 여길 것이다. 부와 재산을 소유하면서 느끼는 책임감을 생각해 본다면, 그는 오히려 더 많은 일을 해야 한다는 의무감을 느낄 것이다. 하지만 실제로 이런 태도가 삶에서 널리 실천되는 것은 아니다.

아구르의 기도에서 "나에게 가난도 부유함도 주지 마시고, 오직 내게 필요한 음식으로 나를 먹이소서"라고 한 중간의 상태가, 우리가 미처 깨닫지 못했을 뿐 가장 바람직한 삶일 수 있다. 고(故) 조셉 브로더턴 하원의원은 맨체스터의 필 공원에 세워진 기념비에 "내가 부유했던 것은 재산이 많아서가 아니라 욕망이 적어서였다"라는 진심 어린 좌우명을 남겼다.

그는 공장 소년이라는 낮은 위치에서 시작해, 정직함, 근면, 시간 엄수, 그리고 자기 절제를 통해 존경받는 위치에 올랐다. 삶의 마지막까지 그는 의회에 출석하지 않을 때는 맨체스터의 작은 예배당에서 목회자로 봉사하며, 사람들에게 칭찬받거나 주목받기 위해서가 아니라, 매일의 의무를 성실하고 진실하게 수행하려고 노력했다.

"존경받을 만한" 사람은 그 자체로 훌륭한 사람이다. 그런 사람은 진정으로 주목받을 가치가 있다. 반면, 단지 겉모습만을 유지하는 사람의 존경은 아무 의미가 없다. 더 존경받을 만한 사람은 가난하지만 선량한 사람이지, 부자거나 겉만 번지르르한 악당이 아니다. 균형 잡힌 마음과 충실한 목적을 가진 삶은 세속적인 존경보다 훨씬 더 중요하다.

우리가 삶에서 목표로 삼아야 할 가장 중요한 것은 인간다운 성품을 형성하고, 몸과 마음, 양심, 영혼의 발전을 이루는 것이다. 이것이 최우선 목표이며, 다른 모든 것은 그 목표를 달성하기 위한 수단에 불과하다. 따라서, 가장 성공적인 삶은 가장 많은 즐거움, 돈, 권력, 명예를 얻는 삶이 아니라, 가장 많은 인간다움을 얻고, 가장 많은 유익한 일과 인간적인 의무를 수행하는 삶이다.

돈은 권력이 될 수 있지만, 지혜, 공공정신, 도덕적 미덕도 권력이며, 훨씬 더 고귀한 것이다. 콜링우드 경은 "다른 사람들이 연금을 위해 탄원하게 두라. 나는 돈 없이도 부유해질 수 있다. 나는 내 조국에 대한 봉사가 어떤 이익 때문에 더럽혀지지 않기를 바라며, 나와 스콧은 우리의 작은 텃밭에서 더 큰 비용 없이 계속 살아갈 수 있다"고 했다. 그는 또 "내 행동의 동기는 백 가지 연금과도 바꾸지 않을 것이다"라고 말했다.

부를 축적하는 것이 일부 사람들에게는 "사회에 진입"할 기회를 줄 수 있을지 모르지만, 그곳에서 존경받으려면 마음가짐, 태도, 혹은 성품의 자질이 있어야 한다. 그렇지 않으면 그들은 단지 부유한 사람일 뿐이다. 왜 사회에서 부유한 사람들은 존경을 받지 못할까? 그들은 단지 돈주머니일 뿐이고, 그들의 유일한 힘은 금고에 있다.

반면, 사회에서 진정으로 주목받는 사람들은 반드시 부유한 사람들은 아니다. 그들은 훌륭한 성격을 지닌 사람들, 경험을 쌓은 사람들, 그리고 도덕적 우수성을 지닌 사람들이다. 가난한 사람도, 토마스 라이트처럼, 물질적인 재산이 거의 없더라도, 잘 길러진 성격과 기회를 소중히 여기며 자신의 능력에 따라 최선을 다해 살면, 단순히 돈과 땅을 소유한 사람들을 부러워하지 않고 당당히 살아갈 수 있다.

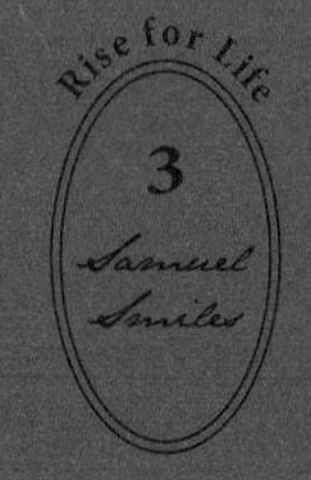

CHAPTER 6

끊임없이 성장하는
방법에 대하여

중요한 것은 얼마나 많은 것을 아느냐가 아니라, 그 지식을 어떻게 활용하느냐다. 지식의 목적은 지혜를 성숙하게 하고 성품을 향상시켜 우리를 더 나은 사람, 더 행복한 사람, 더 유용한 사람으로 만드는 것이다. 우리는 단순히 다른 사람들이 어떻게 살았고 무엇을 했는지를 읽고 묵상하는 데 그쳐서는 안 되며, 우리 자신이 행동하고 성취해야 한다. 우리의 최상의 지혜는 실천으로 이어져야 하며, 우리의 최고의 생각은 행동으로 나타나야 한다.

모든 사람은 두 가지 교육을 받는다. 하나는 다른 사람에게서 배우는 것이고, 다른 하나는 스스로에게 주는 더 중요한 교육이다.

—에드워드 기번 〈영국의 역사가〉

어려움에 낙담하고 폭풍에 굴복하는 사람이 있는가? 그는 많은 것을 이루지 못할 것이다. 하지만 정복하려는 의지를 가진 사람은 결코 실패하지 않을 것이다.

— 존 헌터 〈외과의사〉

현명하고 활동적인 사람은 어려움을 극복한다. 그들은 시도함으로써 그것을 정복한다. 게으름과 어리석음은 일과 위험을 보고 두려워한다. 그들은 자신이 두려워하는 불가능을 만들어낸다.

— 니콜라스 로 〈작가〉

●

"모든 사람의 교육에서 가장 중요한 부분은 스스로에게 주는 교육이다"라고 월터 스콧 경은 말했다. 고(故) 벤저민 브로디 경은 이 말을 기억하며, 자신이 스스로의 노력으로 전문성을 쌓았다는 사실에 자부심을 가졌다. 이는 문학, 과학, 예술에서 두각을 나타낸 모든 사람에게도 해당하는 일이다.

학교나 대학에서 받는 교육은 시작에 불과하다. 이러한 교육은 주로 마음을 훈련시키고, 지속적인 노력과 학습에 익숙하게 만드는 데 의미가 있다. 그러나 다른 사람이 우리에게 주는 지식은 우리가 스스로의 노력과 인내로 얻는 지식보다 덜 소중하다. 노력으로 얻은 지식은 우리의 것이 되어, 더 생생하고 오래 남는다. 반면, 단순히 전달된 정보는 결코 그러한 효과를 내지 못한다.

이러한 자기계발은 우리에게 힘을 주고, 그 힘을 키워 준다. 한 문제를 해결함으로써 우리는 또 다른 문제를 정복할 수 있는 능력을 얻고, 이렇게 지식은 능력으로 전환된다. 우리의 주도적인 노력은 필수적이며, 어떤 시설이나 책, 교사, 암기된 수업도 이를 대신할 수 없다.

최고의 교사들은 자기계발의 중요성을 인식하고, 학생들이 자신의 능력을 적극적으로 활용해 지식을 습득하도록 자극하는 것을 중시했다. 그들은 학생들이 지식을 단순히 받아들이는 것을 넘어 능동적으로 배우도록 했다. 위대한 아놀드 박사도 이런 정신으로 일했으며, 그는 학생들에게 스스로를 의지하고 자신의 힘을 키우도록 가르치려 했다. 그는 단지 방향을 제시하고, 자극하고, 격려하는 역할을 했다.

“나는 빵을 위해 일해야 하는 먼 나라로 아이를 보내는 것이, 아무런 욕구 없이 호화롭게 사는 옥스퍼드로 보내는 것보다 훨씬 낫다고 생각한다”고 그는 말했다. 또 다른 경우에는 “지구상의 어느 것보다도 더 놀라운 것은 정직하고 진실하며 열정적으로 계발된 자연 능력에 하나님의 지혜가 축복을 내리는 것을 보는 것이다”라고 말하며, 이런 성격의 학생에 대해 "나는 그 사람에게 모자를 벗고 경의를 표할 것이다"라고 했다.

아놀드 박사는 한 번은 비교적 둔한 학생을 가르칠 때, 그에게 약간 심하게 말했다. 그러자 그 학생은 그를 올려다보며 "선생님, 제가 최선을 다하고 있습니다"라고 말했다. 아놀드는 그 이야기를 나중에 자주 떠올렸고, "내 인생에서 그렇게 많이 느낀 적이 없었으며, 그 표정과 말은 결코 잊지 못한다"라고 덧붙였다.

과학과 문학에서 두각을 나타낸 겸손한 출신의 많은 사례에서 알 수 있듯이, 노동은 높은 지적 계발과 결코 양립할 수 없는 것이 아니다. 적당한 노동은 건강에 좋고, 신체에 유익하다. 노동은 신체를 교육하고, 학습은 마음을 교육하며, 모든 사람에게는 어느 정도의 노동과 여가가 필요하다.

심지어 여가를 즐기는 사람들도 어느 정도의 일을 하게 되는데, 이는 때로는 따분함을 덜기 위함이지만, 대부분은 그들이 저항할 수 없는 본능을 만족시키기 위해서이다. 일부는 영국의 시골에서 여우 사냥을 하거나, 스코틀랜드 언덕에서 사냥을 하며, 여름마다 스위스에서 산을 오르기도 한다. 이런 이유로 젊은이들은 공립학교에서 보트 타기, 달리기, 크리켓, 운동 경기에 참여하며, 그 과정에서 신체와 마음을 건강하게 단련한다.

웰링턴 공작이 자신이 어릴 적 이튼에서 보낸 날들을 떠올리며 "워털루 전투는 바로 그곳에서 승리한 것이다!"라고 말한 일화가 있다.

대니얼 맬서스는 아들이 대학에 있을 때 지식을 쌓도록 독려했지만, 동시에 그의 마음의 건강을 유지하고 지적 쾌락을 누리기 위해 남성적인 스포츠를 추구할 것도 강조했다. 그는 "모든 종류의 지식과 자연과 예술에 대한 친숙함이 당신의 마음을 즐겁고 강하게 할 것이다. 나는 크리켓이 당신의 팔과 다리를 그렇게 하도록 만드는 것에 만족한다"라고 말했다.

활동적인 노동의 중요성은 신학자 제레미 테일러의 말에서도 잘 드러난다. 그는 "게으름을 피하고 시간을 유용한 일로 채워라. 영혼이 할 일이 없고 몸이 편안할 때, 욕망이 그 공백을 채우기 쉽다. 모든 노동 중에서 육체 노동이 가장 유용하고 악마를 몰아내는 데 가장 효과적이다"라고 말했다.

실생활에서의 성공은 신체 건강에 많이 좌우된다. '호드슨의 기병대'로 잘 알려진 호드슨은 "내가 인도에서 잘 지내고 있다면, 신체적으로 건강하기 때문이다"라고 말했다. 어떤 직업에서도 지속적으로 일할 수 있는 능력은 건강에 크게 좌우되며, 지적 노동을 위해서도 건강을 돌보는 것이 필수적이다.

신체 운동을 소홀히 하면 학생들 사이에서 불만, 무기력, 몽상에 빠지는 경향이 나타날 수 있다. 이는 실제 삶을 경시하고, 일반적인 삶의 궤도를 혐오하는 경향으로 이어질 수 있다. 영국에서는 이를 '바이런주의', 독일에서는 '베르테르주의'라고 부른다. 찬닝 박사도 미국에서 이러한 현상이 자라는 것을 보고 "너무 많은 젊은이들이 절망의 학교에서 자란다"고 언급한 바 있다.

청년기의 이런 '녹색병'을 치료하는 유일한 방법은 신체 운동, 즉 활동, 일, 그리고 육체적 노동이다.

아이작 뉴턴 경의 어린 시절을 보면, 그는 비교적 둔한 학생이었지만, 톱, 망치, 도끼를 사용하는 데 매우 열심이었다. 그는 "자기 방에서 두드리고 망치질"하며 풍차, 마차, 다양한 기계의 모델을 만들었고, 나이가 들면서는 친구들을 위해 작은 테이블과 찬장을 만드는 것을 즐겼다. 스미턴, 와트, 스티븐슨도 어린 시절 도구를 다루는 데 능숙했다.

그들의 청소년기에 이러한 자기계발이 없었다면, 그들이 성인이 되어 그렇게 많은 업적을 이루었을지는 의문이다. 많은 위대한 발명가들과 기계공들은 손을 지속적으로 사용함으로써 실질적인 훈련과 지능을 길렀다. 수작업을 통해 지적 노동자로 성장한 이들도 후에 자신들의 초기 훈련이 얼마나 유익했는지를 깨달았다. 엘리후 버릿은 힘든 노동이 효과적인 공부에 필수적이라고 말했으며, 때때로 공부를 그만두고 대장간으로 돌아가 육체 노동을 하기도 했다.

젊은이들에게 도구 사용을 가르치는 것은 단순히 일상적인 기술을 익히는 것을 넘어선다. 이는 손과 팔을 사용하는 법을 배우고, 건강한 노동에 익숙해지며, 실질적인 일에 집중하는 능력을 기르는 데 도움이 된다. 또한, 기계공학에 대한 실질적인 지식을 습득하고, 유용한 기술을 익히며, 지속적인 신체 활동의 습관을 형성하는 데도 큰 역할을 한다. 이는 노동 계층이 여가 계층보다 가진 명확한 장점 중 하나로, 노동 계층은 어릴 때부터 기계적 작업에 몰두하면서 손재주와 신체 능력을 자연스럽게 익히게 된다.

그러나 노동 계층의 단점은 신체적 노동에만 지나치게 치중하여 도덕적 및 지적 능력을 소홀히 할 수 있다는 점이다. 반면, 여가 계층의 젊은이들은 노동을 낮게 여기고 피하려 하며, 실질적인 경험 없이 자라나는 경우가 많았다. 결과적으로 가난한 계층은 노동에만 치중해 문맹으로 자라나는 경우가 많았다. 하지만 신체 노동과 지적 교양을 결합한다면, 이러한 문제들을 모두 피할 수 있을 것이다. 그리고 이러한 균형 잡힌 교육 시스템을 점차 받아들이려는 움직임이 보이고 있다.

전문직 종사자의 성공도 어느 정도 그들의 신체 건강에 달려 있다. 한 저자는 "위대한 인물들의 위대함은 정신적인 면뿐만 아니라 신체적인 면과도 깊이 관련이 있다"고 말했다. 변호사나 정치인에게 건강한 호흡 기관은 잘 교육된 지성만큼이나 중요하다. 충분한 산소 공급이 뇌의 활발한 작동에 필요한 에너지를 유지하는 데 필수적이기 때문이다. 변호사는 뜨거운 법정을 오르내리며 자신의 직업에서 성공을 거두어야 하고, 정치인은 혼잡한 회의장에서 오랜 시간 동안 토론을 견뎌내야 한다. 따라서 이러한 직업에 종사하는 사람들은 지적인 능력뿐만 아니라 신체적인 지구력과 활동성을 함께 갖추어야 한다. 이러한 능력은 브루엄, 린드허스트, 캠벨, 필, 그레이엄, 팔머스턴 등과 같은 인물들에게서 두드러지게 나타난다.

월터 스콧 경은 에든버러 대학에 다닐 때 "그리스어 바보"라는 별명을 가졌지만, 그는 다리의 장애에도 불구하고 매우 건강한 청년이었다. 그는 트위드 강에서 최고의 낚시꾼과 연어를 잡았고, 야로우에서 어떤 사냥꾼과도 함께 말을 타며 사냥을 즐겼다. 문학 활동에 헌신하면서도 그는 야외 스포츠에 대한 애정을 잃지 않았고, 아침에는 '웨이버리'를 쓰고, 오후에는 산토끼 사냥을 즐겼다. 윌슨 교수는 망치 던지기와 웅변, 시적 재능에서도 뛰어났고, 번스는 젊은 시절 도약과 무거운 물체 던지기, 레슬링으로 유명했다. 우리나라의 위대한 신학자들 중 일부는 젊었을 때 신체적 에너지를 자랑했다. 이삭 배로우는 차터하우스 학교 시절 싸움에서 악명이 높았고, 앤드류 풀러는 농장에서 일하며 복싱 기술로 유명했다. 애덤 클라크는 소년 시절 큰 돌을 굴리는 힘으로 유명했는데, 이는 성인이 되어 큰 생각을 펼칠 때 발휘된 힘의 비결이었을 것이다.

이처럼 견고한 신체 건강을 바탕으로 정신적 응용의 습관을 기르는 것도 절대적으로 중요하다. "노동이 모든 것을 정복한다"는 말은 특히 지식을 얻는 과정에서 진리로 통한다. 학문으로 가는 길은 배우고자 하는 의지와 공부할 의지가 있는 모든 사람에게 열려 있으며, 결심이 굳은 학생이 극복하지 못할 어려움은 없다. 채터튼은 신이 인간에게 무엇이든 이룰 수 있는 긴 팔을 주었다고 말한 바 있다. 공부와 사업에서 에너지는 가장 중요한 요소이다. 기회를 잘 활용하고, 게으른 사람들이 낭비하는 여유 시간을 소중히 여기는 사람들은 자기계발에서 큰 성과를 거둘 수 있다. 이런 식으로 퍼거슨은 양가죽을 입고 하이랜드 언덕에서 천문학을 배웠고, 스톤은 정원사로 일하면서 수학을 익혔으며, 드류는 신발을 수선하는 틈틈이 고등 철학을 공부했고, 밀러는 채석장에서 지질학을 독학했다.

조슈아 레이놀즈 경은 근면의 힘을 믿었던 사람으로, 성실하고 인내심 있게 일한다면 누구나 탁월함에 도달할 수 있다고 생각했다. 그는 노동이 천재성을 이루는 길에 놓여 있으며, 예술가가 성취할 수 있는 숙련도의 한계는 오직 그 자신의 노력에 달려 있다고 여겼다. 그는 이른바 영감을 믿지 않았으며, 오직 학습과 노동만을 신뢰했다. "탁월함은 오직 노동의 대가로 주어진다"고 그는 말했다. "뛰어난 재능이 있다면 노동이 그것을 더욱 발전시킬 것이며, 중간 정도의 능력을 가진 사람이라도 노동이 그 부족함을 채워줄 것이다. 잘 지도된 노동에는 불가능이 없으며, 노동 없이는 아무것도 얻을 수 없다."

포웰 벅스턴 경 또한 학습의 힘을 믿었고, 자신이 다른 사람들만큼 잘할 수 있을 것이라는 겸손한 생각을 가지고 있었다. 그는 평범한 수단과 비범한 노력에 큰 신뢰를 두었다. 닥터 로스는 "나는 내 인생에서 몇몇 천재적인 사람들을 만났는데, 그들은 모두 열심히 노력하고 집중하는 사람들이었다"고 말했다. "천재성은 그 작품으로 알려지며, 작품이 없는 천재성은 말뿐인 신앙에 불과하다. 그러나 탁월한 작품은 시간과 노동의 결과이며, 의도나 희망으로 이루어지지 않는다. 모든 위대한 작품은 방대한 준비 과정의 결과물이다. 능숙함은 노동을 통해 얻어진다. 걸음마조차 처음에는 어려웠다는 것을 기억하라. 웅변가나 작가가 말의 유창함과 생각의 깊이를 얻기까지 인내심 있는 반복 학습과 수많은 좌절을 경험했음을 잊지 말아야 한다."

철저함과 정확성은 학습에서 중요한 목표이다. 프랜시스 호너는 자신을 수양하기 위해 한 주제를 완전히 숙달하기 위한 지속적인 집중을 강조했다. 그는 여러 권의 책에만 집중하며 "무작위 독서 습관을 강력히 배척"했다. 지식의 가치는 양이 아니라, 그 지식을 어떤 좋은 목적으로 활용할 수 있느냐에 달려 있다. 따라서 정확하고 완전한 지식은 실용적인 목적에서 피상적인 광범위한 지식보다 항상 더 가치가 있다.

이냐시오 로욜라의 격언 중 하나는 "한 번에 하나의 일을 잘 해내는 사람은 모든 일을 해내는 것보다 더 많은 일을 한다"이다. 우리의 노력을 너무 많은 일에 분산시키면, 힘이 약해지고, 진행이 더디며, 산만하고 비효율적인 작업 습관을 얻게 된다. 세인트 레오나드 경은 포웰 벅스턴 경에게 자신의 학습 방법을 설명하며 성공의 비결을 이렇게 전했다. "법률을 공부하기 시작할 때, 나는 내가 배운 모든 것을 완전히 내 것으로 만들고, 첫 번째 일을 완벽히 끝내기 전까지는 두 번째 일로 넘어가지 않겠다고 결심했다. 내 경쟁자들 중 일부는 내가 일주일 동안 읽는 양을 하루 만에 읽었지만, 1년이 지난 후 나의 지식은 여전히 생생했지만, 그들의 지식은 대부분 사라져 있었다."

학문의 양이나 독서량이 지혜를 만드는 것이 아니다. 학문을 제대로 수행하기 위해서는 명확한 목표와 집중력, 그리고 규칙적인 학습 습관이 중요하다. 아버네시는 마음에도 포화점이 있다고 생각하며, 마음에 너무 많은 것을 채우면 오히려 중요한 것들을 잃게 된다고 주장했다. 그는 의학 공부에 대해 "누군가가 자신의 목표를 명확히 알고 있다면, 그 목표를 달성하기 위한 올바른 방법을 선택하는 데 실패하지 않을 것이다"라고 말했다.

가장 효과적인 학습은 명확한 목표와 목적을 가지고 집중해서 이루어진다. 어떤 지식을 철저히 익혀두면 필요할 때 언제든지 활용할 수 있다. 단순히 책을 가지고 있거나 필요한 정보를 찾을 수 있는 곳을 아는 것만으로는 충분하지 않다. 실용적인 지혜는 항상 우리에게 준비되어 있어야 하며, 필요할 때 즉시 사용할 수 있어야 한다. 마치 집에 많은 재산을 쌓아두고도 주머니에 돈 한 푼 없는 것과 같다. 지식은 언제든지 사용할 수 있는 상태로 준비되어 있어야 하며, 그렇지 않으면 중요한 순간에 무력해질 수 있다.

결단력과 신속함은 자기 계발이나 사업에서 필수적인 요소이다. 이러한 자질은 젊은이들이 스스로의 힘을 믿고 가능한 한 많은 자유를 누리도록 함으로써 키워질 수 있다. 너무 많은 지도와 제약은 자립심을 방해한다. 이는 수영을 배우는 사람이 부력기만 의지하는 것과 같다. 자신감 부족은 일반적으로 생각하는 것보다 더 큰 성장 장애 요소로 작용한다. 인생에서 실패의 절반은 망설임 때문에 발생한다고 한다. 닥터 존슨은 자신의 성공을 자기 자신에 대한 신뢰 덕분이라고 자주 이야기했다. 진정한 겸손은 자신의 장점을 적절히 평가하면서도 그것을 부정하지 않는 것이다. 자신감 부족이나 자기 신뢰의 결여로 인한 행동의 지연은 개인 성장에 방해가 된다. 왜 적은 일이 성취되는가에 대한 답은 결국 적은 일이 시도되었기 때문이다.

대부분의 사람들은 자기 계발의 결과를 원하지만, 그 대가로 요구되는 노력과 노동을 기꺼이 감수하려 하지 않는다. 닥터 존슨은 "현 세대의 정신적 질병은 학업에 대한 인내심 부족이다"라고 말했으며, 이 말은 여전히 유효하다. 우리는 학문에 왕도가 없다는 것을 믿지 않지만, 쉽게 배울 수 있는 지름길이 있다고 믿는다. 우리는 교육에서 노동을 줄이는 방법을 찾고, 과학을 빠르게 배우며, 열두 번의 수업만으로 외국어를 배우고, "교사 없이" 공부할 수 있다고 믿는다. 이렇게 하면 과학과 학문을 대충 익히게 되고, 진정한 학습과는 거리가 멀어진다. 그 결과, 우리는 교육을 받는다고 착각하면서 오락에 불과한 활동에 시간을 허비하고 만다.

젊은이들이 노동과 학습 없이 지식을 쉽게 얻으려는 경향은 진정한 교육이 아니다. 그것은 마음을 채우기보다는 잠시 점유하는 것에 불과하다. 이러한 교육은 일시적인 자극을 줄 수 있지만, 높은 목표나 내재된 목적이 없으면 장기적인 이점을 가져오지 않는다. 이런 경우 지식은 일시적인 인상만 남기고 사라진다. 이는 지성이 아닌 감각적 지성에 불과하며, 결국 강한 노력과 독립적인 행동을 억누르고 만다.

오락을 통해 지식을 습득하는 젊은이들은 곧 학습과 노동을 거부하게 된다. 놀이로 배운 지식은 장난으로 여겨지기 쉽고, 이런 지적 방종의 습관은 결국 마음과 성격 모두에 무력화를 초래할 수 있다. 브라이튼의 로버트슨은 "다독은 담배처럼 마음을 약하게 만들며, 잠자게 하는 변명이 된다. 그것은 모든 게으름 중에서 가장 게으른 것이며, 다른 어떤 것보다 더 큰 무력감을 남긴다"고 말했다.

이러한 악습은 점점 확산되고 있으며, 그 중 가장 덜 해로운 것은 피상적인 지식에 그치는 것이고, 가장 해로운 것은 지속적인 노력에 대한 혐오감을 불러일으키며 마음을 약하게 만든다는 것이다. 진정으로 지혜를 얻고자 한다면, 우리 선조들이 그랬던 것처럼 부지런히 노력하고 지속적인 도전에 맞서야 한다. 노동은 앞으로도 가치 있는 모든 것에 필수적인 대가가 될 것이다. 우리는 목표를 가지고 일하며, 결과를 인내하며 기다려야 한다. 최고의 진보는 느리지만 확실하게 이루어진다. 성실하고 열정적으로 노력하는 사람에게는 보상이 따른다. 성실함과 근면함이 일상

생활에서 실천되면, 이는 더 위대한 목표와 더 넓은 유용성을 위해 힘을 발휘하게 된다.

자기 계발은 끝이 없는 작업이다. 시인 그레이는 "일하는 것이 행복이다"고 말했다. 비숍 컴벌랜드는 "녹슬어 사라지기보다는 닳아 없어지는 것이 낫다"고 말했다. 아르놀드는 "우리에게는 영원히 쉴 시간이 있지 않은가?"라고 말했다. 마르닉스 드 생 알데곤드의 좌우명은 "어디에도 쉼이 없다"였다.

우리가 가진 능력을 어떻게 활용하느냐가 우리가 존경받을 수 있는 유일한 정당한 이유가 된다. 한 가지 재능을 올바르게 사용하는 사람은 열 가지 재능을 가진 사람과 마찬가지로 존경받아야 한다. 뛰어난 지적 능력을 소유하는 것 자체는 대규모 재산을 물려받는 것처럼 개인적인 공로가 되는 것이 아니다. 중요한 것은 그 능력을 어떻게 사용하느냐, 그 재산을 어떻게 활용하느냐다.

지식은 목적 없이 대량으로 축적될 수 있지만, 그 지식이 선함과 지혜로 결합되어 올바른 성품으로 이어지지 않는다면 아무런 가치가 없다. 페스탈로치는 지적 훈련이 단독으로 이루어질 경우 해로울 수 있으며, 모든 지식은 올바르게 다스려진 의지의 토양에서 자라야 한다고 주장했다. 지식의 습득은 사람을 작은 범죄로부터 보호할 수 있지만, 건전한 원칙과 습관이 없으면 이기적인 악행으로부터는 전혀 보호해 주지 않는다.

우리는 종종 일상에서 지적으로는 박식하지만 성품이 바람직하지 않은 사람들을 마주하게 된다. 이들은 학교에서 많은 것을 배웠지만 실제적인 지혜는 거의 없으며, 모범이 되기보다는 경계의 대상이 되곤 한다. "지식은 힘이다"라는 말이 자주 인용되지만, 사실 지식이 올바르게 사용되지 않으면 나쁜 사람들을 더 위험하게 만들 수 있다. 따라서 지식이 최고의 선으로 여겨지는 사회가 반드시 더 나은 사회가 되는 것은 아니다.

오늘날 우리는 문학적 교양의 중요성을 과장하고 있을지도 모른다. 우리는 많은 도서관, 연구소, 박물관을 가지고 있어 큰 진보를 이루고 있다고 생각할 수 있다. 그러나 이러한 편의 시설들은 오히려 개인적 자기 계발에 방해가 될 수도 있다. 도서관을 소유하거나 그것을 자유롭게 이용할 수 있다고 해서 학문을 이룬 것이 아니다. 마찬가지로, 부를 소유한다고 해서 그 사람이 관대해지는 것도 아니다.

우리는 많은 편의 시설을 갖추고 있지만, 지혜와 이해는 여전히 관찰, 주의, 인내, 노력이라는 오래된 방법을 통해서만 얻을 수 있다. 지식의 재료를 소유하는 것과 지혜와 이해를 얻는 것은 매우 다르다. 후자는 단순히 읽는 것 이상의 노력을 필요로 한다. 읽기는 종종 다른 사람의 생각을 수동적으로 받아들이는 것에 그칠 수 있으며, 이 과정에서는 적극적인 사고가 거의 일어나지 않는다. 많은 읽기가 단지 일시적인 자극에 불과할 수 있고, 이는 마음을 개선하거나 풍요롭게 하거나 성품을 형성하는 데는 전혀 도움이 되지 않는다.

따라서 많은 사람들이 마음을 계발하고 있다고 착각하지만, 실제로는 시간을 허비하는 수준 낮은 활동에 빠져 있을 수 있다. 이러한 행동은 차라리 더 나쁜 일을 방지하는 긍정적인 역할로 볼 수도 있겠지만, 여전히 본질적으로는 시간을 낭비하는 것이다.

책에서 얻는 경험이 종종 유익할 수 있지만, 실제 삶에서 얻는 경험과 비교하면 덜 가치 있다. 볼링브로크 경은 "우리 자신을 더 나은 사람과 시민으로 만들지 않는 모든 학습은, 아무리 그럴듯해 보여도 결국은 겉으로만 그럴듯한 게으름에 불과하다"고 말했다.

좋은 독서가 유익할 수 있지만, 이는 마음을 계발하는 여러 방법 중 하나일 뿐이다. 실제 경험과 좋은 본보기의 영향이 성품 형성에 더 중요하다. 영국에는 독서 대중이 존재하기 훨씬 전부터 지혜롭고 용감하며 진실된 사람들이 있었다. 마그나 카르타는 글을 읽을 줄 몰랐던 사람들에 의해 보장되었지만, 그들은 원칙을 이해하고 이를 위해 용감하게 싸웠다. 이처럼 영국 자유의 기초는 비록 문맹이었지만, 높은 성품을 가진 사람들에 의해 세워졌다.

문화의 주된 목적은 다른 사람의 생각으로 마음을 채우는 것이 아니라, 우리의 지성을 넓히고, 우리가 맡은 삶의 영역에서 더 유용하고 효율적인 일꾼이 되는 것이다. 우리 사회의 많은 유능한 일꾼들은 책을 많이 읽지 않았다. 브린들리와 스티븐슨은 성인이 되어서야 비로소 글을 읽고 쓸 줄 알게 되었지만, 그들은 위대한 일을 해냈다. 존 헌터는 스무 살이 되어서야 글을 읽고 쓸 수 있었지만, 그때 이미 목수로서 뛰어난 능력을 갖추고 있었다. 그는 "나는 절대 읽지 않는다. 중요한 것은 앞에 있는 주제를 깊이 연구하는 것이다"라고 말했다. 그에게 어떤 동료가 무지하다고 비난했을 때 그는 "나는 그에게 어떤 언어나 죽은 시체를 다루는 법을 가르칠 수 있다. 그는 그 몸에서 결코 알 수 없는 것을 배울 것이다"라고 답했다.

중요한 것은 얼마나 많은 것을 아느냐가 아니라, 그 지식을 어떻게 활용하느냐다. 지식의 목적은 지혜를 성숙하게 하고 성품을 향상시켜 우리를 더 나은 사람, 더 행복한 사람, 더 유용한 사람으로 만드는 것이다. 우리는 단순히 다른 사람들이 어떻게 살았고 무엇을 했는지를 읽고 묵상하는 데 그쳐서는 안 되며, 우리 자신이 행동하고 성취해야 한다. 우리의 최상의 지혜는 실천으로 이어져야 하며, 우리의 최고의 생각은 행동으로 나타나야 한다.

리히터가 말했듯이, "내가 가진 자질을 최대한 발휘하도록 노력했고, 그 이상을 요구해서는 안 된다"라고 말할 수 있어야 한다. 각 사람은 자신의 책임과 부여된 능력에 따라 스스로를 훈련하고 이끌어 나가야 할 의무가 있기 때문이다.

자기 훈련과 자기 통제는 지혜의 시작이며, 이는 자기 존중에서 출발해야 한다. 희망은 여기에서 비롯되며, 희망은 힘의 동반자이자 성공의 어머니이기 때문이다. 강한 희망을 가진 사람은 마치 기적을 일으킬 수 있는 힘을 지닌 것과 같다. 심지어 가장 낮은 위치에 있는 사람도 "나를 존중하고 나를 발전시키는 것이 내 삶의 진정한 의무다. 나는 사회의 중요한 일원으로서, 내 몸, 마음, 또는 본능을 타락시키거나 파괴하지 않을 의무가 있다. 오히려 내 능력을 최대한 발휘하여 내 안의 선한 요소를 일깨워야 할 의무가 있다. 내가 나를 존중하듯, 다른 사람을 존중해야 하며, 그들 역시 나를 존중할 의무가 있다"고 말할 수 있다. 이렇게 상호 존중과 정의, 질서가 필요하며, 법은 이를 기록하고 보장하는 역할을 한다.

자기 존중은 인간에게 가장 고귀한 자존심을 부여하며, 마음에 영감을 주는 가장 높은 감정이다. 피타고라스의 '황금 구절' 중 하나는 "스스로를 존중하라"고 권하는 내용이다. 이 고상한 생각에 따라 행동하는 사람은 자신의 몸을 감각적 욕망으로 더럽히지 않고, 자신의 마음을 비천한 생각으로 오염시키지 않을 것이다. 이러한 감정이 일상생활에 스며들면 청결, 절제, 순결, 도덕성, 종교 등 모든 미덕의 뿌리를 찾을 수 있다. 밀턴은 "우리 자신을 경건하고 정당하게 존경하는 것이 모든 칭찬받을 만한 일과 가치 있는 계획의 근본적인 원천이다"라고 말했다. 자신을 낮게 평가하는 것은 자신의 평가와 다른 사람들의 평가에서 스스로를 낮추는 것이며, 생각이 그러하면 행동도 그러할 것이다. 인간은 내려다보며 야망을 가질 수 없다. 상승하려면 위를 바라봐야 한다. 가장 비천한 사람도 이 감정을 적절히 발휘함으로써 자신을 지탱할 수 있다. 가난조차도 자기 존중에 의해 높아질 수 있으며, 유혹 속에서도 낮은 행동으로 자신을 타락시키지 않으려는 가난한 사람은 참으로 고귀한 모습을 보인다.

자기 계발이 타락할 수 있는 한 가지 방법은 그것을 "성공을 위한 수단"으로만 여기는 것이다. 이런 시각에서 보면 교육은 시간과 노력의 최고의 투자 중 하나일 것이다. 지성은 사람을 더 능숙하게 만들고, 작업 방법을 개선하며, 상황에 더 잘 적응하게 한다. 머리와 손을 함께 사용하는 사람은 자신의 일을 더 명확하게 보고, 점진적인 성장의 기쁨을 느낄 것이다. 자기 존중이 높아질수록 그는 낮은 유혹에 맞설 힘을 가지게 된다. 그의 동정심은 넓어지고, 자신뿐만 아니라 다른 사람들을 위해 일할 수 있는 사람이 될 것이다.

그러나 자기 계발은 눈에 띄지 않을 수도 있다. 대부분의 사람들은 산업의 일반적인 직업에 종사하며, 사회의 일상적인 일을 피할 수 없다. 하지만 노동의 조건을 고귀한 생각과 결합함으로써 노동의 가치를 높일 수 있다. 아무리 가난하거나 비천한 사람이라도 위대한 사상가들이 그와 함께하여 그의 삶을 고양시킬 수 있다. 독서 습관은 큰 즐거움과 자기 향상의 원천이 될 수 있으며, 성격과 행동 전반에 유익한 영향을 미친다. 비록 자기 계발이 부를 가져다주지 않을지라도, 그것은 고양된 생각의 동반자를 제공할 것이다. 한 귀족이 철학자에게 "철학을 통해 무엇을 얻었는가?"라고 묻자, 철학자는 "적어도 나는 내 안에 있는 사회를 얻었다"고 답했다.

많은 사람들은 자기 계발의 과정에서 자신이 기대만큼 빠르게 "성공하지 못한다"고 느끼며 실망한다. 마치 도토리를 심고 나서 그것이 곧바로 참나무로 자라기를 기대하는 것과 같다. 그들은 지식을 시장성 있는 상품으로 여기고, 그것이 기대만큼 팔리지 않자 실망했을 것이다. 트레멘히어는 그의 '교육 보고서'에서, 노퍽의 한 교사가 학교가 급격히 줄어드는 이유를 조사한 결과, 부모들이 자녀의 교육이 그들을 더 나아지게 할 것이라고 기대했지만, 그렇지 않다고 판단하여 학교에서 자녀를 철수시켰다는 것을 발견했다고 보고했다.

이와 같은 자기 계발에 대한 낮은 인식은 사회 전반에서도 흔히 볼 수 있다. 자기 계발을 다른 사람보다 앞서기 위한 수단이나, 지적인 오락의 수단으로만 여기는 것은 그것의 본래 목적을 낮추는 것이다. 베이컨의 말대로, "지식은 이익이나 판매를 위한 것이 아니라, 창조주의 영광과 인간의 상태를 구제하기 위한 것이다." 자신을 고양하고 사회에서 자신의 위치를 개선하는 것은 존경할 만한 일이지만, 이는 자신의 희생을 대가로 이루어져서는 안 된다. 단순히 몸을 위한 노예로 마음을 사용하는 것은 매우 비천한 일이며, 삶에서 성공을 이루지 못했다고 불평하는 것은 지식보다는 산업과 사업 세부 사항에 대한 주의 부족에서 비롯된 것이다.

교육이 타락할 수 있는 또 다른 방법은 그것을 단순한 지적 유희나 오락의 수단으로 여기는 것이다. 오늘날 대중문학에는 가벼움과 흥미에 대한 과도한 열망이 나타나고, 이를 충족시키기 위해 책과 잡지는 고도로 자극적이고 재미있어야 한다. 더글러스 제럴드는 "세상이 끝없는 웃음에 지칠 것이라고 확신하며, 인생에는 진지한 것이 있다"고 말했다. 존 스털링도 "정기 간행물과 소설은 이 시대에 건강한 지적 생활을 해치는 해충이 되고 있다"고 말했다.

노동에서 벗어나거나 더 진지한 추구에서 휴식을 취하기 위해 잘 쓰여진 이야기를 읽는 것은 큰 지적 즐거움이다. 이는 모든 연령대의 사람들이 즐길 수 있는 문학의 한 형태이다. 하지만 이를 독점적인 문학적 취향으로 삼고, 많은 여가 시간을 허비하는 것은 단순한 시간 낭비를 넘어

해로울 수 있다. 습관적인 소설 독자는 허구에 지나치게 몰입해 현실 감각을 잃을 위험이 있다. 버틀러 주교는 "마음속에 미덕의 멋진 그림을 그리는 것은 오히려 마음을 무감각하게 할 수 있다"고 말했다.

적당한 오락은 건강에 좋고 긍정적이지만, 과도한 오락은 본성을 해치며 주의 깊게 경계해야 한다. "일만 하고 놀지 않으면 잭이 둔해진다"는 격언이 자주 인용되지만, 놀기만 하고 일하지 않으면 더 큰 문제가 생긴다. 쾌락에 빠진 젊은이에게 영혼이 무뎌지는 것만큼 해로운 것은 없다. 그의 마음의 최고의 자질이 손상되고, 일상의 즐거움은 무미건조해지며, 고차원적인 즐거움을 추구하는 욕구가 타락하여 삶의 일과 의무에 직면했을 때 혐오감을 느끼게 된다. 방탕한 사람들은 인생의 에너지를 낭비하고, 진정한 행복의 원천을 말라버리게 한다. 그들은 성격이나 지능의 건강한 성장을 이루지 못한 채 봄을 지나친다. 순수함이 없는 아이, 순진함이 없는 소녀, 진실성이 없는 소년이 청년 시절을 방탕한 생활로 낭비하고 버린다면, 그것보다 더 애처로운 광경은 없다.

미라보는 자신의 삶을 돌아보며 "나의 초기 세월은 이미 많은 부분에서 후속 세월을 상속할 권리를 잃게 했고,

내 생명력의 많은 부분을 소진시켰다"라고 말했다. 오늘 다른 사람에게 저지른 잘못이 내일 우리에게 돌아오듯, 청년 시절의 죄악은 나이가 들어 우리를 괴롭히게 된다. 베이컨 경은 "젊음의 자연적 힘은 나이가 들 때까지 많은 과잉을 넘긴다"라고 말했는데, 이는 삶에서 충분히 고려해야 할 신체적 · 도덕적 사실이다. 이탈리아의 지우스티도 친구에게 보낸 편지에서 "나는 삶의 대가를 많이 치르고 있다. 우리의 삶은 우리가 마음대로 할 수 있는 것이 아니라, 자연이 처음에는 그것들을 공짜로 주는 척하다가 나중에 계산서를 보내준다"라고 썼다. 청년 시절의 무분별함이 최악인 이유는 건강을 해치는 것뿐만 아니라 성인기를 더럽히기 때문이다. 방탕한 청년은 더럽혀진 사람이 되며, 종종 그가 원하더라도 순수해질 수 없다. 만약 치유가 있다면, 그것은 오직 의무에 대한 열정과 유용한 작업에 대한 적극적인 참여를 통해서만 찾을 수 있다.

프랑스의 뛰어난 지성 중 한 명인 벤자민 콩스탕은 위대한 재능을 지녔지만, 20대에 이미 허무주의에 빠져 그의 삶은 단지 연장된 탄식에 불과했다. 평범한 근면과 자기 통제만으로도 이룰 수 있었던 위대한 업적들을 성취하지 못한 그는 수많은 결심을 했지만 결국 아무것도 이루지 못했다. 사람들은 그를 변덕스러운 콩스탕이라고 불렀고, 그는 유려하고 빛나는 글을 썼지만 "세상이 기꺼이 잊지 않을 작품을 쓰고 싶다"는 야망을 이루지 못했다. 그의 책에 담긴 초월주의는 그의 삶의 천박함을 보상하지 못했다. 그는 종교에 관한 저서를 준비하면서도 도박장을 드나들었고, '아돌프'를 집필하면서도 불미스러운 관계를 유지했다. 그의 모든 지적 능력에도 불구하고 덕성에 대한 믿음이 없었고, 그래서 무력했다. 그는 "명예와 존엄이 뭐가 중요하겠어? 나는 살면 살수록 그것들이 아무것도 아님을 더욱 분명히 깨닫는다"라고 말하며 불행한 인간의 울부짖음을 표현했다. 자신을 "재와 먼지에 불과하다"고 묘사하며 "나는 비참함과 지루함과 함께 지구를 떠도는 그림자에 불과하다"라고 말했다. 그는 볼테르의 에너지를 원했지만, 결단력 없이 그저 바람만 가졌을 뿐이다. 그의 삶은 조기에 소진되어 단절된 고리들로 이루어진 잔해가 되었고, 그는 결국 비참하게 죽었다.

이에 비해 '노르만 정복사'의 저자인 오귀스탱 티에리는 콩스탕과는 극명하게 대조되는 삶을 살았다. 그의 생애는 끈기, 근면, 자기 수양, 그리고 지식에 대한 헌신의 훌륭한 예시다. 그는 지식을 추구하며 시력을 잃고 건강을 잃었지만, 진실에 대한 사랑은 결코 잃지 않았다. 아기처럼 간호사의 팔에 안겨 이동할 정도로 쇠약해졌을 때도 그의 용감한 정신은 결코 흔들리지 않았다. 그는 맹인이자 무력했지만, "만약 과학의 이익이 위대한 국가적 이익의 범주에 속한다고 생각한다면, 나는 전투에서 부상당한 병사가 국가에 바치는 모든 것을 내 나라에 바쳤다"라고 고귀하게 말했다. 그는 자신의 경력이 다른 이들에게 영감을 주길 바랐으며, "모든 사람은 자신의 운명을 만들 수 있으며, 자신의 삶을 고귀하게 사용할 수 있다"라고 주장했다.

콜리지는 여러 면에서 콩스탕과 비슷했다. 그는 뛰어난 재능을 가졌지만, 의지의 결핍으로 인해 비슷한 길을 걸었다. 그의 위대한 지적 재능에도 불구하고, 그는 근면함이 부족했고, 지속적인 노력을 기피했다. 또한, 그는 독립심이 부족하여 자신의 아내와 자녀를 사우디의 노동에 의존하게 했다. 그는 자신을 하이게이트 그로브에 물러나 초월주의를 설교하며 런던의 소음과 연기 속에서 정직한 일을 경멸했다. 수익성 있는 일이 있었음에도 불구하고, 그는 친구들의 자선에 의존하며 굴욕을 감수했다. 반면, 사우디는 자신이 선택한 일뿐만 아니라 때때로 지루하고 불쾌한 과제도 열심히 수행했다. 그는 매일, 매시간을 정해진 일로 가득 채웠고, 출판사들과의 약속을 정확히 이행하며, 대가족의 생계를 책임졌다. 사우디는 "나의 방식은 왕의 대로만큼 넓고, 나의 수단은 잉크병에 있다"라고 말할 정도로 자신의 일에 헌신적이었다.

로버트 니콜은 콜리지의 '회고록'을 읽고 나서 한 친구에게 "약간의 에너지와 결단력만 있었더라면 콜리지가 얼마나 위대한 인물이 되었을지"라고 썼다. 니콜 자신도 젊은 나이에 세상을 떠났지만, 그 전에 이미 삶의 많은 어려움을 극복한 진정한 용기 있는 사람이었다. 그는 작은 서점 사업을 시작하며 20파운드의 빚에 짓눌렸지만, "이 빚을 갚기만 하면 다시는 인간에게 돈을 빌리지 않겠다"라고 결심했다. 그는 어머니에게 "저를 두려워하지 마세요, 사랑하는 어머니. 제 정신이 날로 강해지고 더 희망적으로 변하는 것을 느낍니다"라고 쓰며, 어려운 삶의 시련 속에서도 결코 희망을 잃지 않았다.

인간을 만드는 것은 안락함이 아니라 노력이며, 쉬움이 아니라 어려움이다. 인생의 어느 위치에서든, 어느 정도의 성공을 이루기 위해서는 반드시 맞서야 하고 극복해야 할 어려움이 있다. 그러나 이 어려움들이야말로 우리의 최고의 스승이며, 우리의 실수가 종종 최고의 경험을 만들어낸다.

찰스 제임스 폭스는 실패에도 불구하고 계속 나아가는 사람에게 더 큰 희망을 보았다고 말하곤 했다. 그는 "누군가가 첫 연설에서 뛰어난 성과를 거두었다고 말하는 것도 좋지만, 첫 번째 시도에서 성공하지 못했음에도 불구하고 계속 도전하는 사람을 보여준다면, 나는 그 사람이 처음 시도에서 성공한 대부분의 사람들보다 더 나은 성과를 낼 것이라고 장담할 수 있다"라고 말했다.

우리는 성공보다 실패에서 더 많은 지혜를 배운다. 무엇이 작동하지 않는지 알아내는 과정에서 무엇이 작동하는지를 발견하게 된다. 아마도 실수를 한 적이 없는 사람은 새로운 발견을 한 적도 없을 것이다. 예를 들어, 펌프가 33피트 이상의 물을 끌어올릴 수 없다는 실패는 대기압의 법칙을 연구하게 만들었고, 이는 갈릴레오, 토리첼리, 보일 등의 과학자들에게 새로운 연구 분야를 열어주었다. 존 헌터는 의사들이 성공뿐만 아니라 실패도 공개해야 의료 기술이 발전할 것이라고 말했다. 기술 공학에서 와트는 실패의 기록이 담긴 책이 필요하다고 주장하며, "우리는 실패의 역사에서 배워야 한다"고 말했다.

험프리 데이비 경은 한 번 능숙한 실험을 보고, "나는 능숙한 조작자가 아니었던 것이 오히려 감사하다. 내 가장 중요한 발견들은 실패에서 비롯되었기 때문이다"라고 말했다. 또 다른 위대한 과학자는 연구 과정에서 극복할 수 없는 장애물에 직면할 때마다 대개 어떤 발견의 직전에 있다는 것을 깨닫곤 했다고 기록했다. 가장 위대한 생각, 발견, 발명들은 보통 고난 속에서 자라나고, 종종 슬픔 속에서 숙고되며, 어려움을 통해 확립된다.

베토벤은 로시니에 대해 "어릴 때 꾸준히 매를 맞았더라면 그는 훌륭한 음악가가 되었을 것이다. 하지만 그는 너무 쉽게 작품을 만들어내는 능력 때문에 망가졌다"고 말했다. 자신 안에 힘을 느끼는 사람들은 반대 의견을 두려워할 필요가 없다. 오히려 지나친 칭찬과 너무 친절한 비평을 더 경계해야 한다. 멘델스존은 자신의 작품 '엘리야'의 첫 공연을 앞두고 친구이자 비평가에게 "내게 솔직하게 말해줘! 내가 좋아하는 것 말고, 싫어하는 것을 말해줘!"라고 부탁했다.

흔히 패배가 승리보다 장군을 더 시험한다고 한다. 워싱턴은 승리한 전투보다 패배한 전투가 더 많았지만, 결국 성공을 이루었다. 로마인들도 많은 전투에서 패배로 시작했지만, 끝내는 승리했다. 모로 장군은 자주 북에 비유되었는데, 북은 두들겨 맞아야 소리를 내기 때문이다. 웰링턴의 군사적 재능은 압도적인 어려움과의 대결 속에서 완성되었고, 이는 그의 결의를 더욱 강화하고 그를 더 위대한 인물로 만들었다. 능숙한 선장은 폭풍우 같은 험난한 환경에서 최고의 경험을 쌓으며, 이를 통해 자립심과 용기, 그리고 최고의 훈련을 얻는다. 우리나라의 뛰어난 선원들이 거친 바다와 겨울밤의 훈련을 통해 세계에서 누구에게도 뒤지지 않는 실력을 쌓았을 것이다.

필요는 혹독한 스승일 수 있지만, 대체로 가장 훌륭한 스승으로 여겨진다. 역경은 피하고 싶지만, 그것이 닥쳤을 때는 용감하게 맞서야 한다. 번즈는 "손실과 좌절은 엄격한 교훈이지만, 그 속에서만 찾을 수 있는 지혜가 있다"고 말했다. 역경은 우리의 능력을 드러내고 에너지를 끌어올린다. 만약 성격에 진정한 가치가 있다면, 그것은 압박을 받을 때 더욱 빛난다. "고난은 천국으로 가는 사다리"라는 속담도 있다. 리히터는 "가난이란 단지 고통스러운 귀걸이 뚫기에 불과하지만, 그 상처에 귀한 보석을 달 수 있다"고 말했다. 역경은 강한 성격을 만들고 자립심을 키워준다. 많은 사람들이 부족함을 용감하게 견디고 장애물에 맞서 성공했지만, 번영의 더 큰 위험에 맞서지 못한 경우도 있다.

강한 사람은 역경을 이겨내고, 번영 속에서도 흔들리지 않는다. 비열한 마음을 가진 사람에게 부는 오히려 그를 더 오만하게 만들 수 있지만, 번영이 자존심을 강화시키는 반면, 역경은 결단력 있는 사람에게 강인함을 키워준다. 버크는 "어려움은 우리를 가르치기 위해 세상에 놓인 엄격한 스승이다. 그는 우리를 강하게 하고 기술을 연마해준다"고 말했다. 어려움에 맞서지 않았다면, 인생은 더 쉬워졌을지 모르지만, 인간의 가치는 그만큼 낮아졌을 것이다. 시련은 성격을 단련시키고 자립심을 가르쳐주며, 우리는 그것을 인식하지 못하더라도 고난이 종종 우리에게 가장 건강한 훈련이 된다.

인도의 젊은 호드슨은 부당하게 직책에서 해임되었을 때도 친구에게 "저는 들판에서 적을 맞이하는 것처럼 가장 나쁜 상황을 용감하게 직면하려고 노력하고, 제 능력에 따라 제 할 일을 최선을 다해 해내고 있습니다. 모든 일에는 이유가 있다고 믿으며, 때로는 지루한 임무도 잘 수행하면 나름의 보상이 있다고 믿습니다. 그렇지 않더라도 그것들은 여전히 제 의무입니다"라고 말했다.

인생의 대부분의 싸움은 오르막길에서 벌어지며, 큰 노력 없이 이긴다면 그것은 아마도 명예 없이 이긴 것과 다를 바 없을 것이다. 어려움이 없다면 성공도 없고, 싸울 것이 없다면 이룰 것도 없을 것이다. 어려움은 약한 사람에게는 위협이 될 수 있지만, 결단력과 용기를 가진 사람에게는 오히려 자극이 된다. 실제로 인생의 모든 경험은 꾸준한 선행, 정직한 열정, 활동성, 인내, 그리고 무엇보다도 어려움을 극복하고 불행에 맞서 일어서겠다는 결단력으로 대부분의 장애물을 극복할 수 있음을 보여준다.

어려움의 학교는 개인뿐만 아니라 국가에게도 최고의 도덕적 훈련을 제공한다. 사실, 어려움의 역사는 인간이 지금까지 이룩한 모든 위대하고 선한 일들의 역사라고 할 수 있다. 북쪽 나라들이 거친 기후와 불모지와 싸우며 얻은 성과는 무수하다. 이러한 싸움은 그들에게는 필수적인 조건으로, 따뜻한 기후의 사람들은 알지 못하는 영원한 싸움을 의미한다. 이처럼 우리의 훌륭한 생산물이 외래종일지라도, 그것을 재배하는 데 필요한 기술과 산업이 세계에서 가장 뛰어난 인재들을 길러내는 데 기여했을 것이다.

어려움이 있는 곳에서는 개인이 두드러지기 마련이다. 어려움과의 대결은 그의 힘을 훈련시키고, 기술을 단련시킨다. 마치 경주자가 언덕을 달리는 훈련을 받음으로써 더 쉽게 달릴 수 있게 되는 것처럼, 어려움은 미래의 노력을 위한 용기를 북돋아 준다. 성공으로 가는 길은 오르막길일 수 있으며, 정상에 도달하려는 자의 에너지를 시험한다. 그러나 경험을 통해 우리는 장애물을 맞서 싸우면 극복할 수 있다는 것, 쐐기풀도 용기 있게 잡으면 부드럽게 느껴진다는 것, 그리고 목표를 이루기 위해 가장 필요한 것은 우리가 그것을 이룰 수 있으며 반드시 이룰 것이라는 확신이라는 것을 배운다. 이처럼 어려움은 결단 앞에서 종종 저절로 사라진다.

시도만으로도 많은 것을 이룰 수 있다. 아무도 자신이 해보기 전에는 무엇을 할 수 있을지 알지 못하며, 강제로 해야만 최선을 다하게 되는 경우도 많다. "내가 이런저런 일을 할 수 있다면 좋겠지만…."이라고 한숨 쉬는 사람도 있지만, 원하기만 한다고 해서 이루어지지 않는다. 욕망은 목표와 노력을 통해 성숙해야 하며, 한 번의 활기찬 시도는 천 번의 소망보다 더 가치가 있다. 이처럼 "만약"이라는 말은 무능과 절망의 중얼거림으로 가능성의 장벽을 세워 아무 일도 이루어지지 않게 하거나, 시도조차 하지 않게 만든다. 린드허스트 경은 "어려움은 극복하기 위해 존재한다"고 말했다. 어려움에 곧바로 맞서라. 실천을 반복하면 점점 쉬워지고, 반복된 노력으로 강인함과 인내심이 생긴다. 이처럼 정신과 성격은 훈련을 통해 거의 완벽에 가까워질 수 있으며, 비슷한 경험이 없는 사람들에게는 이해할 수 없을 정도로 우아하고 활기차며 자유롭게 행동할 수 있게 된다.

우리가 배우는 모든 것은 어려움을 극복하는 것이다. 하나의 어려움을 극복하면 다른 어려움을 극복하는 데 도움이 된다. 교육에서 처음에는 가치가 없어 보일 수 있는 것들, 예를 들어 죽은 언어를 배우거나 수학에서 선과 면의 관계를 익히는 것은 사실 매우 큰 실용적 가치를 지닌다. 이러한 학문을 정복함으로써 노력의 중요성을 깨닫게 되고, 잠자고 있을지 모를 응용력을 발전시킬 수 있다. 이처럼 하나의 경험이 다른 경험의 기초가 되며, 인생은 어려움을 만나고 극복하는 과정이 끝나는 시점인 삶의 끝까지 계속된다. 그러나 좌절감에 빠지는 것은 누구에게도 도움이 되지 않았으며, 앞으로도 절대 도움이 되지 않을 것이다. 수학의 기초를 배우는 데 어려움을 겪는 학생에게 달랑베르가 해준 조언처럼 "계속하세요, 그러면 믿음과 힘이 찾아올 것입니다."

피루엣을 도는 무용수나 소나타를 연주하는 바이올리니스트는 끊임없는 반복과 수많은 실패를 통해 그들의 능숙함을 얻었다. 카리시미가 그의 멜로디가 편안하고 우아하다는 칭찬을 받았을 때, "이 편안함이 얼마나 큰 어려움을 통해 얻어진 것인지 모를 것입니다"라고 외쳤다. 조슈아 레이놀즈 경이 한 번은 특정 그림을 완성하는 데 얼마나 걸렸느냐는 질문을 받자, "내 평생 동안"이라고 대답했다. 미국의 웅변가 헨리 클레이는 자신의 성공 비결을 이렇게 설명했다. "나는 내 인생의 성공을 주로 한 가지 요인에 빚지고 있습니다. 그것은 스물일곱 살 때부터 수년간 매일 역사나 과학 책을 읽고 연설하는 연습을 계속한 것입니다. 이런 즉흥 연설은 때로는 옥수수밭에서, 때로는 숲 속에서, 때로는 외딴 헛간에서 이루어졌고, 내 청중은 말과 소였습니다. 이러한 초기 연습이 내 인생 전체를 형성한 주된 원동력이었습니다."

아일랜드의 유명 웅변가였던 커런은 어린 시절 발음에 큰 결함이 있었다. 학교에서 "더듬거리는 잭 커런"이라는 별명으로 불렸고, 법학을 공부하면서도 이 결함을 극복하려 애썼다. 어느 날, 한 토론 클럽의 회원이 그를 "침묵의 웅변가"라고 비웃었을 때, 커런은 이 도발에 자극받아 웅변력을 발휘하게 되었다. 이전에 연설하려고 일어섰을 때 한 마디도 하지 못한 적이 있었기 때문에, 이 비난은 그에게 도전 의식을 불러일으켜 승리의 연설을 하게 만들었다.

커런은 자신에게 웅변의 재능이 있다는 사실을 깨닫고, 이를 계기로 학업에 더 많은 열정을 쏟았다. 그는 매일 몇 시간씩 거울 앞에서 자신의 얼굴을 보며 문학 작품의 좋은 구절들을 큰 소리로 분명하게 읽어 발음을 교정했다. 또한, 자신의 어색하고 우아하지 못한 체격에 맞는 제스처를 개발했으며, 법적 사건들을 상상하며 그것을 배심원 앞에서 연설하는 것처럼 연습했다.

커런은 엘던 경이 말한 명성을 얻기 위한 첫 번째 조건, 즉 "단 한 푼도 없는" 상태에서 법학을 시작했다. 법정에서 일하며 자신감 부족에 시달리던 중, 한 번은 판사(로빈슨)의 도발에 매우 신랄하게 응답한 적이 있었다. 논의 중이던 사건에서 커런은 "그의 경이 제시한 법률을 그의 서재의 어떤 책에서도 본 적이 없다"고 말했다. 그러자 판사는 경멸적인 어조로 "당신의 서재가 아주 작을 것 같다"고 말했다. 그의 경은 정치적으로 극단적인 편향성을 가진 익명 팸플릿을 여러 권 저술한 사람으로, 커런은 이러한 경멸적인 언급에 자극받아 다음과 같이 응수했다. "맞습니다, 경. 저는 가난하고, 그래서 제 서재는 작습니다. 책이 많지는 않지만, 선택된 책들입니다. 그리고 저는 그것들을 올바른 마음가짐으로 읽었다고 생각합니다. 많은 나쁜 책을 쓰기보다는 몇 권의 좋은 책을 공부하는 것을 선택했습니다. 제 가난을 부끄러워하지 않지만, 아첨과 부패로 얻었다면 제 부를 부끄러워했을 것입니다. 제가 높은 지위에 오르지 못할 수도 있지만, 적어도 정직하게 살아갈 것입니다. 만약 제가 정직하지 않게 된다면, 잘못 얻은 높이로 인해 더 눈에 띄게 될 것이며, 그것이 더 많은 사람들에게 멸시받는 일이 될 것입니다."

극심한 가난조차도 자기 계발에 헌신한 사람들에게는 장애물이 되지 않았다. 예를 들어, 언어학자 알렉산더 머레이 교수는 양털 빗질기의 끝에 남은 히스 줄기를 사용해 글씨를 쓰며 글을 배웠다. 그의 아버지는 가난한 양치기였고, 그가 가진 책이라곤 1펜스짜리 단기 요리책 하나뿐이었다. 모어 교수는 젊었을 때, 뉴턴의 '프린키피아'를 살 돈이 없어 책을 빌려 전체를 손으로 베껴서 공부했다. 많은 가난한 학생들이 생계를 위해 매일 일하면서도, 겨울에 눈 덮인 들판에서 먹이를 찾는 새처럼 지식을 조금씩 쌓아 나갔다. 그들은 꾸준히 노력했고, 믿음과 희망이 그들에게 찾아왔다.

잘 알려진 저자이자 출판인인 윌리엄 체임버스는 에든

버러에서 젊은이들 앞에서 자신이 겪은 고난의 시작을 간략하게 설명하며 그들에게 용기를 주었다. "저는 자수성가한 사람입니다. 교육은 스코틀랜드의 소박한 마을 학교에서 받았고, 에든버러에 가서 가난한 소년이 되었을 때, 낮에는 일을 하고 밤에는 공부에 헌신했습니다. 오전 7시에서 8시까지, 때로는 저녁 9시에서 10시까지 서적상 도제 일을 했고, 이 시간 이후에 잠에서 빼앗은 시간만이 공부할 시간이었습니다. 저는 소설을 읽지 않았습니다. 물리학과 같은 유용한 주제에 집중했으며, 독학으로 프랑스어를 배웠습니다. 그 시절을 큰 기쁨으로 회상하며, 그와 같은 경험을 다시 겪지 못한다는 것이 아쉽습니다. 왜냐하면 에든버러의 다락방에서 단 6펜스도 없이 공부하던 때보다 지금의 고급 응접실에서 느끼는 기쁨이 더 크기 때문입니다."

윌리엄 코벳의 영어 문법 학습 이야기는 어려운 상황에서 공부하는 학생들에게 큰 영감을 준다. "나는 육군 사병으로 하루 6펜스를 받으면서 문법을 배웠다. 내 침대 모서리나 경비 침대의 모서리가 내 공부 자리였고, 내 배낭이 책장이었으며, 내 무릎에 놓인 나무판자가 책상이었다. 이 일은 내 인생의 일 년도 걸리지 않았다. 나는 촛불이나 등유를 살 돈이 없었다. 겨울에는 불빛 외에는 공부할 수 있는 빛을 얻을 수 없었고, 그 불빛조차도 내 차례가 되어야만 얻을 수 있었다. 이런 상황에서 부모나 친구의 조언이나 격려도 없이 나는 이 일을 해냈다. 그렇다면 어떤 젊은이라도, 아무리 가난하고, 아무리 바쁘고, 아무리 공간이나 다른 편의 시설이 부족하다 하더라도 이 일을 하지 못할 핑계가 있을 수 있는가?"

프랑스 정치 망명자의 사례는 노력과 배움의 열정을 보여주는 또 하나의 인상적인 이야기다. 그는 석공으로 일하다가 일이 줄어들면서 가난에 직면하게 되었다. 이때, 그는 프랑스어를 가르치는 동료 망명자에게 생계를 위한 조언을 구했고, 그 동료는 "교수가 되라"라고 말했다. 처음에는 불가능하다고 생각했지만, 결국 그는 교수가 되기로 결심하고 교육을 받기 시작했다. 근면하고 강한 지능을 지닌 그는 문법의 기본, 작문의 규칙, 올바른 프랑스어 발음을 빠르게 습득했다. 그의 친구이자 교사가 그가 다른 사람들을 가르칠 충분한 자격이 있다고 생각했을 때, 공석으로 광고된 자리에 지원했고, 마침내 그는 교수가 되었다.

사무엘 로밀리 경도 자기 계발을 위해 부지런히 노력한 인물 중 하나였다. 보석상의 아들이자 프랑스 난민의 후손이었던 그는 어린 시절 거의 교육을 받지 못했지만, 끊임없는 노력으로 모든 불리한 점을 극복했다. 그는 15세에서 16세 사이에 라틴어를 진지하게 공부하기로 결심했고, 이후 3~4년 동안 라틴어의 주요 작가들을 읽으며 지식을 쌓았다. 이후 법률 사무원으로 일하면서도 열심히 공부해 변호사가 되었고, 성실함과 끈기로 성공을 이루었다. 결국 그는 1806년 폭스 행정부에서 법무차관이 되었으며, 법조계에서 최고의 명성을 얻었다. 그러나 그는 항상 자신의 자격 부족에 대한 불안과 끊임없는 노력으로 이를 극복하려 했다. 그의 자서전은 매우 교훈적이며, 여러 권의 감상적인 책보다도 가치가 있어 주의 깊게 읽을 만하다.

월터 스콧 경은 젊은 친구 존 레이든의 사례를 끈기의 힘을 보여주는 대표적인 예로 자주 언급했다. 레이든은 스코틀랜드 록스버그셔의 외딴 계곡에서 양치기의 아들로 태어났다. 그는 거의 독학으로 교육을 받았다. 많은 스코틀랜드 양치기의 아들들처럼, 그는 어릴 때부터 지식에 대한 갈증을 느꼈다. 가난한 맨발의 소년이었던 그는 매일 6~8마일을 걸어 언덕 위의 작은 마을 학교에 가서 읽기를 배웠다. 이게 그가 받은 전부의 교육이었으며, 나머지는 스스로 공부해 익혔다.

레이든은 에든버러 대학에 다니기 위해 극심한 가난 속

에서도 그곳으로 향했다. 그는 작은 서점에서 아치볼드 컨스터블이 운영하는 서점을 자주 찾았다. 그곳에서 대형 서적을 손에 들고 사다리에 올라 몇 시간씩 책을 읽었다. 때로는 자신의 비참한 숙소에서 기다리고 있을 빵과 물조차 잊고 몰두했다. 책과 강의에 접근할 수 있다는 것이 그의 유일한 바람이었다. 과학의 문 앞에서 그는 끊임없이 노력했고, 결국 불굴의 끈기로 모든 어려움을 극복했다.

19세가 되기 전, 레이든은 에든버러의 모든 교수들을 놀라게 할 정도로 깊이 있는 그리스어와 라틴어 지식을 쌓았다. 또한, 다양한 분야에 대한 풍부한 지식도 가지고 있었다. 인도로 시선을 돌린 그는 민간 서비스에서 일자리를 구하려 했으나 실패했다. 대신 외과 조수로 일할 기회를 얻게 되었지만, 그는 외과 의사가 아니었고, 그 직업에 대해 거의 아무것도 몰랐다. 그러나 그는 배울 수 있었다.

단 6개월 안에 보통 3년이 걸리는 지식을 습득해야 한다는 말을 들었지만, 레이든은 주저하지 않고 열심히 공부에 매진했다. 결과적으로 6개월 후, 그는 명예롭게 학위를 취득했다. 스콧과 몇몇 친구들이 그를 돕기 위해 필요한 물품들을 마련해 주었고, 레이든은 자신의 아름다운 시집 '유년기의 장면들'을 출간한 후 인도로 떠났다. 인도에서 그는 위대한 동양학자로 성장할 가능성을 보였으나, 불행히도 열병으로 인해 일찍 세상을 떠났다.

레이든의 이야기는 많은 사람들에게 영감을 주었으며, 특히 어려운 환경에서도 자기 계발과 학문에 대한 열정을 가지고 끈기 있게 노력하면 위대한 성취를 이룰 수 있음을 보여준다. 그의 예는 또한 지식이 단순히 책에서 얻은 정보에 그치는 것이 아니라, 어려움을 극복하고 자신의 한계를 뛰어넘는 과정에서 얻게 되는 깊이 있는 이해와 통찰력임을 일깨워준다. 어려운 여건 속에서도 레이든처럼 포기하지 않고 끊임없이 배움을 추구한다면, 누구든지 자기 계발을 통해 훌륭한 성과를 거둘 수 있을 것이다.

또한 케임브리지 대학의 히브리어 교수였던 고(故) 리 박사의 삶도 끈기와 결단력으로 문학 분야에서 성공을 거둔 현대의 놀라운 사례 중 하나이다. 리 박사는 슈루즈버리 근처 로그노의 자선학교에서 교육을 받았지만, 별다른 두각을 나타내지 못해 선생님으로부터 가장 둔한 학생 중 하나라는 평가를 받았다. 이후 그는 목수 견습생으로 일하며 성인이 될 때까지 그 일을 계속했다.

여가 시간에 책을 읽기 시작한 그는 라틴어 인용구가 포함된 책을 접하면서 그 의미를 알고 싶어졌다. 그래서 라틴어 문법책을 구입해 공부를 시작했고, 결국 라틴어를 마스터했다. 어느 날 예배 장소에서 우연히 그리스어 신약성서를 발견한 후, 그는 그리스어도 배우고 싶어졌다. 라틴어 책을 팔아 그리스어 문법책과 사전을 샀고, 곧 그리스어도 익혔다. 그 후 히브리어 책을 구입해, 독학으로 히브리어를 배웠다.

리 박사는 명예나 보상을 바라지 않고 오직 학문에 대한 열정으로 이 모든 것을 해냈다. 그는 이후 칼데아어, 시리아어, 사마리아어 등의 방언도 배웠다. 그러나 밤늦게까지 공부한 결과, 건강에 문제가 생기기 시작했고, 특히 눈병이 심해졌다. 그는 한동안 공부를 중단하고 건강을 회복한 뒤, 다시 목수 일에 매진했다. 그의 성실하고 정직한 성품 덕분에 사업은 점점 번창했고, 그는 28세에 결혼할 수 있을 정도로 생활이 안정되었다.

이제 가정의 생계를 책임지기로 결심한 그는 문학에 대한 꿈을 포기하고 모든 책을 팔았다. 평생 목수로 일할 수 있었겠지만, 불행히도 생계를 의지하던 도구 상자가 화재로 소실되면서 절망적인 상황에 처하게 되었다. 그는 새로운 도구를 살 돈이 없었기에, 어린아이들에게 글을 가르치는 일을 시작했다. 비록 여러 언어를 마스터했지만, 기본적인 학문에 대한 지식이 부족해 처음에는 가르치는 것이 어려웠다. 그러나 굳은 결심으로 열심히 노력해, 스스로 산수와 글쓰기를 익혀 아이들에게 가르칠 수 있게 되었다.

그의 소박하고 진실된 성품은 점차 주변 사람들의 호감을 얻었고, '배운 목수'로서의 명성이 퍼져 나갔다. 이웃 성직자였던 스콧 박사는 그를 슈루즈버리의 한 자선학교 교장으로 임명될 수 있도록 도왔으며, 그를 저명한 동양학자와 연결해 주었다. 이러한 인맥 덕분에 그는 다양한 책을 접할 기회를 얻었고, 리 박사는 아랍어, 페르시아어, 힌두스탄어까지 마스터하게 되었다.

리 박사는 지역 민병대에서 사병으로 복무하는 동안에도 학업을 계속 이어나갔고, 점차 언어 실력을 높여갔다. 결국 스콧 박사의 도움으로 케임브리지 대학의 퀸즈 칼리지에 입학할 수 있었고, 그곳에서 수학적 성취로 두각을 나타냈다. 이후 아랍어와 히브리어 교수직에 공석이 생기자, 리 박사는 당당히 그 자리에 선출되었다. 그는 교수로서의 직무를 능숙하게 수행했을 뿐만 아니라, 선교사들에게 동방 부족들에게 그들의 언어로 복음을 전하도록 가르치는 데 많은 시간을 할애했다. 또한, 그는 여러 아시아 언어로 성경을 번역했고, 뉴질랜드어까지 마스터하여 그곳의 두

족장을 위해 문법서와 어휘집을 정리했다. 이 책들은 현재 뉴질랜드 학교에서 매일 사용되고 있다.

이것이 바로 사무엘 리 박사의 놀라운 인생 이야기이다. 이는 끈기와 자기계발의 힘을 보여주는 많은 사례 중 하나에 불과하다. 저명한 문학가와 과학자들의 삶에서도 이와 비슷한 사례들을 쉽게 찾아볼 수 있다.

많은 유명한 인물들의 삶은 "배움에는 나이가 없다"는 말을 증명한다. 나이가 들어서도 결심만 한다면 많은 것을 이룰 수 있다. 예를 들어, 헨리 스펠먼 경은 50세에서 60세 사이에 과학 공부를 시작했고, 벤자민 프랭클린은 50세에 이르러서야 자연 철학을 본격적으로 공부했다. 드라이든과 스콧은 40세가 넘어서야 작가로 알려졌고, 보카치오는 35세에 문학적 경력을 시작했으며, 알피에리는 46세에 그리스어를 공부하기 시작했다. 아놀드 박사는 나이가 들어서 독일어를 배워 원어로 니부어를 읽었고, 제임스 와트는 40세 즈음에 프랑스어, 독일어, 이탈리아어를 배워 기계 철학에 관한 책들을 읽을 수 있었다. 토마스 스콧은 56세에 히브리어를 배우기 시작했다. 로버트 홀은 노년에 이탈리아어를 배우기 위해 바닥에 누워 고통을 참으며 공부했는데, 이는 밀턴과 단테를 비교한 매콜리의 글을 이해하기 위해서였다. 헨델은 48세가 되어서야 그의 위대한 작품들을 발표하기 시작했다.

이처럼 비교적 늦은 나이에 새로운 길을 개척하고 성공적으로 공부를 시작한 사람들의 사례는 수없이 많다. 오직 게으르거나 가벼운 마음을 가진 사람들만이 "난 배우기엔 너무 늙었어"라고 말할 것이다.

여기서 다시 강조하고 싶은 것은, 세상을 움직이고 선두에 서는 것은 천재가 아니라, 성실함, 목표, 그리고 끊임없는 노력을 가진 사람들이다. 천재들이 일찍이 두각을 나타낸 사례도 있지만, 일찍 영리한 아이들이 성인이 되어서 얼마나 높이 도달할지는 알 수 없다. 조숙함은 때로는 지적 활력보다는 질병의 징후일 때도 있다. "놀라울 정도로 영리한 아이들"은 어디로 갔을까? 학창 시절의 우등생들은 어디에 있을까? 그들을 추적해 보면, 종종 학교에서 뒤처졌던 둔한 아이들이 그들을 앞지른 경우를 발견할 수 있다. 영리한 아이들은 상을 받지만, 그들의 빠르고 능숙한 재능이 항상 유용한 것으로 이어지지는 않는다. 오히려 보상받아야 하는 것은 노력, 투쟁, 그리고 끈기이다. 타고난 능력이 부족하더라도 최선을 다하는 청소년이야말로 격려받아야 한다.

이와 관련해 '유명한 바보들'에 대한 흥미로운 이야기도 소개할 수 있을 것이다. 어릴 때는 둔했지만, 어른이 되어 빛을 발한 인물들에 대한 이야기다. 여기 몇 가지 사례를 소개하겠다.

화가 피에트로 디 코르토나는 어릴 때 너무 둔해서 "당나귀 머리"라는 별명을 얻었다. 토마소 귀디는 "둔한 톰"으로 불렸지만, 부지런함으로 결국 높은 명성을 얻었다. 뉴턴은 학교 다닐 때 가장 낮은 반에서 하위권에 있었다. 어느 날 뉴턴 위에 있던 학생이 그를 발로 찼을 때, 이 바보는 상대를 도전해 싸움을 걸었고, 이겼다. 이후 그는 공부에서도 상대를 이기기로 결심했고, 마침내 반에서 1등이 되었다.

많은 위대한 성직자들도 조숙하지 않았다. 아이작 배로는 학교 다닐 때 성격이 강하고 싸움을 좋아했으며, 공부는 게을리해 부모님께 큰 슬픔을 안겼다. 그의 아버지는 "만약 자식들 중에 하나님이 데려가신다면, 가장 가능성이 없는 아이작이었으면 좋겠다"고까지 말했을 정도였다. 애덤 클라크는 어릴 때 그의 아버지에게 "큰 바보"라는 평가를 받았지만, 나중에 큰 성취를 이뤘다.

딘 스위프트는 더블린 대학에서 낙제했고, 옥스퍼드에

서는 "특별히 감사히"라는 이유로 추천서를 받았다. 유명한 찰머스 박사와 쿡 박사는 세인트 앤드류스의 교구 학교에서 함께 다녔는데, 그들은 너무 둔하고 장난이 심해 선생님이 참다못해 "고칠 수 없는 바보들"로 판결하고 내쫓았다.

셰리던은 학습 능력이 떨어져 어머니가 그를 가르칠 교사에게 "고칠 수 없는 바보"라는 소개와 함께 보냈다. 월터 스콧은 어릴 때 거의 바보 취급을 받았고, 항상 "싸움"에는 더 잘 준비되어 있었지만, 수업에서는 전혀 그렇지 못했다. 에든버러 대학에서 달젤 교수는 그에게 "바보였고, 바보로 남을 것이다"라고 평했다. 채터턴은 어머니에게 "아무 소용도 없는 바보"로 돌아갔다. 번즈는 운동에는 뛰어났지만, 공부는 둔한 아이였다. 골드스미스는 자신을 늦게 꽃피운 식물이라고 표현했다. 알피에리는 대학을 졸업할 때도 처음 입학했을 때보다 나아지지 않았고, 유럽을 반쯤 돌아다닌 후에야 학문적 경력을 시작했다.

로버트 클라이브는 청소년 시절 바보이자 악동이었지만, 에너지가 넘쳤다. 그의 가족은 그를 떨쳐버리기 위해 마드라스로 보냈고, 그는 결국 영국의 인도 지배의 기초를 다지는 인물이 되었다. 나폴레옹과 웰링턴도 학교 다닐 때는 둔한 학생으로 전혀 눈에 띄지 않았다. 나폴레옹에 대해 아브란테스 공작부인은 "건강은 좋았지만, 다른 면에서는 평범한 소년이었다"고 회상했다.

미국의 총사령관이었던 율리시스 그랜트는 어릴 적 너무 둔하고 손재주가 없어서 그의 어머니로부터 "쓸모없는 그랜트"라고 불렸다. 로버트 리 장군의 최고의 부관이었던 스톤월 잭슨도 젊었을 때는 느릿느릿한 사람으로 주로 알려져 있었다. 그러나 그는 웨스트포인트 사관학교에 다닐 때 지치지 않는 끈기와 노력으로 유명해졌다. 과제가 주어지면 그 과제를 완전히 이해할 때까지 절대 포기하지 않았고, 자신이 이해하지 못한 내용을 아는 척하지도 않았다.

잭슨을 잘 알았던 사람 중 한 명은 "수업 시간에 질문을 받으면 그는 자주 '아직 그 부분을 보지 못했습니다. 어제나 그저께의 수업을 완전히 이해하는 데 집중하느라요'라고 대답하곤 했다"고 말했다. 결과적으로 잭슨은 70명 중 17등으로 졸업했다. 처음에는 반에서 누구보다도 지식과 능력이 부족했던 잭슨이었지만, 마지막에는 53명을 앞질러 16명만이 그의 앞에 있었다. 그의 동료들은 만약 학업이 4년이 아닌 10년이었다면, 잭슨이 반에서 1등으로 졸업했을 것이라고 말하곤 했다.

자선가 존 하워드도 학교에서 7년을 보냈지만 거의 아무것도 배우지 못한 또 다른 유명한 "둔재"였다. 젊은 시절의 스티븐슨은 일에 대한 주의력과 씨름에서의 실력으로 주로 인정받았다. 뛰어난 과학자인 험프리 데이비 경도 어린 시절에는 다른 소년들과 다를 바 없이 평범했다. 그의 선생님인 카드 박사는 "그가 나와 함께 있을 때, 그가 그렇게 뛰어난 재능을 가지고 있다는 걸 전혀 알아차리지 못했다"고 말했다. 실제로 데이비 자신도 나중에 학교에서 "많은 빈둥거림을 즐길 수 있었던 것이 다행이었다"고 회상했다. 제임스 와트도 신동이라는 이야기가 무색하게 학교에서는 둔한 학생이었지만, 그의 끈기와 인내심 덕분에 증기 기관을 완성할 수 있었다.

아놀드 박사가 소년에 대해 말한 것은 성인에게도 똑같이 적용된다. 소년들 간의 차이는 재능보다는 에너지에 달려 있다. 인내심이 있다면, 에너지는 곧 습관이 된다. 둔재라도 끈기와 노력만 있다면, 결국 그런 특성을 가지지 못한 영리한 사람을 능가하게 된다. 천천히 가지만 꾸준히 가는 자가 결국 승리한다. 인내심이야말로 학교에서의 위치가 현실에서 뒤바뀌는 이유를 설명해 준다. 학교에서 영리하던 아이들이 이후에 얼마나 평범해졌는지, 반면에 느리고 둔했던 아이들이 성인이 되어 사람들의 리더가 된 사례들을 보면 참으로 흥미롭다.

이 책의 저자도 소년 시절, 반에서 가장 둔했던 아이와 같은 반에 있었다. 여러 선생님들이 그를 가르치려고 애썼지만 모두 실패했다. 체벌, 바보 모자, 회유, 진지한 부탁까지도 소용이 없었다. 때로는 그를 반에서 맨 위에 앉히는 실험을 하기도 했는데, 그가 얼마나 빠르게 반에서 맨 아래로 내려가는지를 보는 것은 참으로 놀라운 일이었다. 결국 선생님들은 그를 고칠 수 없는 둔재로 포기했고, 그 중 한 명은 그를 "엄청난 바보"라고 불렀다. 그러나 이 둔재는 느리지만 목적을 향한 끈질긴 에너지를 가지고 있었고, 그것은 그의 근육과 성인으로서의 성장과 함께 자라났다. 그리고 이상하게도, 그가 사회생활에 뛰어들었을 때, 그는 대부분의 학교 동창들을 앞서게 되었고, 결국 그들 중 많은 수를 훨씬 뒤로 남겨두었다. 저자가 그에 대해 마지막으로 들었을 때, 그는 그의 고향의 최고 행정관이었다.

올바른 길을 가는 거북이는 잘못된 길을 가는 경주자를 이길 것이다. 비록 젊은이가 느리더라도, 그가 부지런하다면 문제되지 않는다. 머리가 빠른 것이 오히려 결점이 될 수도 있다. 쉽게 배우는 아이는 쉽게 잊어버리기도 하고,

천천히 배우는 아이는 필수적인 노력과 끈기를 키울 필요를 느끼지 않기 때문이다. 그러나 이 노력과 끈기는 모든 성격 형성에 매우 중요한 요소로 작용한다. 데이비는 "내가 무엇이 되었든 그것은 내가 스스로 만든 것이다"라고 말했다. 이 말은 모든 사람에게 적용될 수 있다.

결론적으로, 가장 좋은 배움은 학교나 대학에서 선생님에게서 얻는 것이 아니라, 성인이 된 후 스스로 부지런히 노력해 얻는 자기 교육에서 나온다. 따라서 부모들은 자녀의 재능이 너무 빨리 드러나기를 조급하게 생각할 필요가 없다. 좋은 본보기를 보여주고, 조용히 훈련시키며, 나머지는 자연의 섭리에 맡기고 인내심을 가지고 기다리면 된다. 부모는 자녀가 신체적 건강을 유지할 수 있도록 자유롭게 활동하게 하고, 자녀가 자기 계발의 길로 올바르게 나아가도록 도와주어야 한다. 또한 노력과 끈기를 습관으로 길러주는 데 신경 써야 한다. 그러면 아이가 자라면서, 만약 그 안에 올바른 자질이 있다면, 스스로를 힘차고 효과적으로 계발할 수 있을 것이다.

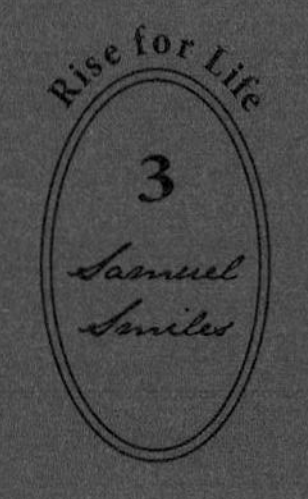

CHAPTER 7

본보기가 되는 삶

본보기는 말없이도 가장 강력한 교사 중 하나이다. 본보기는 행동을 통해 작용하는 실천의 학교이며, 그 힘은 언제나 말보다 강력하다. 가르침은 길을 제시할 수 있지만, 함께 생활하며 습관으로 자리 잡은 조용하고 지속적인 본보기가 진정한 길을 이끈다.

그들의 모습은 언제나 우리 앞에 나타난다. 우리와 같은 피를 나눈, 더 고귀한 형제들. 그들은 침대와 식탁에서 우리를 지배하며, 아름다운 모습과 선한 말로 우리를 이끈다. — 존 스털링 〈영국의 작가〉

아이들은 억누를 수 있어도, 행동은 그렇지 않다. 행동은 우리 의식 안팎에서 불멸의 생명을 가지고 있다. — 조지 엘리엇 〈영국의 소설가〉

이 세상에서 인간의 모든 행동은 끝이 보이지 않는 긴 결과의 사슬의 시작이며, 그 끝을 내다볼 수 있는 인간의 통찰력은 없다. — 토머스 오브 맘즈버리

●

본보기는 말없이도 가장 강력한 교사 중 하나이다. 본보기는 행동을 통해 작용하는 실천의 학교이며, 그 힘은 언제나 말보다 강력하다. 가르침은 길을 제시할 수 있지만, 함께 생활하며 습관으로 자리 잡은 조용하고 지속적인 본보기가 진정한 길을 이끈다. 좋은 조언도 중요하지만, 좋은 본보기가 함께하지 않으면 그 효과는 미미해진다. 실제로는 "내 말대로 해, 내가 하는 대로 하지 마"라는 말이 오히려 반대로 작용하기도 한다.

사람들은 대체로 듣기보다는 보기를 통해 배우는 경향이 강하다. 특히 어릴 때는 눈으로 얻는 지식이 더 깊게 각인된다. 아이들은 보고 들은 것을 무의식적으로 따라 하며, 곤충이 먹는 잎의 색깔을 닮아가는 것처럼 주변 사람들과 닮아간다. 그래서 가정교육이 매우 중요하다. 학교가 아무

리 잘 가르쳐도, 가정에서의 본보기가 아이들의 성격 형성에 더 큰 영향을 미친다.

가정은 사회의 결정체이자 국가 성격의 핵심이다. 그곳에서 길러진 습관, 원칙, 격언들이 공적, 사적 생활을 지배하게 된다. 한 나라의 국민은 가정에서 만들어진다. 공공 여론도 대부분 가정에서 자라나며, 최고의 자선도 가정의 따뜻한 분위기에서 시작된다. 버크는 "우리가 속한 작은 집단을 사랑하는 것이 모든 공공 애정의 씨앗이다"라고 말했다. 이 작은 중심에서 시작된 인간의 공감은 점점 넓어져 세상을 품게 된다. 진정한 자선은 가정에서 시작되지만, 그곳에서 끝나지 않는다.

따라서 사소해 보이는 행동이라도 가볍게 여겨서는 안 된다. 행동은 끊임없이 다른 사람들의 삶에 영향을 미치며, 그들의 성격을 더 나아지게 하거나 나빠지게 할 수 있다. 부모의 성격은 자녀에게 자연스럽게 스며들며, 그들이 매일 보여주는 애정, 훈육, 근면, 자기 통제의 행동은 자녀의 성격에 깊이 각인된다. 한 현명한 사람은 자녀를 두고 "나의 미래 상태"라고 표현하기도 했다.

부모의 무언의 행동과 무의식적인 표정조차도 아이의 성격에 깊은 자국을 남길 수 있다. 자녀들이 부정한 행동이나 생각을 하지 않으려는 이유 중 하나는 부모의 기억을 더럽히지 않겠다는 생각 때문일 것이다. 화가 벤저민 웨스트는 "어머니의 키스 한 번이 나를 화가로 만들었다"고 말했다. 이렇듯 어린 시절의 작은 사건들이 어른이 되어 큰 역할을 할 수 있다. 포웰 벅스턴은 중요한 위치에 있을 때 어머니가 심어준 원칙들이 큰 영향을 미쳤다고 고백했다.

랭데일 경은 어머니가 보여준 훌륭한 본보기를 회상하며 "세상의 모든 것을 한쪽 저울에 올리고, 어머니를 다른 쪽에 올린다면, 세상은 가벼워져 저울이 들릴 것이다"라고 말했다. 시멜 페닉 부인은 노년에 어머니가 사회에 미친 영향을 종종 떠올렸다. 어머니가 방에 들어오면 대화의 수준이 높아지고, 도덕적 분위기가 맑아지며, 모두가 더 바르게 행동하려는 느낌을 받았다.

도덕적 건강은 우리가 호흡하는 도덕적 분위기에 달려 있으며, 부모가 자녀 앞에서 어떻게 사느냐에 따라 그 영향력이 커진다. 부모로서 가장 좋은 교육 방법은 "스스로를 개선하라"는 두 단어로 요약될 수 있다.

사람의 모든 행동과 말은 그 끝을 예측할 수 없는 연쇄적인 결과를 가져온다. 아무리 사소한 행동이나 말도 우리의 삶에 영향을 미치며, 주변 사람들의 삶에도 무의식적으로 영향을 준다. 선한 행동이나 말은 그 결과를 우리가 보지 못하더라도 살아남으며, 악한 것 또한 마찬가지이다. 어떤 본보기가 선한 영향을 미칠지, 악한 영향을 미칠지는 누구도 확신할 수 없다.

사람의 정신은 죽지 않는다. 그것은 여전히 우리 사이에서 살아 숨 쉬고 있다. 리처드 코브던의 죽음을 두고 디즈레일리 씨가 영국 하원에서 "그는 이 하원의 일원이었지만, 그가 없더라도 여전히 일원으로 남아 있다. 그는 의회의 해산이나 선거구의 변덕, 심지어 시간의 흐름에도 영향을 받지 않는다"라고 말한 것은 참으로 멋지고 진실된 표현이었다.

실제로, 인간의 삶에는 이 세상에서도 일종의 불멸성이 존재한다. 우주는 서로 의존하는 시스템으로 구성되어 있으며, 각 개인은 독립적으로 존재하지 않는다. 우리가 하는 다양한 행동은 현재와 미래에 걸쳐 인간의 선량함을 증대시키거나 감소시킨다. 현재는 과거에 뿌리를 두고 있으며, 우리 조상들의 삶과 본보기가 여전히 우리에게 큰 영향을 미치는 것처럼, 우리도 매일의 행동을 통해 미래의 상태와 성격을 형성하는 데 기여하고 있다.

인간은 이전 세기의 모든 문화 속에서 형성된 열매이

며, 현재 살아 있는 세대는 가장 먼 과거와 가장 먼 미래를 연결하는 행동과 본보기의 연속성을 이어가고 있다. 아무리 작은 행동이라도 완전히 사라지지 않는다. 인간의 육신은 먼지와 공기로 돌아가지만, 그의 선한 행위나 악한 행위는 그에 따른 결과를 계속 만들어내며, 미래 세대에 영향을 미치게 된다. 이 중요한 사실 속에 인간 존재의 큰 위험과 책임이 놓여 있다.

찰스 배비지는 이 아이디어를 강력하게 표현한 글에서 이렇게 말했다. "모든 원자는 선악의 영향을 받아 그 움직임을 유지하며, 철학자나 현자들이 가한 영향이 수천 가지 방식으로 결합되고 혼합된다. 공기 자체는 거대한 도서관과 같아, 인간이 한 모든 말이나 속삭임이 영원히 기록되어 있다. 그 안에는 인간의 첫 숨결과 마지막 숨결이 섞여 있으며, 지키지 못한 서약과 이행되지 않은 약속들이 영원히 기록된다. 각 입자의 움직임 속에서 인간의 변덕스러운 의지가 남긴 증거들이 영원히 이어진다. 우리가 호흡하는 공기가 우리가 내뱉은 감정을 기록하는 영원한 역사라면, 지구, 공기, 바다 또한 우리가 한 행위의 영원한 증인이다. 행동과 반작용의 원리가 그들에게도 적용된다. 자연의 원인이나 인간의 행위로 인한 움직임은 절대 지워지지 않는다…. 만약 전능자가 첫 번째 살인자의 이마에 지울 수 없는 죄의 흔적을 새겼다면, 그 이후의 모든 범죄자도 자신의 죄의 증거에 떼려야 뗄 수 없이 묶여 있다는 법칙을 세우셨을 것이다."

따라서 우리가 하는 모든 행동과 말, 그리고 우리가 목격하는 모든 행동과 듣는 모든 말은 우리 자신의 미래뿐만 아니라 사회 전체에 영향을 미치며, 그 영향은 오랜 시간 동안 지속된다. 우리는 이 영향이 우리 자녀, 친구, 또는 동료들 사이에서 어떻게 작용하고 퍼져나가는지 정확히 알 수 없지만, 그것이 확실히 존재하고 끊임없이 작용하고 있다는 사실은 변하지 않는다. 이 점에서 좋은 본보기를 보여주는 것이 얼마나 중요한지 깨닫게 된다. 이는 가장 가난하고 미미한 사람도 일상에서 실천할 수 있는 조용한 가르침이다. 아무리 겸손한 사람이라도 이 간단하지만 값진 교훈을 다른 사람들에게 전할 의무가 있다. 낮은 곳에 놓인 빛도 언덕 위에 놓인 빛처럼 충실히 빛나기 마련이다. 거의 모든 상황에서, 외부 환경이 불리하더라도 진실한 사람은 성장할 수 있다. 자신의 작은 땅을 경작하는 사람도 넓은 땅을 가진 사람만큼이나 충실하고 의미 있는 일을 할 수 있다. 가장 평범한 작업장조차도 성실, 과학, 그리고 도덕을 배울 수 있는 학교가 될 수 있으며, 반대로 게으름, 어리석음, 그리고 타락의 온상이 될 수도 있다. 이는 모두 개인과 그들이 가진 선한 기회를 어떻게 활용하느냐에 달려 있다.

잘 보낸 삶과 정직하게 유지된 성격은 자녀와 세상에 남길 수 있는 가장 값진 유산이다. 그것은 가장 설득력 있는 미덕의 교훈이자, 악에 대한 가장 강력한 질책이며, 지속적으로 가장 가치 있는 부의 원천이 된다. 알렉산더 포프는 허비 경의 비꼬는 말에 답하며 "내 부모님이 어떤 분이든 간에, 내게 부끄러움을 준 적이 없고, 내가 어떤 사람일지라도, 그분들께 눈물을 안긴 적이 없다는 것만으로도 나는 충분히 만족한다"고 말했다. 이를 말할 수 있는 사람들은 참으로 행운이다.

다른 사람들에게 무엇을 해야 하는지 말하는 것만으로는 충분하지 않다. 실제로 행동으로 보여줘야 한다. 치즈홈 부인이 스토우 부인에게 자신의 성공 비결을 설명하면서 "우리가 어떤 일을 하고 싶다면, 직접 나서서 해야 한다는 것을 알게 되었다. 말로만 해서는 아무 소용이 없다"고 말한 것이 모든 삶에 적용될 수 있다. 말만 잘하는 것은 빈약한 설득력이다. 만약 치즈홈 부인이 강연만으로 만족했다면, 그녀의 계획은 아마도 말 이상의 진전을 이루지 못했을 것이다. 그러나 사람들이 그녀가 실제로 무엇을 하고 이루었는지를 보았을 때, 그녀의 생각에 동의하고 도움을 주기 위해 나섰다. 따라서 가장 큰 혜택을 주는 사람은 가장 설득력 있는 말을 하는 사람이 아니라, 가장 설득력 있는 행동을 하는 사람이다.

진정한 마음을 가진 사람들은, 비록 삶의 가장 낮은 위치에 있더라도, 적극적으로 행동함으로써 사회적 지위에 비해 훨씬 더 큰 선행의 영향을 미칠 수 있다. 토마스 라이트가 범죄자 갱생에 대해 말만 하고, 존 파운즈가 초라한 학교의 필요성에 대해 말만 했다면 아무 일도 일어나지 않았을 것이다. 그러나 그들은 말이 아닌 행동을 실천하기 위해 마음속에 다른 생각 없이 단순히 일을 시작했다. 그리고 가장 가난한 사람의 본보기조차도 사회에 어떤 영향을 미칠 수 있는지, 초라한 학교 운동의 사도인 거스리 박사가 포츠머스의 겸손한 구두 수선공 존 파운즈가 자신의 일에 미친 영향을 설명한 말을 들어보자. "내가 이 운동에 관심을 갖게 된 것은, 사람의 운명이 – 마치 강의 흐름처럼 – 아주 사소한 사건에 의해 결정되고 영향을 받을 수 있다는 것을 보여주는 사례다. 나에게는 다소 흥미롭고 기억에 남는 일이지만, 나는 오래되고 낡은, 쇠퇴해 가는 도시에서 그림 하나로 인해 초라한 학교에 관심을 가지게 되었다. 그곳은 토마스 찰머스의 출생지인 포스만의 해안에 자리 잡은 작은 마을이었다."

오랜 시간이 지난 후, 나는 이 장소를 다시 방문하게 되었다. 휴식을 취하기 위해 한 여관에 들어갔는데, 방 안에는 목동과 그들의 지팡이, 그리고 축제 의상을 입은 선원들의 그림이 걸려 있었다. 특별히 흥미롭지는 않았다. 그러나 벽난로 위에는 다른 그림들보다 훨씬 더 눈에 띄는 큰 그림이 걸려 있었다. 그 그림은 한 구두 수선공의 방을 묘사하고 있었는데, 구두 수선공은 코에 안경을 걸치고, 무릎 사이에 낡은 구두를 놓고 있었다. 그의 넓은 이마와 단단한 입술은 강한 성격을 드러내고 있었으며, 덥수룩한 눈썹 아래에는 여러 명의 가난하고 초라한 아이들이 서서 공부를 하고 있는 모습이 그려져 있었다.

나는 호기심이 생겨 그림 아래에 적힌 글을 읽어보았다. 그 글에는 포츠머스의 구두 수선공 존 파운즈라는 사람이 장관이나 판사, 그리고 신사 숙녀들이 돌보지 않는 가난한 아이들을 돌보았다는 내용이 담겨 있었다. 그는 이 불쌍한 아이들을 마치 좋은 목자가 양을 돌보듯 보살피며, 하나님과 세상에 봉사하는 법을 가르쳤다. 자신의 생계를 위해 땀 흘려 일하면서도 이 아이들 중 500명 이상을 불행에서 구해내고 사회에 되돌려 놓았다는 이야기였다.

나는 부끄러움을 느꼈다. 내가 한 일이 너무도 보잘것없다는 생각이 들어 반성하게 되었다. 이 사람의 업적에 감탄했고, 그 순간의 감동 속에서 동행자에게 "그 사람은 인류의 영광이며, 영국에서 세워진 가장 높은 기념비를 받을 자격이 있다"고 말했던 것이 아직도 생생하게 기억난다. 내가 그 사람의 이야기를 찾아보니, 그는 '군중을 불쌍히 여기셨던' 분의 정신으로 가득 차 있었다. 존 파운즈는 뛰어난 사람이었다. 그는 바울처럼 다른 방법으로 가난한 아이를 학교에 보내지 못하면, 재치로 그들을 데려왔다. 허름한 옷을 입고 감자를 손에 들고서 부두에서 헤매는 아이들을 쫓아다니며, 경찰의 힘이 아닌 뜨거운 감자의 힘으로 아이들을 학교로 데려왔다. 감자를 좋아하는 아이들의 마음을 알아차린 그는 뜨거운 감자를 아이들 코앞에서 흔들며 학교로 유인했다.

영예를 받아야 할 사람이 영예를 받을 그날이 오면, 시인들이 노래한 유명 인사들이나 기념비가 세워진 사람들을 지나, 이 가난하고 이름 없는 노인이 앞으로 나와 '이 작은 자 중 하나에게 한 것이 곧 내게 한 것이니라'라고 하신

그분의 특별한 주목을 받을 것이라고 상상할 수 있다.

성품 교육은 좋은 모델을 본받는 것과 밀접한 관련이 있다. 우리는 주변 사람들의 성격, 태도, 습관, 의견을 무의식적으로 본받아 자신을 형성하게 된다. 좋은 규칙도 중요하지만, 좋은 모델이 훨씬 더 중요하다. 좋은 모델은 행동 속에서 가르침을 주고, 지혜를 실천하게 한다. 좋은 충고와 나쁜 본보기는 한 손으로 세우고 다른 손으로 무너뜨리는 것과 같다. 따라서 특히 청소년기에 친구를 신중하게 선택하는 것이 매우 중요하다. 젊은 사람들은 서로의 성격을 무의식적으로 닮아가려는 경향이 있다. 에지워스 씨는 젊은 사람들이 동료의 영향을 받아 무의식적으로 그들의 어조를 따라잡는다고 확신했기 때문에, 그들이 좋은 모델을 선택하도록 가르치는 것이 매우 중요하다고 생각했다. 그의 좌우명은 "좋은 사람들과 함께 하거나, 그렇지 않으면 혼자 있으라"였다.

콜링우드 경은 젊은 친구에게 편지를 쓰면서 "열등한 사람들과 함께할 바에는 차라리 혼자 있는 것이 낫다. 네 동료는 너 자신과 같거나 더 나은 사람들이어야 한다. 사람의 가치는 그가 어울리는 사람들의 가치에 의해 항상 결정된다"라고 말했다. 유명한 시드넘 박사는 "언젠가 모든 사람은 좋은 사람과 나쁜 사람을 만나 대화한 것만으로도 더 나아지거나 나빠지게 될 것이다"라고 했다. 피터 릴리 경은 나쁜 그림을 보면 그의 붓이 그 그림에서 나쁜 영향을 받을 것이라고 믿었기에, 할 수만 있다면 나쁜 그림을 절대 보지 않기로 했다. 마찬가지로, 타락한 사람을 자주 보고 그의 사회에 자주 출입하는 사람은 점차 그 모델을 닮아가게 될 수밖에 없다.

따라서 젊은이들이 선한 사람들과 교제하며, 항상 자신보다 더 높은 기준을 목표로 삼는 것이 바람직하다. 프랜시스 호너는 고매한 인격과 지성을 가진 사람들과 직접 교류하면서 얻은 이점을 이야기하며 "나는 그들로부터 얻은 지적 발전이 내가 읽었던 모든 책보다 훨씬 크다고 확신할 수 있다"고 말했다. 젊은 시절의 셀번 경(후에 랜스다운 후작)은 말레셰브라는 노인을 방문한 후 깊은 인상을 받았고, "나는 여행을 많이 다녔지만, 그 누구와의 개인적인 접촉에서도 이토록 큰 영향을 받은 적은 없다. 만약 내가 인생에서 어떤 선한 일을 이루게 된다면, 그때마다 말레셰브 씨의 기억이 내 영혼을 북돋워 줄 것임을 확신한다"고 말했다.

포웰 벅스턴도 어릴 때 구니 가문의 본보기가 그의 성격 형성에 강력한 영향을 미쳤음을 항상 인정했다. 그는

"그것이 내 삶에 색을 입혀 주었다"고 자주 말했다. 더블린 대학교에서의 성공에 대해서도 그는 "이 모든 것은 나의 얼햄 방문 덕분이다"라고 고백했다. 그는 구니 가문을 통해 자기 계발의 "감염"을 받은 것이다.

선한 사람들과의 접촉은 항상 선을 전파하며, 우리는 그들과 함께한 시간에서 어떤 축복을 가지고 돌아오게 된다. 이는 마치 여행자의 옷이 지나온 길의 꽃과 관목의 향기를 머금고 있는 것과 같다. 고(故) 존 스털링과 친밀하게 지냈던 사람들은 그가 개인적으로 접촉한 모든 사람에게 미친 유익한 영향을 이야기한다. 많은 사람들이 그로 인해 처음으로 더 높은 존재감을 느꼈고, 자신이 무엇이며 무엇이 되어야 하는지를 배웠다. 트렌치 씨는 그에 대해 "그의 고귀한 성품과 접촉하는 것은 자신을 어느 정도 고귀하게 만들고, 마치 더 높은 목표와 이상을 향해 나아가게 하는 느낌을 준다"고 말했다.

고귀한 성격은 항상 이런 식으로 작용한다. 우리는 그의 영향을 받아 자신도 모르게 고양되고, 그의 관점에서 세상을 보게 된다. 이러한 방식으로 사람들 간의 마음이 서로 영향을 주고받는 것은 참으로 놀라운 일이다.

예술가들도 자신보다 뛰어난 예술가들과 교류하면서

자신이 성장하는 것을 느낀다. 예를 들어, 하이든은 헨델을 통해 자신의 천재성이 처음으로 불타올랐다고 한다. 하이든은 헨델의 연주를 듣고 음악 작곡에 대한 열정을 불태웠으며, 만약 그 사건이 없었다면 자신이 '천지창조'를 작곡하지 않았을 것이라고 믿었다. 그는 헨델에 대해 "그가 마음먹으면, 마치 번개처럼 강렬한 영향을 준다"고 말했고, "그의 음악은 한 음도 빠짐없이 마음을 울린다"고 칭찬했다. 스카를라티도 헨델의 열렬한 팬으로, 그를 이탈리아 전역에서 따라다니며 경외심을 표현하곤 했다.

진정한 예술가들은 서로의 위대함을 아낌없이 인정한다. 베토벤은 케루비니에 대한 깊은 존경심을 가지고 있었고, 슈베르트의 천재성을 열렬히 환영했다. 그는 "슈베르트 안에는 신성한 불꽃이 타오르고 있다"고 말했다. 화가 노스코트는 젊은 시절 레이놀즈에 대한 존경심이 너무 커서, 한 번은 데본셔에서 열린 공공 모임에서 레이놀즈가 참석했을 때 군중을 헤치고 나아가 그의 코트 자락을 만지기까지 했다. "그것은 나에게 큰 만족감을 주었다"고 노스코트는 말했다. 이는 재능에 대한 젊은 열정의 진정한 표현이었다.

용감한 사람들의 본보기는 겁쟁이에게 영감을 주며, 그

들의 존재만으로도 온몸에 전율을 느끼게 한다. 그래서 평범한 사람들이 영웅적인 지도자 아래에서 종종 놀라운 용맹을 발휘하는 것이다. 용맹한 이들의 업적을 떠올리는 것만으로도 사람들의 피가 끓어오른다. 즈스카는 자신의 가죽을 드럼으로 만들어 보헤미안들에게 용기를 불어넣으라고 유언했으며, 에피루스의 왕자 스칸데르베그가 죽었을 때 터키인들은 그의 뼈를 가지려고 했다. 그들은 그의 뼈를 지니고 다니면 그가 생전에 보여준 용기가 자신에게도 전해질 것이라고 믿었기 때문이다.

브루스의 심장을 성지로 가져가던 중, 용맹한 더글라스는 자신의 기사 중 한 명이 사라센인들에게 둘러싸여 고군분투하는 모습을 보고, 목에 걸고 있던 브루스의 유언을 담은 은 케이스를 꺼내어 적들 사이로 던지며 외쳤다. "너는 싸움에서 항상 선두에 서곤 했으니, 이번에도 그렇게 해라. 더글라스가 너를 따르거나 여기서 죽을 것이다." 그리고 그는 그 케이스가 떨어진 곳으로 돌진하여 그곳에서 전사했다.

전기의 주요 목적은 고귀한 성품의 모델을 제시하는 데 있다. 우리의 위대한 선조들은 그들의 삶과 업적을 통해 여전히 우리 곁에 살아 있으며, 여전히 우리와 함께 식탁에 앉아 우리의 손을 잡아준다. 그들은 우리가 존경하고, 본

받을 수 있는 본보기를 제공한다. 사실, 고귀한 삶을 기록으로 남긴 사람은 후대에 지속적인 선의 원천을 남긴 셈이다. 그들의 삶은 앞으로 다가올 모든 세대에게 모델이 되어, 사람들에게 새로운 생명을 불어넣고, 그들의 성품을 다시금 재현할 수 있도록 도와준다.

그래서 진정한 사람의 삶을 담은 책은 소중한 씨앗으로 가득 차 있다. 그것은 여전히 살아 있는 목소리이자 지성이다. 밀턴은 "그것은 대가의 정신이 담긴 귀중한 생명력으로, 삶을 넘어서는 삶을 위해 보존되고 간직된 것이다"라고 표현했다. 이런 책들은 끊임없이 사람들에게 고양되고 고귀해지는 영향을 미친다. 하지만 그중에서도 가장 중요한 책은 우리에게 가장 높은 본보기를 제시하여 이 세상에서 우리의 삶을 형성하도록 돕는 책이다. 이 책은 우리의 마음과 정신에 가장 잘 맞는 예시를 제공하며, 우리가 그 뒤를 좇아야 할 본보기를 보여준다.

예를 들어, 벅스턴과 아놀드 같은 인물들의 삶을 읽고 나면, 마음과 정신이 고양되고 더 나은 결심을 다지게 된다. 이런 전기들은 인간이 어떤 존재가 될 수 있으며, 무엇을 할 수 있는지를 보여주어 자기 신뢰를 높이고, 인생에서의 목표를 강화하고 고양시킨다. 때로는 젊은이가 전기를 통해 자신을 발견하기도 한다. 코레조는 미켈란젤로의 작품을 바라보며 자신의 재능이 깨어나는 것을 느끼고 "나도 화가다!"라고 외쳤다. 사무엘 로밀리 경은 자서전에서 위대한 프랑스 대법관 다게소의 삶에 강하게 영향을 받았다고 고백했다. 그는 "토마스의 작품이 내 손에 들어와, 나는 다게소의 '찬사'를 경탄하며 읽었다. 그 뛰어난 법관이 걸어간 명예의 길은 나의 열정과 야망을 크게 불러일으켰으며, 내 상상 속에 새로운 영광의 길을 열어주었다"고 말했다.

벤자민 프랭클린은 자신이 이룬 성과와 명성을 어린 시절에 읽은 코튼 매더의 '선행을 위한 에세이' 덕분이라고 여겼다. 이 책은 매더 자신의 삶에서 나온 것이었다. 좋은 본보기가 다른 사람들에게 어떻게 영향을 미치고, 세대를 넘어 전파되는지를 보면 그 중요성을 알 수 있다. 사무엘 드류는 자신이 벤자민 프랭클린의 삶을 본보기로 삼아 자신의 삶, 특히 사업 습관을 형성했다고 밝혔다.

이처럼 좋은 본보기가 어디까지 영향을 미칠지, 그것이 과연 끝이 있는지는 알 수 없다. 문학에서나 삶에서나 최고의 사람들과 함께하고, 최고의 책을 읽으며, 그 안에서 발견한 최고의 것들을 존경하고 모방하는 것이 유익하다. 더들리 경은 "문학에서 나는 주로 나의 오래된 친구들로 구성된 최고의 사람들과 함께하는 것을 좋아한다. 그들과 더 친밀해지기를 바란다. 그리고 나는 열 번 중 아홉 번은 새로운 책을 처음 읽는 것보다 옛 책을 다시 읽는 것이 더 유익하다고 생각한다"라고 말했다.

때로는 우연히 집어든 책이 고귀한 삶의 본보기를 담고 있어, 단순히 여가를 보내기 위해 읽으려던 책이 뜻밖에 존재조차 알지 못했던 에너지를 불러일으키는 경우가 있다. 알피에리는 '플루타르코 영웅전'을 읽고 문학에 대한 열정을 처음 느꼈다. 로욜라는 팜플로나 전투에서 다리를 다쳐 위험한 상황에 처해 있었을 때, 생각을 달래기 위해 책을 요청했다. 그에게 가져다준 책은 '성인의 생애'였으며, 이 책을 읽고 그의 마음이 불타올라 이후 종교 단체를 설립하는 데 헌신하기로 결심했다.

마찬가지로 루터는 '존 후스의 생애와 저작'을 읽고 그의 위대한 생애의 과업을 시작할 영감을 받았다. 울프 박사는 '프란시스 하비에르의 생애'를 읽고 선교 활동을 시작하기로 결심했으며, 이 책이 그의 젊은 가슴에 열정을 불어넣어 그의 인생을 헌신하게 만들었다. 윌리엄 캐리 역시 선교 활동에 헌신하겠다는 첫 아이디어를 선장 쿡의 항해기를 읽으며 얻었다.

프랜시스 호너는 자신의 일기와 편지에 자신에게 큰 영향을 준 책들을 자주 기록했다. 그중에는 콩도르세의 '할러에 대한 찬사', 조슈아 레이놀즈 경의 '강의', 베이컨의 저작들, 그리고 '매튜 헤일 경에 대한 버넷의 기록'이 있었다. 호너는 특히 '노동의 천재'를 묘사한 책을 읽고 큰 열정을 느꼈다고 했다. 콩도르세의 '할러에 대한 찬사'를 읽은 후에는 "이런 인물들에 대한 기록을 읽으면 항상 일종의 흥분과 떨림을 느낀다. 이 감정을 존경이라고 해야 할지, 야망이라고 해야 할지, 아니면 절망이라고 해야 할지 모르겠다"라고 말했다.

호너는 조슈아 레이놀즈 경의 '강의'에 대해서도 이렇게 말했다. "베이컨의 저작 다음으로 나에게 자기 계발을 촉구한 책은 없다. 레이놀즈는 위대함이 어떻게 성취되는지를 세상에 알려준 첫 번째 천재 중 한 사람이다. 그는 인간의 노력이 전지전능하다는 자신감을 독자들에게 심어주며, 천재성이 선천적인 것이 아니라 후천적으로 얻을 수 있다는 생각을 강조한다. 게다가 이 모든 것이 자연스럽고 웅변적으로 표현되어 있어, 이 책만큼 열정을 불러일으키는 책은 없다." 흥미롭게도, 레이놀즈 자신도 예술에 대한 첫 열정을 리처드슨이 위대한 화가에 대해 쓴 기록을 읽으며 얻었다고 한다. 하이든 역시 레이놀즈의 경력을 읽고 같은 길을 따르기로 결심하며 열정을 불태웠다.

이처럼 용기 있고 포부를 가진 한 사람의 삶은 다른 사람들에게도 영향을 미치고, 비슷한 성취와 성공을 이끌어낸다. 이런 본보기의 사슬은 시간과 세대를 넘어 끊임없이 이어지며, 존경심이 모방을 자극하고, 천재의 귀족 정신을 영원히 계승하게 한다.

젊은이들에게 가장 가치 있고 전염성이 강한 본보기 중 하나는 즐겁게 일하는 모습이다. 즐거움은 영혼에 활력을 주며, 두려움을 없애준다. 어려움이 있어도 절망하지 않고, 희망을 가지고 맞설 수 있게 된다. 마음이 즐거운 사람은 기회를 잘 포착해 성공을 거두는 경향이 있다. 열정적인 정신은 항상 건강하고 행복한 정신이며, 스스로도 즐겁게 일하고, 다른 사람들도 자극해 함께 일하도록 만든다. 이는 가장 평범한 일에도 품위를 더해주며, 대개 마음이 즐거울 때 가장 효과적인 일이 이루어진다. 흄은 "밝은 면을 보려는 즐거운 성향을 가진 것이, 어두운 마음을 가진 채 큰 재산을 소유하는 것보다 낫다"고 말하곤 했다.

그랜빌 샤프는 노예 해방을 위한 끊임없는 노력 속에서도 저녁에는 형제의 집에서 합창과 악기 연주를 하며 마음을 달랬다. 그는 노래를 부르거나 플루트, 클라리넷, 오보에를 연주했으며, 일요일 저녁에 헨델의 음악이 연주될 때는 팀파니를 연주하기도 했다. 또한 가끔은 풍자 만화를 그리며 즐거움을 찾았다. 포웰 벅스턴도 매우 쾌활한 사람이었으며, 야외 스포츠를 즐기고, 아이들과 함께 말을 타고 시골을 돌아다니며, 가정 오락에도 참여했다.

아놀드 박사는 고귀하고 활기찬 일꾼으로, 젊은이들을 훈련시키고 가르치는 일에 온 마음과 영혼을 바쳤다. 그의 전기에서는 이렇게 설명한다. "라일험의 모임에서 가장 인상 깊었던 것은 그곳에 퍼져 있던 놀라운 건강한 분위기였다. 새로운 사람이 그곳에 들어오면 곧바로 중요한 일들이 진행되고 있다는 느낌을 받았다. 모든 학생이 자신이 해야 할 일이 있다는 것을 느끼고, 그 일을 잘 해내는 것이 자신의 행복이자 의무라고 생각하게 되었다. 이로 인해 젊은이들에게 삶에 대한 특별한 열정이 생겨났고, 자신이 유용한 일을 할 수 있다는 자신감을 얻게 되었다. 또한, 자신과 세상에서 수행해야 할 일과 사명을 가치 있게 여기는 법을 가르쳐 준 스승에 대한 깊은 존경심과 열렬한 애착이 생겨났다. 이는 아놀드의 넓고 포괄적인 성격과 진실되고 현실적인 모습에서 비롯된 것이었다."

아놀드의 지도 아래 공적인 삶과 유익한 일을 위해 훈련된 많은 인물 중에는 인도의 전설적인 군인 호드슨도 있었다. 그는 수년 후 인도에서 고향으로 편지를 보내며 존경하는 스승에 대해 이렇게 말했다. "그의 영향력은 매우 지속적이며 그 효과는 놀라울 정도로 크다. 인도에서도 그 영향을 느낄 수 있다. 이보다 더 말할 필요가 없다."

에너지와 근면함을 가진 올바른 마음의 사람이 이웃과 부하들에게 미칠 수 있는 유익한 영향력, 그리고 나라를 위해 이룰 수 있는 업적을 설명하는 데 존 싱클레어 경의 경력이 잘 어울린다. 그는 그레구아르 신부에 의해 "유럽에서 가장 지칠 줄 모르는 사람"으로 묘사되었다. 그는 시골의 지주였으며, 존 오 그로츠 하우스 근처의 큰 재산을 물려받았다. 그 지역은 거의 문명과 떨어진 황량한 곳으로, 폭풍우가 몰아치는 북해를 마주하고 있었다. 그의 아버지가 그가 16세였을 때 사망하면서, 가문의 재산 관리는 일찍부터 그의 책임이 되었다.

18세 때 그는 케이틀리스 지역에서 활발한 개선 작업을 시작했으며, 이는 결국 스코틀랜드 전역으로 퍼졌다. 당시 농업은 매우 낙후된 상태였다. 들판은 울타리가 없었고, 토지는 배수되지 않았다. 케이틀리스의 작은 농부들은 너무 가난해 말이나 조랑말을 유지할 여유도 없었다. 힘든 일은 주로 여자들이 맡았고, 농부가 말을 잃으면 아내를 맞아들이는 것이 가장 저렴한 대안으로 여겨졌다. 그 지역에는 도로나 다리가 없었고, 소몰이꾼들은 가축과 함께 강을 헤엄쳐 건너야 했다. 케이틀리스로 이어지는 주요 길은 해안 절벽 위 높은 선반을 따라 이어졌으며, 바다에서 수백 피트 위의 가파른 길이었다.

존 싱클레어 경은 어린 나이였지만 벤 첼트 언덕에 새로운 도로를 건설하기로 결심했다. 기존의 보수적인 지주들은 그의 계획을 의심하고 조롱했다. 하지만 그는 스스로 도로를 설계하고, 여름의 어느 아침 일찍 1,200명의 노동자들을 모아 동시에 작업을 시작하게 했으며, 그들의 작업을 감독하고 자신의 존재와 모범으로 그들을 독려했다. 그 결과, 그날 밤이 되기 전에 여섯 마일에 이르는 위험한 양떼 길은 마차가 다닐 수 있을 정도로 변모되었다. 이는 에너지와 잘 계획된 노동의 훌륭한 본보기로, 주변 사람들에게 큰 영향을 미쳤다.

이후 그는 더 많은 도로를 건설하고, 제분소를 세우고, 다리를 건설하고, 황무지를 울타리로 둘러 경작했다. 그는 개선된 경작 방법과 정기적인 작물 순환 방식을 도입하고,

소규모 상을 수여하여 산업을 장려했다. 이렇게 해서 그는 자신의 영향력이 닿는 범위 내에서 사회 전체에 새로운 활력을 불어넣고, 농업을 하는 사람들에게 완전히 새로운 정신을 주입했다. 문명화된 사회의 끝자락이었던 케이틀리스는 도로, 농업, 어업 면에서 모범적인 지역으로 변모했다. 싱클레어의 어린 시절, 우편물이 주 1회만 오던 시절에 그는 "내가 쉴 날은 매일 우편마차가 터소에 도착할 때뿐일 것이다"라고 선언했다. 이웃들은 그런 일이 있을 거라 믿지 않았고, "그 일이 언제 이루어질까요? 존 경이 터소에서 매일 우편물을 볼 때쯤이겠죠!"라는 속담까지 생겼다. 그러나 존 싱클레어 경은 자신의 꿈이 실현되는 것을 보았고, 결국 터소에 매일 우편물이 배달되는 모습을 목격했다.

존 싱클레어 경의 자선 활동은 점차 확대되었다. 그는 영국의 주요 상품 중 하나인 양모의 품질이 심각하게 악화된 것을 관찰하고, 그 문제를 개선하기로 결심했다. 비록 그는 그저 한 명의 시골 신사였지만, 직접 영국 양모 협회를 설립하고 자신의 비용으로 전 세계에서 800마리의 양을 수입해 양모 품질을 개선하는 데 큰 기여를 했다. 그 결과 스코틀랜드에 유명한 체비엇 양 품종이 도입되었다. 양치기들은 남쪽에서 온 양들이 북쪽의 혹독한 환경에서 살아남을 수 있을 것이라 생각하지 않았지만, 존 경은 포기하지 않고 이를 밀어붙였다. 몇 년 만에 북부의 네 개 군에서만 30만 마리 이상의 체비엇 양이 퍼지게 되었고, 그 덕분에 방목지의 가치는 엄청나게 상승했다. 이전에는 거의 가치가 없었던 스코틀랜드의 농장들이 큰 임대 수익을 올리기 시작했다.

케이틀리스에서 국회의원으로 선출된 그는 30년 동안 거의 모든 표결에 참여하며, 자신의 위치를 공공의 이익을 위해 활용했다. 그의 끈기 있고 유익한 공공 프로젝트에 대한 열정을 눈여겨본 피트 수상은 그를 다우닝가로 불러, 그가 계획하고 있는 어떤 일이든 지원하겠다고 자청했다. 다른 사람이라면 자신의 출세를 먼저 생각했을지 모르지만, 존 경은 자신을 위한 혜택을 원하지 않았고, 피트 수상의 도움으로 국가 농업 위원회를 설립하는 것이 가장 기쁠 것이라고 답했다. 아서 영은 이 계획이 결코 실현되지 않을 것이라며 내기를 걸고, "당신의 농업 위원회는 달나라에나 있을 것"이라고 비웃었다. 그러나 존 경은 열심히 일해 공공의 관심을 이끌어내고, 국회의 과반수를 자신의 편으로 만들어 결국 위원회를 설립하고 초대 회장이 되었다. 이 위원회의 활동 결과, 영국 전역에서 농업과 축산업이 크게 발전했고, 수만 에이커의 황무지가 개간되었다.

그는 어업 발전에도 지칠 줄 모르는 노력을 기울였다. 써소와 윅에서 영국 산업의 중요한 지부들을 성공적으로 설립하는 데 큰 공헌을 했다. 특히 그는 수년간 윅에 항구를 건설하기 위해 노력했고, 결국 그곳에 항구를 확보하는 데 성공했다. 오늘날 윅은 세계에서 가장 크고 번성하는 어업 도시 중 하나로 자리 잡았다.

존 경은 그가 참여하는 모든 일에 개인적인 에너지를 쏟아부었다. 그는 무기력한 사람들을 일깨우고, 게으른 사람들을 자극하며, 희망을 가진 사람들을 격려하며 모두와 함께 일했다. 프랑스의 침략 위협이 있던 시기에는 자신의 재산에서 직접 연대를 모집하겠다고 피트 수상에게 제안했고, 실제로 그 약속을 지켰다. 그는 북부로 내려가 600명의 병력을 모았고, 이후 1000명으로 늘렸으며, 이 연대는 역사상 가장 훌륭한 자원 연대 중 하나로 인정받았다. 이 연대는 그의 고귀하고 애국적인 정신으로 가득 차 있었다.

아버딘 캠프의 지휘관으로 있을 때, 그는 스코틀랜드 은행 이사, 영국 양모 협회 회장, 윅 시장, 영국 어업 협회 이사, 국고 어음 발행 위원, 케이틀리스 국회의원, 농업 위원회 회장을 역임했다. 이 모든 자발적인 다양한 업무를 맡으면서도 그는 책을 쓸 시간을 찾아냈다. 미국 대사 러쉬가 영국에 도착했을 때, 그는 홀크함의 코크 씨에게 최고의 농업 서적이 무엇인지 물었고, 존 싱클레어 경의 책을 추천받았다. 또한 재무장관 반시타트에게 영국 재정에 관한 최고의 책이 무엇인지 묻자, 역시 존 싱클레어 경의 저서인 '공공 수입의 역사'를 추천받았다.

그러나 그의 지칠 줄 모르는 업적 중에서도 가장 위대한 기념비는 그의 '스코틀랜드 통계 보고서'이다. 21권으로 이루어진 이 작업은 모든 시대와 나라에서 발행된 가장 가치 있는 실용적 저작 중 하나로 평가된다. 이 작업은 그에게 거의 8년간의 힘겨운 노동을 요구했으며, 그 기간 동안 그는 이 주제에 대해 2만 통 이상의 편지를 받고 처리했다. 이 작업은 철저히 애국적인 사업이었으며, 그에게는 어떠한 개인적 이익도 가져다주지 않았고, 오직 이 작업을 완수한 영예만 있었다. 그는 이 책의 모든 수익을 스코틀랜드 성직자 자녀들을 위한 사회에 기부했다. 이 책의 출간은 큰 공공 개선을 이끌었으며, 그 결과 몇몇 억압적인 봉건적 권리가 즉시 폐지되었고, 여러 교구의 학교 교사와 성직자의 급여가 인상되었으며, 스코틀랜드 전역에서 농업이 더욱 활성화되었다.

존 경은 이후 잉글랜드에 대한 유사한 통계 보고서를 수집하고 출판하겠다고 제안했지만, 당시 캔터베리 대주교가 성직자의 십일조에 영향을 미칠까 염려해 이를 허락하지 않으면서 계획은 무산되었다.

존 싱클레어 경의 신속하고 강력한 행동력을 잘 보여주는 사례 중 하나는 큰 위기 상황에서 제조업 지역을 구제하기 위해 취한 방식이었다. 1793년, 전쟁으로 인한 경제 침체가 많은 파산을 초래했으며, 맨체스터와 글래스고의 주요 기업들이 자산 부족이 아닌 일시적으로 무역과 신용의 통로가 막혀 심각한 위기에 처해 있었다. 노동 계층 사이에 심각한 고통이 임박해 보였을 때, 존 경은 의회에서 보증을 제공할 수 있는 상인들에게 500만 파운드 상당의 국고 어음을 즉시 대출하자고 제안했다. 이 제안은 받아들여졌고, 그는 제안한 계획을 신속하게 실행에 옮겼다.

이 법안은 밤늦게 통과되었지만, 존 경은 관료주의와 형식주의로 인해 지연될 것을 예상하고 다음 날 아침 일찍 시내 은행가들에게 가서 자신의 개인 보증으로 7만 파운드를 빌려 그날 저녁 가장 긴급한 도움이 필요한 상인들에게 그 돈을 보냈다. 의회에서 존 경을 만난 피트 수상은 맨체스터와 글래스고의 긴급한 요구가 예상보다 빨리 해결되지 못해 유감이라고 말하며, "며칠간은 자금을 조달할 수 없을 것"이라고 말했다. 이에 대해 존 경은 "돈은 이미 출발했습니다! 오늘 밤 우편으로 런던을 떠났습니다!"라고 자랑스럽게 답했다. 이 일화를 나중에 전하면서 그는 기쁨의 미소를 지으며 "피트는 마치 내가 그를 깜짝 놀라게 한 것처럼 반응했습니다"라고 말했다.

이 위대한 사람은 마지막 순간까지도 유익하고 즐거운 마음으로 일하며, 가족과 나라를 위해 훌륭한 본보기를 남겼다. 그는 다른 사람들의 선을 위해 그렇게 열심히 노력하면서도 자신의 행복과 깊은 평화, 그리고 자아 만족을 찾았다. 비록 그는 부유하지 않았고, 그의 관대함이 개인 재산에 손해를 끼치기도 했지만, 그는 위대한 애국자로서 엄청난 일하는 능력을 발휘해 조국에 대한 의무를 훌륭히 수행했다.

그럼에도 그는 자신의 가정과 집안을 소홀히 하지 않았다. 그의 아들딸들은 모두 명예롭고 유익한 삶을 살도록 성장했으며, 존 경이 80세에 가까웠을 때 가장 자랑스러웠던 것은 일곱 아들이 모두 훌륭히 자라났고, 그들 중 누구도 갚을 수 없는 빚을 지거나 피할 수 있었던 슬픔을 그에게 안겨준 적이 없다는 사실이었다.

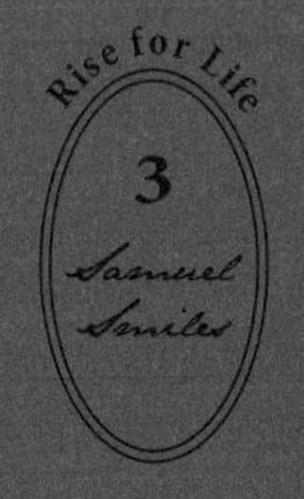

CHAPTER 8

인생의 가장 큰 힘,
인격

사람이 비록 교육을 많이 받지 못하고, 능력이 크지 않으며, 재산이 적더라도, 그의 인격이 진실되고 가치 있다면 그는 어디에서든 영향을 미칠 것이다. 공장, 사무실, 시장, 의회 어디에서든 말이다.

항상 행동으로 보여줄 수 있는 사람은 없겠지만,수많은 기억이 그를 부르는 이라면,그는 보이는 것보다 더 부드럽고,보이는 것 이상으로 고귀하다네.

그는 자신이 겉으로 보여준 것과 다르지 않았고,사회의 모든 순간을 고귀한 태도와 함께했지.그 태도는 그의 고결한 마음에서 자연스럽게 피어난 꽃이었네.

이렇게 그는 남용하지 않고도'신사'라는 고귀한 이름을 지켜냈다네.

— 앨프레드 테니슨 〈영국의 시인〉

재능은 고요한 곳에서 자라나고,인격은 세상의 흐름 속에서 만들어진다.

— 괴테

나라를 일으키고, 나라를 강하게 하며,나라를 존경받고, 지배적인 힘을 갖게 하는 것,그 힘으로 수백만의 마음을 사로잡고,다른 나라의 자존심을 굴복시키는 것은,피나 패션, 아니면 재능만의 귀족주의가 아니라,인격의 귀족주의이다.이것이야말로 진정한 인간의 귀족성이다. — 타임스

●

인생의 가장 큰 가치와 영광은 인격이다. 인격은 사람의 가장 중요한 자산이며, 그것 자체로 하나의 계급으로 작용하여 모두에게 존경받을 수 있는 힘을 지닌다. 인격은 어떤 지위든 고귀하게 만들며, 사회 속 모든 자리에서 빛을 발한다. 인격은 재산보다도 더 큰 힘을 발휘하며, 그로 인해 얻어진 명예는 시기를 받지 않는다. 인격이 주는 영향력은 입증된 명예, 정직함, 그리고 일관성에서 비롯되며, 이러한 특성들은 사람들의 신뢰와 존경을 이끌어낸다.

인격은 인간 본연의 가장 좋은 모습을 드러낸다. 이는 개인 속에 내재된 도덕적 질서로, 인격을 가진 사람들은 단순히 사회의 양심일 뿐만 아니라, 모든 잘 운영되는 국가에서 최고의 동력이 된다. 세상을 움직이는 것은 결국 도덕적 특성들이기 때문이다. 나폴레옹조차 전쟁에서 도덕적인 힘이 물리적인 힘보다 열 배나 강하다고 말했다. 국가의 힘, 산업, 그리고 문명 모두는 개인의 인격에 달려 있으며, 사회적 안전의 기초 역시 인격에 뿌리를 두고 있다. 법과 제도는 인격의 발현일 뿐이다. 자연의 공정한 균형 속에서 개인, 국가, 그리고 인종은 그들이 자격을 갖춘 만큼만 얻을 수 있다. 원인이 있으면 결과가 따르듯, 사람들 사이에서 인격의 질은 그에 맞는 결과를 낳는다.

사람이 비록 교육을 많이 받지 못하고, 능력이 크지 않으며, 재산이 적더라도, 그의 인격이 진실되고 가치 있다면 그는 어디에서든 영향을 미칠 것이다. 공장, 사무실, 시장, 의회 어디에서든 말이다. 캐닝은 1801년에 이렇게 말했다. "내 길은 인격을 통해 권력으로 가야 한다. 다른 길은 시도하지 않겠다. 그리고 이 길이 가장 빠르지는 않더라도 가장 확실한 길이라고 믿는다." 사람들은 지적인 사람들을 존경할 수 있지만, 신뢰하려면 더 많은 것이 필요하다. 그래서 존 러셀 경은 "영국에서 당파는 천재들의 도움을 요청하지만, 인격이 있는 사람들의 지도를 따른다"라고 말했다.

이 진실은 고(故) 프랜시스 호너의 삶에서 두드러지게 나타난다. 시드니 스미스는 그에 대해 "십계명이 그의 얼굴에 새겨져 있다"고 말했으며, 로드 콕번 경은 "호너의 삶은 모든 바른 마음을 가진 젊은이에게 영감을 줄 수 있다. 그는 38세의 나이에 사망했지만, 누구보다도 큰 공적인 영향을 미쳤다. 그는 모든 사람들로부터 존경받고, 사랑받고, 신뢰받았으며, 오직 냉혹하거나 비열한 사람들만이 그를 애도하지 않았다. 의회에서도 어느 의원에게도 이보다 더 큰 경의를 표한 적이 없다.

이제 모든 젊은이들이 스스로에게 물어보라. 그는 어떻게 이 모든 것을 이룰 수 있었을까? 신분 덕분이었나? 그는 에든버러의 상인의 아들이었다. 부유했기 때문인가? 그나 그의 가족은 여유 있는 돈 한 푼도 가져본 적이 없었다. 직위 덕분인가? 그는 영향력도 거의 없고 급여도 적은 한 자리만 몇 년간 맡았을 뿐이다. 재능 덕분인가? 그의 재능은 뛰어나지 않았고, 천재성도 없었다. 그는 신중하고 느린 인격이었으며, 그의 유일한 야망은 올바르게 사는 것이었다. 웅변 덕분인가? 그는 격렬하거나 유혹적인 언변 없이 차분하고 세련된 말솜씨를 가졌다. 매력적인 태도 때문인가? 그의 태도는 단정하고 호감이 가는 정도였다.

그럼 무엇이 그의 성공을 이끌었을까? 바로 이성, 근면, 올바른 원칙, 그리고 따뜻한 마음이었다. 이 자질들은 모든 올바른 마음을 가진 사람이 충분히 가질 수 있는 것들이었다. 그를 성공으로 이끈 힘은 그의 인격이었으며, 이는 타고난 것이 아니라 스스로 만들어낸 것이었다. 하원에는 훨씬 더 큰 능력과 웅변을 가진 사람들이 많았다. 그러나 호너를 능가하는 사람은 없었다. 호너는 평범한 능력으로도, 교육과 선량함 외에 다른 도움 없이도, 치열한 공공생활 속에서 무엇을 이룰 수 있는지를 보여준 사람이다."

벤자민 프랭클린은 공적인 성공이 자신의 재능이나 웅변력 때문이 아니라, 성실한 인격 덕분이었다고 말했다. 그는 이렇게 밝혔다. "내가 동료 시민들에게 많은 영향력을 가질 수 있었던 이유는 바로 인격 덕분이다. 나는 말솜씨가 서툴렀고, 결코 웅변적이지 않았으며, 단어 선택에 있어 망설임이 많았고, 언어적으로도 정확하지 않았지만, 대부분 내가 원하는 것을 이루었다."

인격은 높은 지위에 있는 사람들뿐만 아니라 평범한 사

람들에게도 신뢰를 준다. 러시아의 초대 황제 알렉산드르 1세에 대해 "그의 개인적인 인격이 곧 헌법과 같았다"는 말이 있었다. 프롱드의 전쟁 당시, 몽테뉴는 프랑스 귀족 중 유일하게 성의 문을 걸어 잠그지 않은 사람으로, 사람들은 그의 인격이 기병 연대보다 더 나은 보호막이 되었다고 말했다.

인격이 힘이라는 말은 "지식이 힘이다"라는 말보다 더 깊은 의미를 담고 있다. 마음이 없는 지성, 행동이 없는 지혜, 선량함이 없는 재치는 어느 정도 힘이 될 수 있지만, 그 힘이 악용될 가능성도 있다. 우리는 그런 사람들에게서 가르침이나 즐거움을 얻을 수는 있지만, 존경하기는 어려울 수 있다. 이는 마치 소매치기의 손재주나 강도의 승마 기술을 존경하기 어려운 것과 같다.

진실성, 정직함, 그리고 선함 같은 덕목들은 사람의 성품의 본질을 이룬다. 옛 작가 중 한 명은 "도덕에 대한 선천적인 충성심은 굳이 외부의 표식 없이도 그를 지켜준다"고 말했다. 이런 덕목과 함께 굳은 의지를 가진 사람은 저항할 수 없는 힘을 지니고 있다. 그는 선을 행할 힘, 악을 저항할 힘, 그리고 어려움과 불운 속에서도 버틸 힘을 가진다. 스테판 드 콜로나가 비열한 적들에게 포로로 잡혔을 때, 그들이 비웃으며 "이제 당신의 요새는 어디 있소?"라고 물었을 때, 그는 가슴에 손을 얹으며 "여기 있다"라고 대답했다. 불운 속에서 바른 사람의 인격은 가장 빛나며, 모든 것이 실패했을 때 그는 자신의 정직함과 용기에 의지한다.

강한 독립성과 진실을 지키는 것으로 유명한 어스킨 경의 행동 규칙은 모든 젊은이의 마음에 새겨져야 한다. 그는 "어릴 적부터 첫 번째로 받았던 명령과 충고는 항상 양심이 명하는 의무를 다하고, 결과는 신께 맡기라는 것이었다. 나는 이 부모님의 가르침을 무덤까지 기억하고 실천할 것이다. 지금까지 이 가르침을 따랐고, 그것이 내게 잠시나마 손해를 끼쳤다고 불평할 이유가 없다. 오히려, 나는 이 가르침을 따름으로써 번영과 부를 얻었으며, 이 길을 내 아이들에게도 가르쳐 주려 한다"고 말했다.

모든 사람은 인생의 목표 중 하나로 훌륭한 성품을 갖추기 위해 노력해야 한다. 그 성품을 가치 있게 얻으려는 노력 자체가 그에게 동기를 부여하며, 그의 이상이 높을수록 그 동기는 더 확고해지고 활기를 띨 것이다. 비록 완전히 실현하지 못하더라도, 높은 삶의 기준을 가지는 것은 좋은 일이다. 디즈레일리는 "위로 바라보지 않는 청년은 아래로 볼 것이며, 날지 않는 영혼은 결국 기어가게 된다"고 말했다. 조지 허버트는 이렇게 현명하게 적었다.

"너의 행동을 낮추고, 목표를 높게 설정하라,그러면 너는 겸손하면서도 고결하게 될 것이다.기운을 잃지 마라. 하늘을 겨냥하는 자는나무를 목표로 하는 자보다 훨씬 더 높이 쏠 것이다."

높은 생활과 사고의 기준을 가진 사람은 기준이 전혀 없는 사람보다 더 나은 성과를 거둘 것이다. 스코틀랜드 속담에 "금으로 된 옷을 잡아당기면, 적어도 소매는 얻을 것이다"라는 말이 있다. 가장 높은 목표를 향해 노력하는 사람은 출발점보다 훨씬 더 앞서 나가게 될 것이며, 비록 목표에 도달하지 못할지라도, 그 상승을 향한 노력 자체가 지속적으로 유익을 줄 것이다.

성품에도 가짜가 많지만, 진짜를 알아보는 것은 어렵지 않다. 어떤 사람들은 성품의 가치를 알기에 그것을 빙자해 속임수를 쓰려 한다. 예를 들어, 찰터리스 대령은 정직으로 유명한 한 사람에게 "당신의 명성을 천 파운드에 사고 싶소"라고 말했다. 그 사람이 이유를 묻자, 찰터리스는 "그 명성으로 만 파운드를 벌 수 있으니까요"라고 답했다.

말과 행동에서의 진실성은 성품의 핵심이며, 진실에 대

한 충실함은 그 성품의 가장 두드러진 특징이다. 고(故) 로버트 필 경의 성품에 대해 웰링턴 공작이 그의 사망 며칠 후 하원에서 한 말이 이를 잘 보여준다. "여러분," 그가 말했다. "필 경의 고귀하고 명예로운 성품을 모두 느끼실 것입니다. 저는 그와 오랫동안 공직에서 함께 일했고, 개인적으로도 오랜 친구로 지냈습니다. 그와의 오랜 교류 동안, 저는 그가 진실과 정의를 얼마나 존중했는지, 그리고 공공의 이익을 위해 얼마나 변함없이 노력했는지 알 수 있었습니다. 그와의 모든 대화에서, 저는 그가 진실이라고 확신하지 않는 말을 한 적이 없음을 확신합니다." 필 경의 진실성은 그의 영향력과 힘의 비결 중 하나였을 것이다.

행동에서의 진실성도 말과 마찬가지로 성품의 올바름에 필수적이다. 사람은 자신이 보여주고자 하는 모습 그대로 진실로 존재해야 한다. 한 미국 신사가 그랜빌 샤프에게 그의 위대한 덕성을 존경하여 아들의 이름을 그의 이름을 따서 지었다고 편지를 보냈을 때, 샤프는 이렇게 답했다. "그 이름을 주신 그 아이에게 우리 가족의 신조를 꼭 가르쳐 주시기를 부탁드립니다. '항상 자신이 보여주고자 하는 모습 그대로 되도록 노력하라.' 이 신조는 저희 아버지께서 저희에게 가르쳐 주셨습니다. 저희 조부께서는 공적이든 사적이든 진실하고 정직한 사람으로서 이를 겸손하게 실천하셨고, 그것이 그의 성품에서 가장 두드러진 특징이었습니다." 모든 사람은 자신을 존중하고 타인의 존경을 소중히 여긴다면, 이 신조를 실천해 정직하게 살아갈 것이다. 즉, 자신이 하는 일에 최고의 성품을 담아내고, 일을 대충 하지 않으며, 자신의 진실성과 양심을 자랑으로 여길 것이다.

한 번 크롬웰은 뛰어나지만 다소 교활한 변호사 버나드에게 이렇게 말했다. "나는 당신이 최근에 매우 신중하게 행동하고 있다는 소식을 들었다. 그러나 이에 너무 자신하지 마라. 교활함은 당신을 속일 수 있지만, 진실성은 결코 그러지 않을 것이다." 말과 행동이 일치하지 않는 사람은 존경을 받지 못하며, 그들의 말에는 별다른 무게가 실리지 않는다. 심지어 그들이 진실을 말할 때조차도, 그 말은 신뢰를 잃고 말 그대로 퇴색해버린다.

진정한 성품은 다른 사람이 보지 않는 곳에서도, 많은 사람이 보는 곳에서도 올바르게 행동하는 것이다. 한 소년이 왜 배를 주워 담지 않느냐는 질문을 받았을 때, 그는 이렇게 대답했다. "예, 누군가 있었습니다. 제가 보고 있었습니다. 저는 제가 부정직한 일을 하는 모습을 보고 싶지 않거든요." 이 단순하지만 적절한 원칙은 양심이 성품을 지배하고 그 위에 귀중한 보호막을 씌우는 좋은 예다. 이는 단순히 수동적인 영향이 아니라, 삶을 규제하는 강력한 힘이다. 이러한 원칙은 매 순간 성품을 형성해 나가며, 하루하루 강해지는 힘으로 작용한다. 이러한 지배적인 영향이 없다면, 성품은 보호받지 못하고 유혹 앞에서 쉽게 무너질 수 있다. 그리고 유혹에 굴복할 때마다, 비록 작은 행동이라 할지라도 비열함이나 부정직한 행동은 자아를 저하시킨다. 그 행동이 성공했든 실패했든, 드러났든 감춰졌든 상관없이, 그 사람은 더 이상 이전의 자신이 아니며, 내면에서는 불안과 자기 비난, 즉 양심의 가책으로 인해 괴로워하게 된다. 이는 죄를 지은 자의 피할 수 없는 운명이다.

이런 점에서 우리는 좋은 습관을 기르는 것이 성품을 얼마나 강화하고 지지할 수 있는지를 알 수 있다. 흔히 사람은 습관의 묶음이라고 하며, 습관은 제2의 천성이라고도 한다. 메타스타시오는 행동과 생각의 반복이 가진 힘에 대해 강하게 믿었다. 그는 "인간에게 모든 것이 습관이며, 심지어 덕목조차도 습관이다"라고 말했다. 버틀러는 그의 책 '유추론'에서 철저한 자기 훈련과 유혹에 대한 단호한 저항이 덕목을 습관으로 만들 수 있다고 강조하며, 결국 선을 행하는 것이 죄를 짓는 것보다 더 쉬워질 수 있다고 언급했다. 그는 "몸의 습관이 외적인 행동에 의해 형성되듯이, 마음의 습관도 내적인 실천적 목적을 실행함으로써 형성된다"고 말했다. 또 브루엄 경은 청소년기의 훈련과 본보기의 중요성을 강조하며, "나는 모든 것을 신의 뜻에 맡기되, 그다음에는 습관에 의지한다. 모든 시대에 법 제정자와 교사는 주로 습관에 의존해 왔다. 습관은 모든 것을 쉽게 만들어 주며, 익숙한 길에서 벗어나는 것을 어렵게 만든다"고 말했다. 절제를 습관으로 만들면 방탕함이 혐오스러워지고, 신중함을 습관으로 만들면 무모한 방탕함이 삶을 규제하는 모든 행동 원칙에 역행하게 된다.

따라서 악습의 침투를 막기 위해 최대한 주의하고 경계를 늦추지 말아야 한다. 성품은 한 번 무너진 곳에서 항상 가장 약해지기 때문이다. 한 번 무너진 원칙이 다시 세워지기까지는 오랜 시간이 걸리기 때문이다. 러시아 작가의 멋진 말처럼, "습관은 진주 목걸이와 같다. 매듭이 풀리면, 모든 진주가 흩어진다."

어디서 형성되든 습관은 무의식적으로 작용하며, 그것에 반대할 때만 그 힘이 얼마나 강한지 깨닫게 된다. 한 번, 두 번 반복된 행동은 곧 익숙해지고 습관이 된다. 처음엔

거미줄처럼 약해 보일지 몰라도, 일단 형성되면 쇠사슬처럼 강하게 묶인다. 인생의 작은 사건들은 하나하나로 보면 아주 사소해 보일 수 있지만, 눈송이가 조용히 한 송이씩 떨어져 쌓이면 결국 그것들이 눈사태를 이루는 것과 같다.

자존감, 자립, 성실, 근면, 정직 – 이 모든 것은 단순한 신념이 아니라 습관이다. 사실, 원칙이라는 것은 우리가 습관에 붙이는 이름일 뿐이다. 원칙은 단지 말일 뿐이지만, 습관은 실제 행동이다. 습관은 선이든 악이든, 그것이 우리의 삶을 돕는 유익한 존재가 될 수도 있고, 우리를 구속하는 폭군이 될 수도 있다. 나이가 들수록 우리의 자유로운 활동성과 개성의 일부가 습관에 묶이게 되고, 우리의 행동은 운명처럼 되어가며, 우리는 스스로 만든 사슬에 얽매이게 된다.

어린 시절에 좋은 습관을 길러주는 것이 얼마나 중요한지는 아무리 강조해도 지나치지 않다. 어린아이들은 습관이 가장 쉽게 형성되는 시기에 있으며, 한 번 형성된 습관은 평생 지속된다. 마치 나무 껍질에 새긴 글자가 나무가 자라면서 함께 커지는 것과 같다. "아이를 올바른 길로 교육하라, 그러면 나이가 들어서도 그 길에서 벗어나지 않을 것이다"라는 속담처럼, 시작이 결국 끝을 담고 있는 것이다. "첫걸음이 가장 어렵다"는 말도 이런 의미를 담고 있다.

콜링우드 경이 사랑했던 한 젊은이에게 했던 말이 있다. "25살이 되기 전에 평생 너를 지탱해줄 성품을 갖추어야 한다." 나이가 들수록 습관은 더 강해지고, 성품이 굳어지면 새로운 길로 방향을 바꾸는 것이 점점 더 어려워진다. 그래서 가르치는 것보다 잘못된 것을 고치는 것이 더 어렵다는 말이 나오는 것이다. 이와 관련해 그리스의 플루트 연주자가 열등한 스승에게 배운 학생에게 두 배의 수업료를 부과했던 이유가 정당화된다. 오래된 습관을 뿌리 뽑는 것은 때로는 이를 뽑는 것보다 더 고통스럽고 어렵다. 게으름, 낭비벽, 술 중독과 같은 나쁜 습관을 고치려고 해보라. 대부분의 경우 실패할 것이다. 왜냐하면 그런 습관들은 이미 삶에 깊이 뿌리박혀 제거하기 어렵기 때문이다. 그래서 "가장 현명한 습관은 좋은 습관을 형성하는 습관이다"라는 린치의 말이 옳다.

심지어 행복도 습관이 될 수 있다. 사물을 밝은 면에서 바라보는 습관과 어두운 면에서 바라보는 습관이 있다. 닥터 존슨은 "사물의 좋은 면을 보는 습관은 연 1,000파운드의 가치보다 더 중요하다"고 말했다. 우리는 어느 정도 의지를 발휘해 생각을 행복과 발전을 가져다주는 방향으로 돌릴 수 있다. 이렇게 하면 행복한 생각의 습관도 다른 습관처럼 형성될 수 있다. 사람을 긍정적이고 온화한 성품으로, 좋은 인격과 행복한 마음가짐으로 키우는 것은 많은 지식이나 기술을 가르치는 것보다 더 중요할 수 있다.

아주 작은 구멍을 통해서도 햇빛이 비추듯이, 사소한 것들이 사람의 성품을 드러낸다. 사실, 성품은 작은 일들을 성실하고 명예롭게 수행하는 데서 비롯된다. 일상생활은 우리가 성품을 쌓아 올리는 과정이며, 우리가 형성하는 습관들은 이 성품을 다듬는 과정이다. 성품을 평가할 수 있는 중요한 기준 중 하나는 우리가 다른 사람들에게 어떻게 행동하는가이다. 상사, 하급자, 동료에 대한 우아한 태도는 항상 기쁨을 준다. 이러한 태도는 상대방에 대한 존중을 나타내기 때문에 다른 사람들에게 기쁨을 주며, 우리 자신에게도 더 큰 기쁨을 준다.

누구나 자기 자신을 교육할 수 있다. 그는 돈이 없더라도 예의 바르고 친절할 수 있다. 사회에서의 온화함은 자연에 색을 입히는 빛처럼 조용히 영향을 미친다. 소리치거나 힘쓰는 것보다 훨씬 강력하고 풍요롭다. 봄에 작은 수선화가 흙을 밀어내고 자라는 것처럼 조용히 그리고 끈질기게 자리를 잡아간다.

심지어 친절한 눈빛만으로도 기쁨을 주고 행복을 전할 수 있다. 브라이튼의 로버트슨이 쓴 편지 중 한 부분에서, 그는 한 여인이 주일 예배가 끝나고 교회를 나가면서 자신이 가난한 소녀에게 건넨 친절한 눈빛에 소녀가 얼마나 기뻐하며 감사의 눈물을 흘렸는지를 이야기했다. "이 얼마나 큰 교훈인가! 얼마나 저렴하게 행복을 전할 수 있는가! 우리는 천사의 역할을 할 수 있는 기회를 얼마나 많이 놓치고 있는가! 그때는 슬픈 감정으로 그렇게 했고, 지나가며 더 이상 생각하지 않았다. 그런데 그것이 한 사람에게는 한 시간의 햇살을 선사했고, 삶의 무게를 잠시나마 가볍게 해주었다!"

도덕과 매너는 인생에 색깔을 더해주는 중요한 요소로, 법보다 훨씬 중요하다. 법은 우리에게 부분적으로 영향을 미치지만, 매너는 우리가 숨 쉬는 공기처럼 사회 전반에 퍼져 있다. 우리가 말하는 '좋은 매너'는 결국 좋은 행동이다. 예의와 친절함, 그리고 호의가 포함된 것이다. "예의는 비용이 들지 않으면서도 모든 것을 살 수 있다"고 몽타규 부인은 말했다.

가장 저렴한 것은 친절함이다. 그 실천에는 최소한의 노력과 희생만이 필요하다. 버리 백작은 엘리자베스 여왕에게 "사람들의 마음을 얻으면 그들의 마음과 지갑을 모두 얻을 수 있다"고 말했다. 우리가 자연스럽고 가식 없이 친절하게 행동할 수 있다면, 사회의 유쾌함과 행복에 미치는 영향은 상상 이상으로 클 것이다. 삶에서의 작은 예의들이 개별적으로는 작은 가치밖에 없을지 모르지만, 반복되고 축적되면 그 중요성이 커진다. 그것들은 예비 시간이나 하루에 몇 푼처럼, 일 년 또는 평생 동안 중요한 결과를 낳는 것과 같다.

매너는 행동의 장식이다. 그리고 친절한 말을 하거나 친절한 행동을 하는 방식은 그 가치를 크게 높인다. 마지못해 하거나 거만한 태도로 하는 일은 거의 호의로 받아들여지지 않는다. 그러나 어떤 사람들은 자신이 무뚝뚝함을 자랑스럽게 여기기도 한다. 그들이 아무리 덕망과 능력을 갖추고 있더라도, 그들의 태도는 종종 견디기 어려울 정도로 거슬린다. 끊임없이 불쾌한 말을 습관적으로 던지며, 자기 자신을 자랑하는 사람을 좋아하기는 어렵다. 또 어떤 사람들은 지나치게 거만하며, 그들의 위대함을 느끼게 할 기회를 결코 놓치지 않는다.

아버네시가 세인트 바돌로뮤 병원의 외과의사 자리를 얻기 위해 지지를 구하러 다닐 때, 그는 부유한 식료품점 주인인 한 이사에게 들렀다. 카운터 뒤에 있던 그 사람이 위대한 외과의사를 보자마자 그에게 거만한 태도로 말했다. "당신께서 제 지지와 관심을 원하십니까?" 아버네시는 허세를 싫어했고 그 태도에 화가 나서 이렇게 대답했다. "아니, 난 그게 아니라 무화과 몇 개만 필요하다. 빨리 포장해줘. 난 곧 떠나야 하니까."

매너를 기르는 것은 과도하면 오히려 꾸미는 것처럼 보일 수 있지만, 다른 사람과의 비즈니스 협상에서 매우 중요한 요소다. 친절함과 교양은 더 높은 지위나 넓은 영역에서 성공하는 데 필수적인 요소로 여겨질 수 있다. 왜냐하면 그 결여는 종종 많은 노력과 성실, 정직한 성품의 결과를 상쇄시킬 수 있기 때문이다. 물론 강한 마음을 가진 사람들은 결함이나 날카로운 매너를 견딜 수 있으며, 더 진실한 자질을 바라볼 수도 있다. 하지만 대부분의 사람들은 그렇게 너그럽지 못하며, 외적인 태도에 따라 판단하고 좋아하는 경향이 있다.

다른 사람의 의견을 존중하는 것도 진정한 예의를 보여주는 중요한 방법이다. "그저 다 자란 강아지의 버릇"이라는 말이 있는데, 이런 독선적 태도가 자라면 의견을 고집하고 오만해지는 최악의 형태로 변할 수 있다. 사람들은 의

견이 다를 때, 서로의 차이를 인정하고 참아야 한다. 원칙과 의견은 부드럽고 예의 있게 유지할 수 있으며, 때로는 말이 주먹보다 더 큰 상처를 남기기도 한다. 한 전도사가 웨일스 국경 지역에서 전한 작은 우화가 있다. 그는 이렇게 말했다. "안개 낀 아침, 산길을 걷다가 멀리서 무언가 이상한 것을 보았어요. 처음에는 괴물인 줄 알았죠. 가까이 가보니 사람이었고, 더 다가가 보니 그는 내 형제였어요."

진정한 예의는 따뜻한 마음과 친절한 감정에서 나온다. 이러한 예의는 특정 계층이나 지위에만 국한되지 않는다. 작업장에서 일하는 기술자도, 성직자나 귀족처럼 예의를 지킬 수 있다. 노동이 결코 거칠거나 투박해야 할 필요는 없다. 유럽 대륙의 많은 나라들에서는 모든 계층의 사람들이 예의와 세련됨을 보여준다. 이는 우리도 이런 품성을 가질 수 있음을 보여주는 것이다. 문화와 사회적 교류가 늘어나면서 자연스럽게 이러한 품성을 갖추게 될 것이다.

높은 계층이든 낮은 계층이든, 부자이든 가난하든, 모든 사람은 자연이 허락한 최고의 선물인 따뜻한 마음을 가지고 있다. 진정한 신사는 언제나 위대한 마음을 가진 사람이다. 이런 마음은 농부의 투박한 옷차림에서도, 귀족의 화려한 옷차림에서도 드러날 수 있다.

로버트 번스는 한 번 에든버러에서 젊은 귀족과 함께 걷다가 거리에서 만난 한 농부와 인사를 나누었다. 이를 본 젊은 귀족이 번스에게 그 농부와 인사한 것을 책망하자, 번스는 이렇게 대답했다. "이 멍청이, 내가 인사한 건 그 농부의 외투나 모자, 신발이 아니라 그 안에 있는 사람이야. 그 사람은 진정한 가치로 따지면 너나 나, 그리고 너 같은 사람 열 명보다 더 가치 있는 사람이야." 외모는 때로는 투박해 보일 수 있지만, 진심을 알아보는 사람에게는 그 사람의 진정한 품격이 드러난다.

윌리엄과 찰스 그랜트는 인버네스셔의 한 농부의 아들들이었다. 어느 날, 갑작스러운 홍수로 인해 그들은 경작하던 땅까지 잃게 되었다. 농부와 그의 아들들은 일자리를 찾기 위해 남쪽으로 향해 랭커셔의 베리 근처에 도착했다. 월슬리 언덕 꼭대기에서 그들은 강 어웰이 굽이치는 계곡을 내려다보며 넓은 지역을 둘러봤다. 그들은 이 지역에서 완전히 낯선 이방인이었고, 어디로 가야 할지 몰랐다. 결국 막대를 세워 그 막대가 떨어지는 방향으로 가기로 했다. 그렇게 램스보텀 마을에 도착할 때까지 계속 걸었다.

그들은 인쇄소에서 일을 구했고, 윌리엄은 그곳에서 견습 생활을 시작했다. 두 형제는 근면함, 절제, 그리고 철저한 성실함으로 고용주들의 신뢰를 얻었다. 시간이 지나면서 그들은 차근차근 승진했고, 마침내 고용주가 되었다. 오랜 세월 동안 산업, 창의력, 그리고 자선 활동 덕분에 부유하고 존경받는 인물로 성장했다.

그들이 운영한 방직 공장과 인쇄소는 많은 사람들에게 일자리를 제공했다. 그들의 성실한 노력은 계곡을 활기, 기쁨, 건강, 그리고 풍요로 가득 채웠다. 그들은 자신들이 속한 노동자 계층의 복지를 증진하기 위해 재산을 아낌없이 사회에 환원하며 교회를 세우고, 학교를 설립하는 등 다양한 활동을 펼쳤다. 후에 그들은 월슬리 언덕 위에 자신들의 정착지를 결정했던 초기 사건을 기념하기 위해 높은 탑을 세웠다.

그랜트 형제는 그들의 자선과 다양한 선행으로 널리 알려졌으며, 찰스 디킨스가 소설 속 체리블 형제를 묘사할 때 그들을 모델로 삼았다는 이야기도 있다. 이와 같은 인격을 보여주는 일화 하나를 소개하겠다. 맨체스터의 한 창고 직원이 그랜트 형제의 회사를 비난하는 팸플릿을 출판하며 윌리엄을 "빌리 버튼"이라 조롱했다. 누군가 그 팸플릿에 대해 윌리엄에게 이야기하자, 그는 "그 사람이 언젠가는 후회할 날이 올 것이다"라고 말했다. 이에 대해 비방자는

"그가 언젠가 내가 그의 빚을 질 것이라고 생각하나 본데, 절대 그런 일은 없을 것"이라고 답했다. 그러나 비즈니스 세계에서는 누가 당신의 채권자가 될지 예측할 수 없는 일이다. 결국 그랜트를 비방했던 사람은 파산하고 말았고, 사업을 재개하려면 그랜트 형제의 서명이 필요하게 되었다.

그는 그 회사에서 어떤 호의를 받을 거라 기대하지 않았지만, 가족의 긴급한 상황 때문에 어쩔 수 없이 그랜트를 찾아가야 했다. 과거에 "빌리 버튼"이라고 조롱했던 사람 앞에 서서 자신의 이야기를 하고 증명서를 내밀었다. 그랜트가 말했다. "당신은 한때 우리에 대한 팸플릿을 쓴 적이 있지 않습니까?" 그는 그 문서가 불 속에 던져질 것이라 예상했지만, 그랜트는 오히려 회사 이름을 서명해 증명서를 완성해 주었다. "우리는 정직한 상인의 증명서 서명을 거부하지 않습니다. 그리고 당신이 그동안 정직하지 않았다는 말을 들은 적이 없습니다." 이 말을 들은 비방자의 눈에는 눈물이 맺혔다. "제가 당신이 그 팸플릿을 쓴 것을 후회하게 될 거라고 했던 말이 맞지 않습니까. 그건 위협이 아니라, 언젠가 우리를 더 잘 알게 되면 후회할 거라는 뜻이었습니다." 그는 울먹이며 "정말 후회합니다, 정말요."라고 말했다. 그랜트는 "이제 우리를 알게 되었으니 됐습니다. 그런데 지금 어떻게 지내고 계십니까? 앞으로는 어떻게 하실 계획인가요?"라고 물었다. 그는 증명서를 받은 후 친구들이 도와줄 계획이라고 말했다. "그럼 그동안 어떻게 지내셨습니까?" 그랜트가 다시 물었다. 그는 빚을 갚기 위해 가족들에게 기본적인 생활필수품조차 줄이며 생활해 왔다고 답했다. "이봐요, 이건 정말 안 됩니다. 당신의 아내와 가족들이 이런 고통을 겪게 해선 안 됩니다. 이 10파운드 지폐를 아내에게 전해주십시오. 됐습니다, 이제 울지 마세요. 모든 것이 잘 될 겁니다. 기운을 차리고, 다시 열심히 일하면 당신은 우리 중 최고의 사람이 될 수 있을 겁니다." 과거의 비방자는 울먹이며 감사를 표하려 했으나 끝내 말을 잇지 못했고, 손으로 얼굴을 가린 채 방을 나서며 아이처럼 흐느꼈다.

진정한 신사는 최고 수준의 모범을 따라 만들어진 인격을 가진 사람이다. "신사"라는 이름은 오랜 역사를 지닌 위대한 이름으로, 사회의 모든 단계에서 하나의 지위와 권위로 인정받아 왔다. "신사는 항상 신사다"라고 오래된 프랑스 장군이 루시옹에서 스코틀랜드 귀족들로 이루어진 그의 연대에게 말했듯이, 신사는 언제나 어려움과 위험 속에서도 자신을 증명한다. 이 성품을 지닌다는 것은 그 자체로 존엄을 나타내며, 모든 고결한 마음의 사람들에게 본능적인 존경을 불러일으킨다. 직위나 명칭에는 머리를 숙이지 않더라도, 사람들은 신사에게는 경의를 표한다. 그의 자질은 유행이나 외적인 예절에 달려 있지 않고, 도덕적 가치에 기반한다. 이는 물질적인 소유가 아닌, 개인적인 자질에 의존한다. 시편 기자는 그를 "정직하게 걸으며, 의를 행하며, 마음속으로 진리를 말하는 자"로 간단히 묘사했다.

진정한 신사는 자신에 대한 존중심으로 두드러진다. 그는 자신의 성품을 소중히 여기며, 다른 사람들에게 보이는 모습뿐만 아니라, 자신이 스스로 보는 자신의 모습도 중요하게 생각한다. 그는 내면의 양심의 승인에 신경을 쓰며, 스스로를 존중하듯이, 같은 원칙으로 타인을 존중한다. 인류애는 그의 눈에 신성하게 여겨지며, 이로 인해 예의와 인내심, 친절함과 자비심이 자연스럽게 나타난다. 에드워드 피츠제럴드 경이 캐나다를 여행하던 중, 인디언들과 동행하며, 한 불쌍한 여인이 남편의 짐을 짊어지고 걷는 모습을 보고 충격을 받았다. 그 주위에서 아무도 돕지 않았지만, 피츠제럴드 경은 바로 그 여인의 짐을 대신 들어주었다. 이는 프랑스 사람들이 "진심에서 우러나오는 예의"라고 부르는 진정한 신사의 행동이었다.

진정한 신사는 명예에 대한 강한 감각을 지니고 있으며, 비열한 행동을 철저히 피한다. 그의 정직성과 행동의 기준은 매우 높다. 그는 핑계를 대거나, 회피하거나, 교묘히 피하지 않고, 정직하고 올곧으며, 직선적으로 행동한다. 그의 법칙은 곧고 올바른 행동이다. 그가 "예"라고 말할 때, 그것은 하나의 법칙과 같으며, 적절한 때에 용기 있게 "아니오"라고 말할 줄 안다. 신사는 절대로 뇌물에 넘어가지 않는다. 저속하고 원칙 없는 자들만이 자신을 팔아넘길 것이다. 정직한 요나스 한웨이는 식량부의 위원으로 일할 때, 어떤 종류의 선물도 받지 않기로 했으며, 공적인 업무를 수행하는 데 있어 어떠한 편견도 가지지 않도록 했다. 이와 유사한 아름다운 일화는 웰링턴 공작의 삶에서 찾아볼 수 있다. 아사예 전투 직후, 어느 날 아침, 하이데라바드 궁정의 수상이 그를 방문해 마라타 왕자들과 니잠 사이의 평화 조약에서 자신의 주군에게 남겨진 영토와 이점을 비공개로 확인하려고 했다. 이 정보를 얻기 위해 그 수상은 장군에게 10만 파운드를 훨씬 넘는 거액을 제안했다. 몇 초 동안 조용히 그를 바라보던 아서 경은 이렇게 말했다. "그렇다면 당신은 비밀을 지킬 수 있겠군요?" 수상이 "물론이죠,"라고 대답하자, 영국 장군은 미소를 지으며 "저도 그렇습니다,"라고 말하고 수상을 내보냈다. 웰링턴의 큰 명예는 그가 인도에서 꾸준히 성공을 거두고, 이와 같은 방식으로 막대한 부를 얻을 수 있었음에도 불구하고, 자신의 재산에 한 푼도 더하지 않고 비교적 가난한 상태로 영국에 돌아왔다는 데 있다.

이와 비슷한 고결한 마음과 민감함은 웰즐리 후작의 귀족적인 친척에게서도 드러났다. 그는 동인도 회사 이사회가 미소르 정복 후에 그에게 주려고 제안한 10만 파운드의 선물을 단호히 거절했다. "제 인격의 독립성과 제 직위에 부여된 적절한 품위를 언급할 필요는 없지만, 이러한 중요한 고려 사항 외에도 이 증정을 거절해야 할 다른 이유들이 있습니다. 저는 오로지 우리 군대만 생각합니다. 용감한 병사들의 몫을 줄이는 것은 저를 매우 괴롭게 할 것입니다." 후작은 끝내 그 선물을 거절하기로 한 결정을 바꾸지 않았다.

찰스 네이피어 경 또한 인도에서 그의 경력 동안 같은 고귀한 자기절제를 보여주었다. 그는 야만적인 왕자들이 그의 발밑에 놓으려고 했던 모든 값비싼 선물을 거절하며, "분명히 저는 신드에 온 이후로 3만 파운드를 받을 수 있었지만, 제 손은 아직 씻을 필요가 없습니다. 제가 두 전투(미니와 하이데라바드)에서 사용한 아버지의 검은 오염되지 않았습니다"라고 진심을 담아 말했다.

부와 신분이 진정한 신사의 자질과 반드시 연결되지 않는다. 가난한 사람도 정신과 일상생활에서 진정한 신사가 될 수 있다. 그는 정직하고, 진실하며, 예의 바르고, 절제하며, 용기와 자기 존중이 철저한 사람일 수 있다. 즉, 진정한 신사일 수 있는 것이다. 부유한 정신을 가진 가난한 사람은 가난한 정신을 가진 부유한 사람보다 모든 면에서 우월하다. 성경의 사도 바울의 말을 빌리자면, 전자는 "아무것도 가진 것이 없으나 모든 것을 가진 자"이고, 후자는 "모든 것을 가졌으나 아무것도 가지지 않은 자"이다. 전자는 모든 것을 희망하고, 아무것도 두려워하지 않으며, 후자는 아무것도 희망하지 않고, 모든 것을 두려워한다. 오직 정신이 가난한 사람만이 진정으로 가난한 사람이다. 모든 것을 잃었더라도 용기, 명랑함, 희망, 미덕, 그리고 자기 존중을 잃지 않은 사람은 여전히 부유한 사람이다. 그러한 사람에게 세상은 마치 그를 위해 신탁된 것과 같으며, 그의 정신이 세속적인 걱정을 지배하기 때문에 그는 여전히 당당히 걸을 수 있고, 진정한 신사로서 살아갈 수 있다.

때로는 용기 있고 온화한 성품이 가장 겸손한 옷차림 속에서 발견되기도 한다. 오래된 이야기지만, 매우 훌륭한 예가 있다. 한때 아디제 강이 갑자기 범람하여 베로나의 다리가 붕괴되었고, 중앙 아치만 남아 그 위에 있는 집이 서 있었다. 그 집의 주민들은 창문에서 도움을 요청했으며, 집의 기초가 눈에 띄게 무너지고 있었다. "이 불쌍한 사람들을 구출할 용기가 있는 사람에게 100 루이 금화를 주겠다"고 스폴베리니 백작이 말했다. 그러자 한 젊은 농부가 군중 속에서 나와 배를 잡고 물살을 헤치고 나아갔다. 그는 교각에 도달해 가족 전원을 배에 태우고 안전하게 육지에 도착했다. "여기 너의 돈이다, 용감한 젊은이야"라고 백작이 말했다. "아닙니다,"라고 그 젊은이는 대답했다. "저는 제 목숨을 팔지 않습니다. 이 돈을 이 가난한 가족에게 주십시오. 이들이 그 돈이 더 필요합니다." 여기서 진정한 신사의 정신이 드러났다. 비록 그가 농부의 옷차림을 하고 있었지만 말이다.

얼마 전, 딜의 선박 구조자들이 보여준 영웅적인 행동도 감동적이다. 갑작스러운 북동풍 폭풍이 닥치면서 여러 배가 닻을 잃고 표류했는데, 그중 하나가 해안에서 멀리 떨어진 곳에서 좌초되었다. 배는 파도에 완전히 잠겼고, 승무원들을 구할 희망은 전혀 보이지 않았다. 구조를 위해 위험을 감수할 이유도 없었고, 금전적 보상도 기대할 수 없었다. 하지만 딜의 선박 구조자들은 이 중요한 순간에 용맹을 발휘했다. 배가 좌초하자마자 해변에 모인 사람들 중 한 명인 사이먼 프리차드는 코트를 벗어 던지며 "저 승무원들을 구하러 갈 사람?"이라고 외쳤다. 그러자 스무 명이 넘는 남자들이 "내가 갈게," "나도 갈게"라고 대답하며 나섰다. 그러나 일곱 명만 필요했기에, 그들은 갤리선 한 척을 물살을 가르며 나아갔고, 해안에 있는 사람들의 환호 속에 파도를 뚫고 배에 올랐다. 그 배가 그런 거친 바다에서 살아남은 것은 거의 기적이었다. 몇 분 안에 그들은 좌초된 배에 도착해 승무원 6명을 무사히 구해냈다. 딜 선박 구조자들이 보여준 이토록 굳건한 용기와 이타적인 영웅심의 사례는, 그들이 항상 용감하다고 알려져 있긴 하지만, 아마도 이보다 더 훌륭한 사례를 찾기 어려울 것이다.

턴불 씨는 그의 저서 '오스트리아'에서 고 프란시스 황제의 일화를 소개하며, 그 나라의 정부가 국민들로부터 받은 지지의 많은 부분을 군주의 개인적 자질 덕분이라고 설명했다. "콜레라가 빈에서 맹위를 떨치던 시기에 황제는 참모 한 명과 함께 도시와 교외를 거닐고 있었다. 그때 시체가 실린 들것이 단 한 명의 조문객도 없이 지나가는 것을 보게 되었다. 이 비정상적인 상황에 주목한 황제는 조사 끝에 그 시체가 가난한 사람이었고, 그 사람의 가족이 시체를 묘지까지 호송하는 위험한 임무를 감당하지 못해 조문하지 못한 것을 알게 되었다. 그러자 프란시스 황제는 '내 가난한 백성 중 누구도 마지막 존경을 받지 못한 채 묻힐 수는 없다'며 시체를 먼 묘지까지 따라갔고, 맨머리를 하고 모든 의식과 예절이 존중받으며 수행되는 것을 끝까지 지켜보았다."

이 예는 신사의 자질을 잘 보여준다. 몇 년 전 아침 신문에 실린 파리에서 있었던 두 명의 영국인 노동자 이야기도 이에 못지않다. "어느 날, 몽마르트르로 향하는 가파른 클리시 거리를 올라가는 장례차가 목격되었다. 그 차에는 포플러 나무로 만든 관에 시신이 담겨 있었다. 아무도 뒤따르지 않았고, 그 사람이 키웠던 개조차 보이지 않았다. 날씨는 비가 내리고 음침했으며, 지나가는 사람들은 장례 행렬이 지나갈 때 모자를 벗는 것 외에는 아무런 반응이 없었다. 마침내 그 장례차는 스페인에서 파리로 가던 두 명의 영국인 노동자 앞을 지나갔다. 그들의 거친 외투 속에서 나오는 진심이 있었다. '불쌍한 자식!' 한 사람이 다른 사람에게 말했다. '아무도 따라오지 않네. 우리 둘이라도 따라가자!' 그리고 그들은 모자를 벗고 낯선 사람의 관을 따라 몽마르트르 묘지까지 걸어갔다."

무엇보다도 진정한 신사는 진실된 사람이다. 그는 진실이 "존재의 정점"이며, 인간 사회에서 올바름의 근본임을 느낀다. 체스터필드 경은 진실이 신사의 성공을 만든다고 선언했다. 웰링턴 공작은 스페인에서 적장 켈러먼과 포로 교환 문제에 대해 서신을 주고받으며, 영국 장교가 용기 외에 가장 자랑스럽게 여기는 것이 바로 진실성이라고 말했다. "영국 장교들이 명예의 서약을 했을 때, 그들은 결코 그것을 어기지 않을 것이다. 그들의 말을 믿으라. 영국 장교의 말은 감시병보다 더 확실한 보증이다."

진정한 용기와 온화함은 함께한다. 용감한 사람은 관대하고 인내심이 있으며, 절대 앙심을 품거나 잔인하지 않다. 존 프랭클린 경에 대해 그의 친구 패리는 이렇게 말했다. "그는 위험을 피하지 않는 사람이었지만, 모기를 쫓아내는 일조차 가볍게 여기지 않을 정도로 섬세했다." 스페인 엘보돈에서 벌어진 기병 전투에서 한 프랑스 장교가 보여준 행동은 진정한 신사다운 고결한 성품을 드러냈다. 그는 펠턴 하비 경을 칠 칼을 들었지만, 상대방이 한 팔밖에 없다는 것을 알고 즉시 칼을 내리고, 경의를 표하며 지나갔다.

또한, 나폴레옹의 군사였던 네이 장군이 보여준 고결하고 온화한 행동도 있었다. 찰스 네이피어가 코루나 전투에서 심각한 부상을 입고 포로로 잡혔을 때, 그의 가족은 그가 살아있는지 죽었는지 알 수 없었다. 특별 사절이 영국에서 그의 생사를 확인하러 왔다는 소식을 들은 네이는 "포로가 친구들을 볼 수 있게 하라"라고 말했다. 그리고 그들이 잘 지내고 있으며 잘 대우받고 있다고 전하라고 했다. 특별 사절이 머뭇거리자 네이는 미소를 지으며 "뭘 더 원하나?"라고 물었다. "그에게는 늙은 어머니가 있는데, 그분은 과부이고 눈이 멀었다." "그렇다면 그가 직접 가서 자신이 살아 있음을 알려주게 하라." 네이는 이 고귀한 행위를 승인했다. 나폴레옹은 이 관대한 행동을 알고도 허락했다.

사라진 기사도를 애도하는 목소리를 가끔 들을 수 있지만, 우리 시대는 진정한 용기와 온화함, 영웅적인 자기 희생과 남성다운 자애로움을 목격해왔다. 최근 몇 년간의 사건들은 우리의 동포들이 여전히 고귀한 품성을 지닌 민족임을 보여주었다. 세바스토폴의 황량한 고원에서, 1년 동안 이어진 혹독한 참호전에서, 모든 계층의 사람들이 그들의 조상들이 남긴 고귀한 품성을 지킬 자격이 있음을 증명했다. 그러나 진정한 시련의 순간은 인도에서 그들의 품성이 가장 빛난 순간이었다. 닐 장군의 카운포르 행군, 해블록 장군의 럭나우 행군은 모두 여성과 어린이들을 구출할 희망으로 이끌었다. 이 사건들은 기사도 역사에서도 견줄 수 없는 일이다. 해블록 장군에게 럭나우 공격의 명예를 양보한 아웃람 장군의 행동은 그를 "인도의 바이아르드"라 부를 자격이 있게 했다. 헨리 로렌스의 죽음 직전 마지막 말, "내게 너무 야단스럽지 않게 해주시오. 나를 그 사람들과 함께 묻어주시오."라는 말은 그의 용기와 온화한 정신을 잘 보여준다. 또한, 럭나우에 포위된 사람들을 구출하려는 콜린 캠벨 경의 애타는 마음, 그리고 그가 여성과 어린이들을 이끌고 안전한 길을 찾아낸 후, 결국 그웰리어 부대를 적진으로 몰아넣은 행동은 우리의 동포들에 대한 자부심을 느끼게 한다. 이는 기사도의 가장 순수한 불꽃이 여전히 우리 사이에서 힘차게 타오르고 있음을 확신하게 한다.

일반 병사들조차도 그들의 시련 속에서 진정한 신사임을 증명했다. 아그라에서 많은 병사들이 적과의 전투에서 불에 타고 부상을 입었을 때, 그들은 요새로 이송되어 여성들이 정성껏 간호했다. 그 거친 병사들은 어린아이처럼 순하게 행동했다. 여성들이 몇 주 동안 그들을 돌보는 동안, 어떤 병사도 여성들을 불쾌하게 할 만한 말을 하지 않았다. 모든 것이 끝난 후, 치명상을 입은 병사들이 죽고, 살아남은 병사들이 감사의 뜻을 전할 수 있게 되었을 때, 그들은 간호해 준 여성들과 아그라의 주요 인사들을 타지마할의 아름다운 정원으로 초대했다. 꽃과 음악 속에서 상처와 흉터로 가득 찬 병사들은 자신들을 돌봐 준 여성들에게 진심으로 감사의 인사를 전했다.

스쿠타리의 병원에서도 많은 병사들이 자신들을 간호해 준 영국 여성들을 축복했다. 밤에 통증으로 잠을 이루지 못하던 환자들이 플로렌스 나이팅게일의 그림자가 그들의 베개에 드리울 때, 그들을 축복하는 모습은 정말로 감동적이었다.

1852년 2월 27일, 아프리카 해안에서 발생한 버켄헤드호의 난파 사건은 19세기 평범한 사람들이 보여준 또 다른 기사도 정신의 기념비적인 사례이다. 이 사건은 어떤 시대라도 자랑스러워할 만한 일이다. 배는 아프리카 해안을 따라 항해 중이었고, 승선한 인원은 472명의 병사와 166명의 여성과 아이들이었다. 대부분 병사들은 케이

프타운에서 복무 중이던 여러 연대에 속한 신병들이었다. 새벽 두 시, 모두가 잠들어 있던 중 배는 숨겨진 암초에 부딪혔고, 배의 바닥이 뚫리며 침몰할 것이 분명해졌다. 드럼 소리가 병사들을 갑판 위로 불러모았고, 병사들은 마치 사열을 받는 것처럼 질서 있게 모였다. 명령이 내려졌다. 여성과 아이들을 먼저 구하라는 것이었다. 대부분 옷을 제대로 입지 못한 채로 하층에서 올라온 여성과 아이들은 조용히 구명보트에 실렸다.

모든 사람들이 배를 떠난 후, 선장은 "수영할 수 있는 사람들은 뛰어내려 보트를 향해 헤엄쳐라"고 외쳤다. 하지만 91번째 하이랜드 연대의 라이트 대위가 "아니요! 그렇게 하면 여성들이 탄 보트가 뒤집힐 겁니다"라고 말했다. 용감한 병사들은 그대로 움직이지 않았다. 남은 보트도 없었고, 안전을 기대할 수도 없었지만, 그들은 전혀 두려워하지 않았고, 그 순간에 누구도 자신의 임무에서 물러나지 않았다. 살아남은 라이트 대위는 "침몰할 때까지 병사들 사이에서 한 마디의 불평이나 비명도 들리지 않았다"고 말했다. 배는 결국 침몰했고, 그 영웅적인 병사들은 바다 속으로 가라앉으며 축포를 쏘아 올렸다. 이들의 고귀한 행동은 영원히 기억될 것이다.

신사를 알아볼 수 있는 기준 중에서 결코 실패하지 않는 것이 하나 있다. 바로 그가 약자에게 어떻게 권력을 행사하는가이다. 그가 여성과 아이들을 어떻게 대하는가? 장교는 병사들을, 고용주는 직원들을, 교사는 학생들을, 그리고 모든 사람이 자신보다 약한 사람들을 어떻게 대하는가? 이러한 상황에서 권력을 사용하는 신중함, 인내, 친절함은 진정한 신사다운 품성을 판단하는 중요한 시험대가 된다. 라 모트가 어느 날 군중 사이를 지나가다가 실수로 한 젊은이의 발을 밟았을 때, 젊은이는 즉시 그의 얼굴을 때렸다. 그러자 라 모트는 "아, 젊은이, 내가 맹인이라는 사실을 알게 되면 당신은 분명히 후회할 것입니다"라고 말했다. 저항할 수 없는 사람들을 괴롭히는 사람은 비열할 수 있지만, 신사는 결코 될 수 없다. 약자와 무력한 자를 억압하는 사람은 겁쟁이일 수는 있어도, 진정한 인간은 아니다. 힘을 가진 사람은 그 힘을 조심스럽게 사용해야 한다는 말이 있다. "힘이 강력한 것은 훌륭하지만, 그 힘을 거인처럼 사용하는 것은 폭군이다."

진정한 신사를 판단하는 또 다른 중요한 기준은 온유함이다. 다른 사람들의 감정, 특히 자신보다 열등한 위치에 있거나 의존하는 사람들에 대한 배려와 그들의 자존심을 존중하는 태도가 진정한 신사의 행동 전반에 스며든다. 그는 다른 사람의 행동을 비난하기보다는 작은 피해를 감수하며 큰 잘못을 저지를 위험을 피하려 한다. 자신이 누려온 삶의 혜택이 다른 사람들과 다를 때, 그들의 약점, 실패, 실수를 관대하게 받아들일 것이다. 그는 심지어 동물에게도 자비를 베푼다. 자신의 부나 힘, 재능을 자랑하지 않으며, 성공에 자만하지도, 실패에 좌절하지도 않는다. 그는 자신의 견해를 다른 사람에게 강요하지 않지만, 필요할 때는 분명하게 자신의 생각을 밝힌다. 그는 후하게 베풀면서도, 은혜를 베푸는 듯한 태도를 취하지 않는다. 월터 스콧 경이 로드 로시언에 대해 "그는 은혜를 받았다는 느낌을 주지 않는 사람이다. 요즘 시대에 그게 정말 큰 말이다"라고 한 적이 있다.

로드 채텀은 신사를 정의하면서, 일상의 작은 일에서 자기 자신을 희생하고 다른 사람을 우선시하는 태도가 신사의 특징이라고 말했다. 이러한 배려심이 고귀한 인격에 깃들어 있음을 보여주는 예로, 용감한 랄프 애버크롬비 경의 일화를 들 수 있다. 그는 아부키르 전투에서 치명상을 입었을 때, 들것에 실려 푸드로이언트 호로 옮겨졌다. 고통을 덜기 위해 병사의 담요가 그의 머리 아래에 놓였고,

그는 그 담요 덕분에 상당한 안도감을 느꼈다. 그는 그것이 무엇인지 물었다. "그저 병사의 담요일 뿐입니다"라는 대답이 돌아왔다. "누구의 담요인가?" 그가 몸을 반쯤 일으키며 물었다. "그저 병사 중 한 명의 것입니다." "이 담요가 던컨 로이의 것이라고 전해라." "던컨 로이, 42연대의 병사입니다, 랄프 경." "그렇다면 오늘 밤 던컨 로이가 이 담요를 꼭 돌려받도록 해라." 장군은 자신의 죽음의 고통을 덜기 위해서라도 병사의 담요를 하룻밤이라도 빼앗고 싶지 않았다. 이 사건은 죽어가는 시드니 경이 즈트펜 전장에서 자신의 물잔을 병사에게 건넨 일화만큼이나 훌륭한 이야기이다.

기묘한 옛 작가 풀러는 위대한 제독 프랜시스 드레이크 경의 인격을 몇 마디로 정리하면서 진정한 신사이자 행동가의 특성을 잘 설명하고 있다. "그는 삶에서 순결했고, 거래에서 정직했으며, 말에 있어서 진실했다. 자신의 부하들에게는 자비로웠고, 나태함을 가장 혐오했다. 중요한 일에서는 그가 얼마나 신뢰할 수 있고 능숙하다고 여겨졌든지 간에 다른 사람의 관리에 의존하지 않았다. 항상 위험을 경멸하고 어떤 수고도 마다하지 않았으며, 용기, 기술, 또는 성실함이 필요한 모든 순간에 직접 나섰다."

세상은 가혹하다. 정말 지독할 정도로 가혹하다.

출발선은 누구에게도 공평하지 않다. 되는 사람만 되고, 안 되는 사람은 아무리 발버둥 쳐도 마치 빠져나올 수 없는 감옥에 갇힌 듯 무력하게 살아가기도 한다. 나는 그 무력함에 주저앉은 사람들의 마음을 안다. 그들이 처음부터 그랬을 것이라고 생각하지 않는다. 서울역을 걷다가 노숙자들을 바라보면, 한때는 잘나가고, 누군가에게는 열렬히 사랑받던 멋진 사람이었을 것이라는 생각이 든다.

인간은 어떤 상황에서도 무언가를 해낼 수 있다. 하지만 그 기회는 모두에게 공평하게 주어지지 않으며, 인생은 때때로 단 몇 번의 기회만을 허락한다. 그래서 우리는 하루라도 빨리 그 사실을 인정하고 받아들여야 한다. 내 상황을 원망하고 한탄하는 데 시간을 낭비하지 말고, 젊고 에너지가 넘칠 때 하루라도 더 서둘러 움직여야 한다. 그러는 편이 인생에서 유리하다.

나도 한때는 내 처지와 능력을 비관하며 절망에 빠졌던 시절이 있었다. 그래서 더더욱 무기력함에 빠진 사람들의 마음을 잘 안다. 우리가 말하는 "안 되는 이유"들은 대부분 사실이다. 현재 처한 상황이 나쁘다는 것도 맞다. 그러나 이 가혹한 세상은 그 사실 여부에 전혀 관심이 없다. 그저 변명으로 치부될 뿐이다.

나는 그 무기력함을 넘어선 깊은 분노를 느꼈다. 세상에 대한 분노, 그리고 나 자신에 대한 분노. 이런 세상에서, 아무도 나에게 기대하지 않는다고 해서 내 가능성을 숨길 필요는 없지 않은가? 오히려 내가 얼마나 멀리 갈 수 있고, 어떤 모습으로 다시 태어날 수 있을지 세상에 증명하고 싶지 않은가. 내가 태어난 이유를 증명하고, 아무도 기대하지 않았던 성취를 이루며 당당하게 나아가는 모습을 그려보라. 빛나는 모습으로 그 길을 걷고 싶지 않은가?

당신이 무엇을 할 수 있을지, 어떤 사람이 될 수 있을지는 그 누구도 알지 못한다. 당신의 인생은 아직 쓰이지 않은 백지와 같다. 비록 지금까지의 삶이 실패와 좌절로 가득 차 있었다 해도, 중요한 것은 지금부터다. 역사는 수많은 사람들이 밑바닥에서 정상에 오르는 과정을 증명해왔다. 처음부터 완벽한 사람은 없다. 중요한 것은 당신이 지금 이 순간부터 스스로를 구하기 위해 움직이기 시작하는 것이다. 과거의 실패는 당신이 얼마나 어려운 상황 속에서도 이겨낸 인물임을 증명하는 배경이 될 것이다.

물론, 우리가 느끼는 불만과 억울함은 대부분 사실일 것이다. 하지만 그 사실이 현실을 변화시키는 것은 아니다. 오히려 그런 불평은 우리를 더 나약하게 만들 뿐이다. 이제는 그 억울함을 마음 속 깊이 묻어두고, 그것을 내면의 힘으로 전환해 나를 움직일 시간이다. 내가 될 수 있는 최고의 나를 스스로 만들어내자. 더 이상 불평 속에 머무르지 말고, 내가 내 삶을 주도하는 존재가 되자.

세상에 너무나 흔하게 들리는 말이지만, 이번만큼은 내 온 마음과 영혼을 다해 당신에게 전하고 싶다.

"당신, 충분히 할 수 있다."